虎头金粟影

——维摩诘变相研究

Research on the Vimalakīrti Sutra Transformation Tableaux in Medieval CHINA

邹清泉　著

虎头金粟影

中央美术学院金维诺教授题词

广州美术学院科研项目

目 录

序　言 / 金维诺 …………005
自　序 …………007

征引敦煌写卷提要 ……………………………………011
莫高窟《维摩变》遗存洞窟编号 ……………………015

第一章　中古《维摩诘经》的书写
第一节　中古《维摩诘经》的译传 ………………………………018
第二节　经坊与写经的职业化 ……………………………………022
第三节　中古《维摩诘经》的书写：以藏经洞维摩写卷为中心 …029
第四节　英国国家图书馆藏 S2282、S1864 维摩写卷的年代问题 …036

第二章 敦煌《维摩诘经》与维摩诘变相

 第一节 藏经洞维摩写卷的发现 …………………………………… 044

 第二节 敦煌寺院《维摩诘经》的庋藏与来源 ………………… 047

 第三节 《维摩诘经》与维摩诘变相 …………………………… 051

第三章 瓦官寺维摩画像

 第一节 顾恺之与瓦官寺维摩画像 ……………………………… 058

 第二节 东福寺藏宋本《维摩图》 ……………………………… 062

 第三节 炳灵寺169窟与龙门宾阳中洞维摩像 ………………… 070

第四章 北魏坐榻维摩画像

 第一节 崔光与北魏中晚期维摩信仰的盛行 …………………… 078

 第二节 北魏坐榻维摩画像的类型 ……………………………… 083

 第三节 北魏坐榻维摩画像的汉晋传统 ………………………… 085

 第四节 北魏之后坐榻维摩画像的发展 ………………………… 092

第五章 莫高窟唐代坐帐维摩画像

 第一节 莫高窟第220窟坐帐维摩画像 ………………………… 104

 第二节 唐代之前的坐帐维摩画像 ……………………………… 110

 第三节 莫高窟唐代坐帐维摩画像的图像系统 ………………… 112

 第四节 顾恺之与莫高窟唐代维摩画像的重构 ………………… 122

第六章　莫高窟第六十一窟《维摩变》

  第一节　归义军曹氏时期的《维摩变》……………………………………134
  第二节　《文殊变》、《维摩变》与《五台山图》…………………………141
  第三节　莫高窟第61窟《维摩变》的视觉传统与空间逻辑………………146
  第四节　文殊语境中《维摩变》视觉意味的转变…………………………152

附　录

  藏经洞维摩写卷引得……………………………………………………………156
  敦煌石窟《维摩变》遗存………………………………………………………178
  莫高窟《维摩变》遗存洞窟供养人题记………………………………………187
  莫高窟《维摩变》遗存洞窟排年………………………………………………193
  敦煌写卷经生题识………………………………………………………………197
  莫高窟《维摩变》榜题与经文辑校……………………………………………207

参考文献………………………………………………………………………………217
图版索引………………………………………………………………………………230
后　　记………………………………………………………………………………237

序 言

《维摩诘经》(Vimalakīrti-Nivdesa Sutra)是中古时代广为盛传的大乘佛典之一,该经于东汉中平五年(188年)经严佛调初译传入中土,后经支谦、竺叔兰、竺法护、祇多蜜、鸠摩罗什、玄奘相继重译,至唐永徽七年(650年)时,已有七个译本,传译极盛,是中国大乘佛教兴起所依据之重要经典。东晋兴宁二年(364年),顾恺之(348—409)在江宁瓦官寺北小殿首创维摩像,开启《维摩诘经》图像演绎之路。其后,伴随《维摩诘经》之广泛弘传与普遍信仰,张墨、袁倩、陆探微、张僧繇、杨契丹、展子虔、杨廷光、孙尚子、阎立本、吴道子、范琼、孙位、左全、李公麟、张胜温等画家相继描绘维摩,使《维摩诘经》的图像演绎由《维摩诘经·文殊师利问疾品》逐渐发展为展现《维摩诘经》十四品的宏大格局;同时,也使以《维摩诘经》为依托的维摩诘变相的发展,成为中国佛教艺术史上最为重要的艺术实践之一。

维摩诘变相是最早进入现代学术视野的佛教美术图像之一。早在20世纪30年代,日本学者松本荣一对莫高窟维摩诘变相遗存已有初步研究。其后,秋山光夫、堂谷宪勇、藤枝晃、庄申、贺世哲、何重华(Ho Judy C.)、巫鸿、宁强、斋藤理惠子、石松日奈子、金理那等海内外学者竞相探索,极大地推动了维摩诘变相的研究。邹清泉博士在其中国佛教美术的研究中,对维摩诘变相这一古老题材产生浓厚兴趣,在深入反思学术史之基础上,将维摩诘变相置于中古时代的宏大历史视野中,并将其纳入考古学、历史学、图像学、文献学、社会学等多学科交汇的方法论中重新审视,考察以《维摩诘经》为依托的维摩诘变相的图像演绎历程。中古维摩诘变相遗存形式多样,顾恺之于东晋兴宁二年(364年)首创维摩像后,历史上陆续出现多种维摩诘变相表现样式,它们形式各异,彼此交错,在漫长的演进历程中,形成复杂的维摩诘变相的图像系统。尽管研究多年,仍有许多关键问题悬而未决。邹清泉博士以对《维摩诘经》的文献考察为起点,同时基于中古维摩壁画、石刻、画卷、画史材料的系统整理,就《维摩诘经》图像演绎历程中的关键性问题做了深入研究,取得突破性进展,是拓展维摩诘变相研究的学术专著。

邹清泉博士《虎头金粟影——维摩诘变相研究》一书,持论新颖,论证严谨,无论是对学术史的反思,还是学术方法的综合拓展,均有明显可取之处。展现了广阔的学术视野、良好的学术素养以及严谨的治学理念。欣闻是书即将付梓,甚感欣慰,特书此文以为序。

金维诺

2012年3月于京华寓所

自 序

东晋兴宁二年（364年），在《维摩诘经》传入中土一百七十六年后，顾恺之在瓦官寺首创维摩像，以《维摩诘经》为文本基础的维摩诘变相的图像演绎由此开始，并绵延一千五百余年。然而，这一重要起点对今人而言并不清晰，唐会昌五年（845年）武宗灭法之际，该画壁被揭取保存于甘露寺；唐宣宗大中七年（853年）收入内府，唐亡后不知所终。瓦官寺维摩画像在走完四百八十多年的历程后，最终从世人视野中消失。经过五代十国的战乱，至宋时已很少有人了解顾恺之维摩画像的原貌。更为重要的是，在顾恺之首创维摩画像之后，北方地区相继出现几种维摩诘变相表现形式，它们形式各异，区别较大，彼此间难以建立粉本脉络，但由于这几种表现形式均出现在瓦官寺维摩画像之后，所以，它们与之究竟存在何种关联，成为中古维摩诘变相图像演绎过程中首要而且关键的问题之一。实际上，莫高窟、炳灵寺、龙门、云冈、麦积山、巩县、天龙山等石窟维摩诘变相以及宋元维摩图卷之间，存在着复杂的历史关系，它们与维摩画像的源头——瓦官寺维摩彼此交错，在长时间历史发展进程中，呈现出看似简单、实则复杂的维摩诘变相的图像系统。

顾恺之是我国历史上最负盛名的画家之一，所谓"天材杰出，独立无偶"。据文献记载，顾恺之在东晋即擅美画坛，谢安甚至给予"有苍生以来所无"的极高评价；东晋以后，虽有南齐谢赫"迹不逮意，声过其实"之言，但最终成就顾恺之神话般画史地位的，还是因为姚最、李嗣真、张怀瓘、杜甫、黄元之、张彦远、米芾、汤垕等人的相继礼赞。唐代以后，顾恺之画迹已成稀世之珍，后世画家更对其奉若神明。对后人而言，顾恺之的艺术人生充满传奇与光彩，以致人们竞相探寻追索。南朝以来的古典文献，主要侧重于记述和评论顾恺之画迹。20世纪初，清宫旧藏《女史箴图卷》入藏大英博物馆是顾恺之研究的分水岭。自此，顾恺之研究逐渐成为一门世界性的学问，同时，也实现了其现代学术的转型，无论是研究方法，还是学术视野，均得到不同程度的拓展。在20世纪以来不同时期与国度的学术语境中，顾恺之所创的维摩画像以焕炳古今的光辉吸引了众多学者的目光。

综合考察前人研究，日本东福寺藏宋本《维摩图》、炳灵寺169窟北壁与龙门宾阳中洞东壁维摩像是讨论焦点。众多研究者认为，上述三种维摩画像与瓦官寺维摩之间存在渊源。实际上，无论是东福寺藏宋本《维摩图》，还是炳灵寺169窟北壁维摩，抑或是龙门宾阳中洞东壁维摩，均无确凿证据将它们与顾恺之联系在一起。而学界引证多年的"清羸示病之容，隐几忘言之状"[1]恰巧是一则最有力的反证。

在中古时代的敦煌，无数工匠倾尽一生营建佛窟，更有无数信众参与其中，他们世代相续，绵延千载，只为心中神圣的信仰。在中古敦煌工匠眼中，所有今天视为艺术的敦煌彩塑与壁画，仅仅是他们往生佛国的"功德"。这是中古佛教语境中，彩塑与壁画存在的"本义"。进入20世纪，从中古神学迷雾中走出的敦煌石窟，再次吸引了世人的目光，但是，这一次却不是宗教的力量，而是艺术的光芒。"真正的历史对象根本就不是对象，而是自己和他者的统一体，或一种关系。在这种关系中，同时存在着历史的实在以及历史理解的实在。"[2]在艺术史的学术视野中，敦煌石窟成为探寻中古宗教语境中社会生活、思想信仰、审美旨趣最为直观的"材料"。对中古敦煌地区营建洞窟的窟主与工匠而言，他们的作为或出于虔诚信仰，或出于利益追求，无论如何，其初衷都并非想使这些洞窟成为后人的研究对象。在这些洞窟遗存进入现代学术视野之际，它们的身份与存在的意义发生根本转变，这一转变使之作为学术研究的对象具有多维属性。随着历史语境的改变,"事物本身"也在不断生成的历史运动过程中衍生出使其重构自身的意义,并"在它成为改变经验者的经验中获得它真正的存在"[3]。

在中国佛教艺术史上,以《维摩诘经》为依托的维摩诘变相的发展,是其中最为重要的艺术实践之一。东晋以来,在历代宗教与文化语境中,维摩诘变相在寺院(石窟寺)壁画与卷轴绘画系统中并行发展千余年,两者间的影响与互动、交汇与纠缠,令中古维摩诘变相的图像演绎之路跌宕起伏,或许正是隐迹其间的这种复杂的"历史性",让维摩诘居士形象塑造的历程更加引人瞩目。

---

1 唐·张彦远:《历代名画记》第2卷,北京:人民美术出版社,1963年,第28页。
2 [德]伽达默尔:《真理与方法》上卷,洪汉鼎译,上海:上海译文出版社,1999年,第384~385页。
3 《真理与方法》上卷,第132页。

征引敦煌写卷提要

英国国家图书馆藏卷

金刚般若波罗蜜经（S0036）
摩诃般若波罗蜜经卷第四（S0071）
妙法莲华经卷第十五（S0084）
妙法莲华经卷第七（S0114）
佛说无量寿宗要经（S0115）
大乘无量寿经（S0121）
秦将赋残句（S0173b）
佛说无量寿宗要经（S0175）
金真玉光八景飞经（S0238）
大般若波罗蜜多经（S0283）
大般若波罗蜜多经卷第一百三（S0296）
妙法莲华经卷第四（S0312）
大楼炭经卷第七（S0341）
孔子项托一卷（S0395）
金光明经卷第一（S0409）
妙法莲华经卷第三（S0456）
金刚般若波罗蜜经（S0513）
维摩诘经卷中（S0765）
大般若波罗蜜多经卷第一百十三（S0987）
杂阿毗昙心经卷第六（S0996）
妙法莲华经卷第五（S1048）
金光明最胜王经序品第一（S1177）
成实论卷第十四（S1427）
妙法莲华经卷第五（S1456）
法华经普门品第二十五（S1527）
成实论卷第十四（S1547）
旧杂譬喻经卷下（S1558）
大般若波罗蜜多经（S1575）
大般若波罗蜜多经卷第四百四十（S1587）
大般若波罗蜜多经卷第一百（S1593）
大般涅槃经卷第十七（S1832）
大乘无量寿经（S1843）
维摩诘所说经（S1864）
大乘无量寿经（S1869）
大般涅槃经卷第三十七（S1893）
佛说无量寿宗要经一卷（S1982）
大乘无量寿经一卷（S1990）
华严经卷第十六（S2067）
庐山远公话（S2073）
大般涅槃经卷第十八（S2082）

维摩义记（S2106）
大般涅槃经卷第二十（S2129）
佛说甚深大回向经（S2154b）
妙法莲华经卷第二（S2181）
维摩诘经（S2282）
老子变化经（S2295）
妙法莲华经卷第二（S2573）
敦煌各寺僧尼名簿（S2614v）
妙法莲华经卷第三（S2637）
金光明寺写经人名（S2711）
大乘、永安等寺收付佛经帐（S2712）
赞阿弥陀佛并论上卷（S2723）
华严经卷第三（S2724）
维摩诘经义记卷第四（S2732）
大般若波罗蜜多经卷一百四十一（S2764）
大般涅槃经卷第二十五（S2766）
维摩诘经卷中（S2871）
赋一首（S2922）
妙法莲华经卷第七（S2956）
维摩诘经卷第一（S2991）
大乘无量寿经（S3036）
妙法莲华经卷第四（S3079）
妙法莲华经卷第二（S3094）
大乘无量寿经（S3303）
大乘无量寿经（S3308）
妙法莲华经卷第六（S3348）
妙法莲华经卷第一（S3361）
维摩诘经卷中（S3394）
中阿含经卷第八（S3548）
金刚般若波罗蜜经（S3602）
金刚般若波罗蜜经（S3651）
诸法无行经卷下（S3788）
维摩诘经义记卷第一（S3878）
大方等如来藏经（S3888）

大乘无量寿经（S3891）
大乘无量寿经（S3909）
佛说无量寿宗要经一卷（S3913）
维摩诘经卷上卷中卷下（S4153）
妙法莲华经卷第三（S4168）
妙法莲华经卷第三（S4209）
妙法莲华经卷第一（S4353）
大般涅槃经卷第三十一（S4415）
寺名录（S4504vc）
妙法莲华经卷第四（S4551）
诸法无行经卷下（S4630）
金光明经卷第四（S4692）
十地论初欢喜地卷第一（S4823）
大般涅槃经卷第十六（S4861）
大般涅槃经卷第十五（S4864）
大般涅槃经卷第三（S4868）
大般涅槃经卷第八（S4876）
大般涅槃经卷第十三（S4916）
大般若波罗蜜多经卷第二百八十七（S5210）
大般涅槃经卷第十六（S5296）
大乘无量寿经（S5314）
妙法莲华经卷第三（S5319）
沙州诸寺僧尼籍（S5676v）
观音经一卷（S5682）
经坊供菜关系牒（S5824）
十戒经（S6454）
佛说贤劫千佛名经（S6485）
维摩诘经卷中（S6665）
大方等陀罗尼经卷第一（S6727）
金刚旨赞疏抄中卷（S6733）
释尼戒初篇八波罗夷议决（S6795）
大方广佛华严经卷第三十四／第三十五 S6912）

法国国家图书馆藏卷

老子化胡经卷第十（P2004）

瑜伽论分门记卷四十四至五十（P2039）

阿毗昙毗婆沙智犍度他心智品中（P2056）

诸法无行经卷上（P2057）

净名经关中释抄卷上（P2079）

妙法莲华经卷第七（P2090）

大般若波罗蜜多经卷第一百三十八（P2097）

四部律并论要用卷抄上（P2100）

大方广佛华严经卷第三十五（P2110）

大般若波罗蜜多经卷第一百一十九（P2112）

根本萨婆多部律摄卷第十三（P2175）

诚实论卷第八（P2179）

净名经集解关中疏卷上（P2188）

妙法莲华经卷第六（P2195）

华严经探玄记第十九（P2219）

大般若波罗蜜多经卷第一百九十六（P2233）

大辩邪正经（P2263）

维摩诘义记卷第一（P2273）

金光明经卷第七（P2274）

大乘稻芊经随听疏（P2284）

如来临涅槃说教戒经一卷（P2290）

维摩诘经讲经文（P2292b）

四分律戒本疏卷第四（P2320）

阅紫录仪三年一说（P2457）

春秋谷梁庄公第三/闵公第四合为一卷（P2536）

礼佛忏灭寂记（P2566v）

妙法莲华经卷第三（P2644）

论语卷第一并序（P2681）

渔父赋歌共一卷（P2712）

大般若波罗蜜多经卷第一百一（P2927）

佛说维摩诘经（P3006）

开蒙要训一卷（P3054）

佛说延寿命经（P3110b）

大乘无量寿经（P3134）

千字文一卷（P3170）

开蒙要训一卷（P3189）

金刚般若经（P3278）

残卜筮书（P3322）

秦妇吟一卷（P3381）

论语卷第六（P3402）

建龛功德铭（P3425a）

论语集解卷第八（P3433）

杨满山咏孝经一十八章（P3582）

十二时（P3604）

无名歌（P3620d）

佛地经（P3709）

新集书仪一卷（P3716va）

论语卷第八（P3745）

太公家教一卷（P3764）

论语卷第五（P3783）

金光明等寺藏经目（P3853）

字宝碎金一卷（P3906b）

金光明经卷第二（P4506a）

大乘无量寿经（P4530）

般若波罗蜜多心经（P4550）

妙法莲华经卷第二（P4556）

太公家教一卷（P4588）

大乘无量寿经（S4929）

沙州诸寺僧尼名单（P5000v）

经帙交付历（P5568）

佛名经卷第一（P5596）

俄罗斯科学院东方研究所藏卷

大般若波罗蜜多经卷第四百四十一（Φ9）
大般若波罗蜜多经卷第四百六十四（Φ23）
大般若波罗蜜多经卷第五百九十四（Φ24）
大般若波罗蜜多经卷第四百四十七附记（Φ32）
月上女经卷上下（Φ112）
大般若波罗蜜多经卷第二百七十九（Φ159）
金刚般若经义疏卷第二（Φ167）
大般若经卷第四百七十（Дx1771）

中国国家图书馆藏卷

佛说佛名经卷第十六（地012）
维摩诘所说经卷中（地018［1159］）
维摩诘经卷中（黄031［1160］）
佛说无量寿宗要经（黄094［7693］）
佛说佛名经卷第十二（宇044［0739］）
佛说无量寿宗要经（荒088［8146］）
金光明最胜王经卷第五（月9［1589］）
维摩诘经义记卷第三（辰032［1305］）
佛说无量寿宗陀罗尼经（辰072［7971］）
维摩诘经卷上（秋020［0875］）
佛说无量寿宗要经（秋035［7730］）
佛说无量寿宗要经（秋087［7983］）
维摩诘经卷上（收052［0878］）
佛说无量寿宗要经（藏027［7743］）
佛说无量寿宗要经（余097［7751］）
佛说无量寿宗要经（成067［7996］）
大般若波罗蜜多经卷第三百三十一（阳070［2898］）
维摩诘所说经卷下（腾096［1232］）
四分律删繁补缺行事抄卷下（致087）
佛说无量寿宗要经（雨098［7793］）

佛说佛名经卷第十五（露048）
大方广佛华严经卷第七十二（为097）
大方广佛华严经卷第五十六（为098）
金光明最胜王经卷第二（霜076［1505］）
佛说无量寿宗要经（剑042［8026］）
佛说无量寿宗要经（巨091［7828］）
大般涅槃经卷第三十二（阙025［6487］）
寺名杂写（光015V［0767］）
大般若波罗蜜多经卷第一百零九（珍009［2290］）
金刚般若波罗蜜经（珍084［3715］）
维摩诘经（菜069［0864］）
金有陀罗尼经一卷（菜079［7595］）
释氏杂文稿等（海051［8412］）
首楞严经咒（潜100［7433］）
维摩诘经卷上（羽040［0902］）
金刚般若波罗蜜经（羽046［4294］）
佛说无量寿宗要经（师009［8075］）
佛说无量寿宗要经（帝019［8079］）
佛说无量寿宗要经（帝034［8080］）
大般若波罗蜜多经（鸟046［2067］）
佛说无量寿宗要经（始071［8100］）
佛说无量寿宗要经（服079［7908］）
佛说无量寿宗要经（推068［8137］）

其他散卷

佛说维摩诘经（上海博物馆［简称"上博"］2405）
仁王般若经卷上（守屋エレクショソ）
大智度论卷七十（守屋エレクショソ）
维摩经疏卷一（上海图书馆藏［简称"上图"]）

莫高窟《维摩变》遗存洞窟编号

敦研所 D	张大千 C	伯希和 P	史岩 SY	敦研所 D	张大千 C	伯希和 P	史岩 SY
5	158	169	408	6	157	168	407
7	156	167a	406	9	155	167	405
12	154	166	404	18	150	162	349
21	123	138c	242	22	122	138b	241
25	120	138	239	44	107	122	222
53				61	75	117	169
68	72	113	161	85	60	092	129
98	42	074	71	100	40	066	69
103	284	054	78	108	39	052	68
121	28	032	32	132	2		2
133	3		3	138	5	001	5
139	5A		5.04	146	12	008	12
150	16	012	16	156	300	017bis	63
159	302	021bis(乙)	65	172	292	033	53
173	292A		52	186	286	051A	99
194	282	051q	116	202	276	061	107
203	275	067	108	206	266	075a	111
220	270	064	87	231	47	081	132
236	52	082b	135	237	53	084	136
240	256	089	139	242	255	093	141
249	250	101	184	261	241	109a	209
262	238A			264	239	117ter	210
276				277			
288	84	120P	250	314	102	1371	275
322	127	139b	324	332	134	146	332
334	136	148	334	335	137	149	335
341	141	157	339	342	142	157a	340
359	169		418	360	168		417
369	173	162e	398	380	182	158d	387
417	207A	136h	312	419	208	136f	310
420	209	136e	309	423	210	136b	306
424	211	136a	304	425	211B		305
433	215A		296	437	217	123a	292
454	228	119	282				

第一章 中古《维摩诘经》的书写

《维摩诘经》是我国中古最为盛传的大乘佛典之一，从东汉中平五年（188年）初传中土至北宋中晚期明显衰落，朝野僧俗对它的普遍信仰持续千年之久。维摩信仰的盛传，使《维摩诘经》成为中古时期书写最多的佛典之一。在中古时代的敦煌，伴随着佛教信仰的隆兴、经坊的设立以及写经的职业化，《妙法莲华经》《大方广佛华严经》《维摩诘经》《大方等陀罗尼经》等佛教经典得到大量而广泛的书写。综合考察藏经洞佛经写卷遗存，《维摩诘经》是书写最多的佛经之一，反映了中古时代维摩信仰广泛而深入的民众基础。

第一节　中古《维摩诘经》的译传

《维摩诘经》诞生于1至2世纪的古代印度[1]，是最古老的大乘佛典之一[2]。东汉中平五年（188年），严佛调初译该经，世称《古维摩诘经》（二卷）。吴黄武年间（222—229年），支谦在建业重译该经为《佛说维摩诘经》（二卷）。此后，竺叔兰于晋元康元年（291年）译出《异维摩诘经》（三卷），竺法护[3]于太安二年（303年）译出《维摩诘所说法门经》（一卷），祇多蜜于东晋时译出《维摩诘经》（四卷）。后秦弘始八年（406年），鸠摩罗什（Kumarajiva）奉敕在长安重译该经，名《维摩诘所说经》（三卷）。唐永徽七年（650年），玄奘又译该经为《说无垢称经》（六卷）。在从东汉中平五年（188年）至唐永徽七年（650年）四百多年间，《维摩诘经》先后7次重译[4]（表1-1），其间还出现相当数量的注疏[5]，足见该经在中古世界的盛传。然而，严佛调、竺叔兰、竺法护、祇多蜜四氏的译本已佚，目前仅存支谦、鸠摩罗什与玄奘三本。《维摩诘经》"言虽简要，而义包群典"（僧肇《注维摩诘经》第10卷），"是在中国最受尊崇的经典著作中的佛教文学典范"，并"在有文化的士大夫的佛教中扮演了十分重要的角色"[6]，地位仅次于《大般若经》，是大乘佛教兴起所依据的重要经典[7]。

《维摩诘经》思想内涵丰富而深刻[8]，"它的思想内容可能来源于般若经中须菩提与佛陀，须菩提与舍利弗和他人之间的对话"[9]。该经《弟子品》提出"无利无功德是为出家，有为法者可说有利有功德，夫出家者为无为法，无为法中无利无功德"[10]，"从般若理论和宗教实践这两个方面把佛教的出世移到了世俗世界，它不但让僧侣的生活世俗化，而且让世俗人的生活僧侣化，从而把世俗社会引进了宗教世界"[11]。朝野僧俗奉之经典，精

表 1-1 《维摩诘经》译本 7 种

经 名	译者	时 间	地点	备 注
《古维摩诘经》（二卷）	严佛调	东汉中平五年（188 年）	洛阳白马寺	已佚
《佛说维摩诘经》（三卷）	支谦	吴黄武年间（222—229 年）	建业	完好
《异维摩诘经》（三卷）	竺叔兰	西晋元康元年（291 年）	洛阳	已佚
《维摩诘所说法门经》（一卷）	竺法护	西晋太安二年（303 年）	洛阳	已佚
《维摩诘经》（四卷）	祇多蜜	东晋	未详	已佚
《维摩诘所说经》（三卷）	鸠摩罗什	后秦弘始八年（406 年）	长安	完好
《说无垢称经》（六卷）	玄奘	唐永徽七年（650 年）	长安大慈恩寺	完好

心研习。无论汉唐间多达 7 次的翻译，还是其间所出浩繁注疏均缘于此。僧肇在《维摩诘经序》中对《维摩诘经》极为赞美：

> 维摩诘不思议经者，盖是穷微尽化，妙绝之称也。其旨渊玄，非言象所测；道越三空，非二乘所议。超群数之表，绝有心之境，眇莽无为而无不为，罔知所以然而能然者，不思议也。[12]

僧睿自谓："予始发心，启蒙于此，讽咏研求，以为喉襟。"[13] 姚兴对之格外钟情，"每寻玩兹典，以为栖神之宅"[14]，鸠摩罗什重译该经即奉姚兴之命。支敏度的《合维摩诘经序》："盖维摩诘经者，先哲之格言，弘道之宏标也。其文微而婉，厥旨幽而远。"[15]"《维摩诘经》在众多的佛教经典中，由于具有简明、综合而又表现生动的优长，特别受到教内外的重视。一直到唐代几百年间，义学沙门普遍以《维摩诘经》为重要的研习内容。"[16]"晋以来的名流，每一个人总有三种小玩意，一是《论语》和《孝经》，二是《老子》，三是《维摩诘经》，不但采作谈资，并且常常做一点注解。"[17] 随着《维摩诘经》的广泛传播，维摩信仰日盛，成为中古最重要的佛教思想之一。（表 1-2）

表1-2 中古维摩史事

年　代	维摩史事
东汉中平五年（188年）	严佛调首译《维摩诘经》，世称《古维摩诘经》（二卷），后佚。
吴黄武年间（222—229年）	支谦于建康译出《佛说维摩诘经》（二卷）。（《高僧传》第1卷）
西晋元康元年（291年）	竺叔兰译出《异维摩诘经》（三卷）。（《出三藏记集》第13卷）
西晋太安二年（303年）	竺法护译出《维摩诘所说法门经》（一卷）。
东晋兴宁年间（363—365年）	顾恺之于江宁瓦官寺北小殿首创维摩之像。（《历代名画记》第5卷）
后凉麟嘉五年（393年）	六月九日王相高写《佛说维摩诘经》。（上博2405）
后秦弘始八年（406年）	鸠摩罗什在长安译出《维摩诘所说经》（三卷）。
西秦建弘元年（420年）	炳灵寺169窟北壁绘维摩诘像。（该窟题记）
前秦或高昌麴氏甘露二年	正月二十七日沙门静志写《维摩义记》。（德化李盛铎旧藏）
北魏皇兴五年（471年）	定州中山郡卢奴县张兴保为父母祈福造《维摩》一部。（P4506a）
北魏太和元年（477年）	金铜佛背面释迦多宝佛两侧线刻维摩与文殊。
北魏太和元年（477年）	东京新田氏收藏阳氏造鎏金铜佛坐像背屏雕维摩与文殊。
北魏景明元年（500年）	二月二十日比丘昙兴于定州丰乐寺写《维摩义记》。（S2106）
北魏永平二年（509年）	十一月宣武帝元恪在式乾殿为诸僧、朝臣讲《维摩诘经》。（《魏书》第8卷）
北魏延昌二年（513年）	张颙写《维摩义记》。（罗福苌《伦敦藏目》）
北魏延昌四年（515年）	云冈石窟第19B洞东壁佛龛龛楣雕《维摩变》。
北魏正光三年（522年）	四月八日慧超写《维摩诘经》。（S2724）
北魏孝昌二年（526年）	龙门石窟莲花洞北壁宋景妃龛龛楣雕《维摩变》。
北魏孝昌三年（527年）	龙门石窟皇甫公窟南壁菩萨像龛龛内与龛楣均雕《维摩变》。
北魏孝昌三年（527年）	石造像背面佛坐像下方线刻维摩与文殊。
北魏普泰元年（531年）	日本大阪市立美术馆藏造像碑上雕维摩与文殊。
北魏普泰二年（532年）	三月二十五日瓜州刺史东阳王元荣造《维摩经疏》。（上图111）
北魏普泰二年（532年）	龙门石窟药方洞路僧妙造像龛龛楣雕《维摩变》。
北魏永熙二年（533年）	七月十五日瓜州刺史东阳王元荣造《维摩诘经》一部。（S4415）
北魏永熙二年（533年）	赵见憘等造释迦立像一尊，背屏雕刻《维摩变》。
西魏大统三年（537年）	正月十九日许琼琼一校《维摩诘经义记》卷第三流通。（辰032（1305））
西魏大统五年（539年）	四月十二日比丘惠能写《维摩诘经义记》卷第四。（S2732）
西魏武定元年（543年）	美国大都会美术馆藏造像碑佛坐像下段雕维摩与文殊。
西魏大统十四年（548年）	十月普济寺僧法鸾写《维摩诘经义记》卷第一。（P2273）
北齐天保二年（551年）	美国宾夕法尼亚大学藏造像碑碑首雕维摩与文殊。
北齐天保二年（551年）	瑞士苏黎世里特贝格博物馆藏造像碑碑身上部雕《维摩变》。

年　代	维摩史事
西魏大统十七年（551年）	美国芝加哥艺术学院美术馆藏造像碑阳面下段七尊佛像两侧雕维摩与文殊。
北齐天保八年（557年）	瑞士瑞特保格博物馆藏比丘法阴造像碑碑身正面中上部雕维摩与文殊。
北齐天保十年（559年）	河南省博物馆藏张㻆鬼造像碑碑身正面中上部雕维摩与文殊。
北齐保定二年（562年）	大德僧雅于岁次壬午在尔锦公斋上榆树下讲《维摩诘经》。（S2732）
北齐河清二年（563年）	安徽省博物馆造像碑佛坐像龛上方雕文殊与维摩。
北齐武平六年（575年）	美国宾夕法尼亚大学藏造像碑龛帐内雕文殊与维摩。
高昌延寿十四年（637年）	五月三日经生令狐善愿写《维摩诘经》卷下，曹法师法惠校，法华斋主大僧平事沙门法焕定。（S2838）
宋孝建（454—456年）初年	释僧导应敕于瓦官寺讲《维摩》，帝亲临幸，公卿必集。（《高僧传》第7卷）
宋大明三年（459年）	二月八日释僧庆于蜀城武担寺西，对其造净名像前，焚身供养。（《高僧传》第12卷）
隋开皇元年（581年）	甘肃省博物馆藏造像碑最下段雕维摩与文殊。
隋开皇二年（582年）	开封市博物馆藏石造四面十二龛像南面下龛雕维摩与文殊。
隋开皇十五年（595年）	智顗因杨广固请，始制《净名疏》。（《大正藏》50-567a）
隋仁寿二年（602年）	僧慧庄、法论于东宫讲《净名经》。（《国清百录》第3卷/《大正藏》46-814c）
唐贞观十六年（642年）	翟氏于莫高窟第220窟主室东壁绘维摩诘变相。（该壁题记）
唐永徽三年（652年）	五月十五日佛弟子邓元受持《维摩诘经》。（S3394）
唐永徽七年（656年）	玄奘于长安大慈恩寺译出《说无垢称经》（六卷）。
武周圣历元年（698年）	李克让营建莫高窟第332窟，主室北壁绘维摩诘变相。（《重修莫高窟佛龛碑》）
武周圣历年间（698—700年）	张思艺于莫高窟第335窟主室北壁造维摩诘变相一铺。（该壁题记）
唐大历七年（772年）	三月二十八日沙门体清于开元寺为僧尼道俗敷演《维摩诘经》并写《净名经关中疏》。（S3475）
唐敬宗宝历年间（825—827年）	少列陈岵进注《维摩诘经》得濠州刺史。（《旧唐书》第153卷）
唐会昌五年（845年）	顾恺之维摩画壁在唐武宗法难之际转藏李德裕所创甘露寺。（《历代名记》第3卷）
唐大中七年（853年）	顾恺之维摩诘画壁经寿州刺史卢简辞转入内府。（《历代名画记》第3卷）
唐天复二年（902年）	索奇写《维摩诘经》。（羽040[0902]）
后蜀广政十年（947年）	八月九日西川静真禅院某僧写《维摩诘经讲经文》。（P2292）

第二节　经坊与写经的职业化

十六国南北朝时期，随着佛法广泛弘传，朝野僧俗崇信弥笃，佞佛成风，寺院广布，僧尼倍增，写经机构的设立与写经的职业化成为历史必然。唐道宣《释迦方志》："魏太祖道武皇帝于虞地造十五级塔，又造开泰、定国二寺，写一切经，造千金像。三百名僧每日法集。"[18] 写经机构的设立与写经的职业化于道武帝时已见端倪，但文献所见专职写经人——经生的出现已至北魏中期，藏经洞北魏兴安二年（454年）写卷《大方广佛华严经世界品之二卷第三十五》（P2110）题记：

> 兴安二年岁次癸巳六月廿三日，敦煌镇经生师令狐崇哲所写经成讫竟。用纸廿一张。校经道人。[19]

从题记中"敦煌镇经生"、"用纸廿一张"、"校经道人"等字样判断，敦煌至迟于北魏兴安二年（454年）已设地方性写经机构，而且佛经书写的程序已相当规范，并有严格的纸张管理方式。

藏经洞纪年北朝写经中，有7件题有令狐崇哲名记（表1-3；附录《敦煌写卷经生题

表1-3　藏经洞令狐崇哲写经

经名与卷号	书写时间	写经人	用纸	典经师	校经人	属地
大方广佛华严经（P2110）	兴安二年（454年）六月二十三日	令狐崇哲	21张	缺	缺	敦煌镇
成实论卷第十四（S1427）	永平四年（511年）七月二十五日	曹法寿	25张	令狐崇哲	惠显	敦煌镇
成实论卷第十四（S1547）	延昌元年（512年）八月五日	刘广周	28张	令狐崇哲	洪口	敦煌镇
大楼炭经卷第七（S0341）	延昌二年（513年）六月	张昱昌	20张	令狐崇哲	缺	敦煌镇
大方等陀罗尼经卷第一（S6727）	延昌三年（514年）四月十二日	张阿胜	21张	令狐崇哲	令狐崇哲	敦煌镇
诚实论卷第八（P2179）	延昌三年（514年）六月十四日	令狐崇哲	26张	缺	缺	敦煌镇
华严经卷第十六（S2067）	延昌三年（514年）七月十九日	令狐礼太	24张	令狐崇哲	令狐崇哲	敦煌镇

识》),年代是从兴安二年(454年)至延昌三年(514年),时间跨越六十年。这7件纪年题记不仅记录了令狐崇哲的职业进程,而且隐现了5世纪中至6世纪初敦煌地区写经机构的发展情况。从《大方广佛华严经》(P2110)题记来看,令狐崇哲在兴安二年(454年)六月二十三日书写此经时,为"敦煌镇经生师",而在永平四年(511年)七月二十五日曹法寿所写《成实论卷第十四》(S1427)题记中,则转为典经师,后在令狐礼太所写《华严经卷第十六》(S2067)与张阿胜所写《大方等陀罗尼经卷第一》(S6727)题记中又有校经道人身份,可以基本肯定,令狐崇哲从兴安二年至延昌三年(454—514年)间一直在敦煌镇从事写经、典经与校经工作,并由写经生逐渐升为典经师和校经道人。从《诚实论卷第八》(P2179)题记来看,令狐崇哲在永平四年(511年)已为典经师,但在延昌三年(514年)仍以典经师身份书写佛经。这表明,敦煌镇当时所设写经机构,虽然已有职位高下,但在需要时,典经师或校经道人仍会从事写经工作。此外,S1427与S1547号《成实论卷第十四》写经题记中出现"敦煌镇官经生"字样还进一步表明,至迟于北魏永平四年(511年),敦煌镇写经机构已具官营性质。

在写经职业化的历史进程中,伴随佛教更为广泛的传播以及社会需求的日益增长,还出现私人缮写。北魏中书侍郎刘芳早年至京师"处穷窘之中"、"常为诸僧佣写经论,笔迹称善,卷直一缣,岁中能入百余疋,如此数年,赖以颇振"[20]。北魏中晚期,尤其是迁洛之后弥漫朝野的佞佛之风,对当时北方地区写经活动的广泛展开起到了推波助澜的作用。作为文明太后兄长,冯熙"自出家财在诸州镇建佛图精舍,合七十二处,写十六部一切经"[21]。其写经在藏经洞中可见遗存,北魏太和三年(479年)《杂阿毗昙心经卷第六》(S0996)即为其一,该经题记:

> 杂阿毗昙心者,法盛大士之所说,以法相理玄,籍浩博欤,昏流迷于广文,乃略微以现约,瞻四有之口见,通三界之差别,以识同至味,名曰毗昙。是以使持节侍中驸马都尉羽真太师、中书监领秘书事车骑大将军都督诸军事启府洛州刺史昌黎王冯晋国,仰感恩遇,撰写十一切经,一一经一千四百六十四卷,用答皇施,愿皇帝陛下、太皇太后,德苞九元,明同三曜,振恩阐以熙宁,协淳气而养寿,乃作赞曰:丽丽毗昙,厥名无比,文约义丰,总演天地,咸尊延剖,声类斯视,理无不彰,根无不利,卷之斯苞,见云口帝,谛修口玩,是聪是备。大代太和三年岁次己未十月己巳(朔)二十八日丙申于洛州所书写成讫。[22]

题记所载"撰写十一切经,一一经一千四百六十四卷"的数量相当庞大,从藏经洞出有冯熙造《杂阿毗昙心经》来推断,这些经卷部分存于藏经洞中。从现存东阳王元荣写经题记来看,元荣执事瓜州时发愿写经数量也极为可观,藏经洞写卷《大智度论卷七十》题记:

> 大代普泰二年岁次壬子三月乙丑朔二十五日己丑,弟子使持节散骑常侍都督岭西诸军事车骑大将军开府仪同三司瓜州刺史东阳王元荣,惟天地妖荒,王路否塞,君臣失礼,于兹多载,天子中兴,是得遣息叔和,诣阙修受。弟子年老疹患,冀望叔和,早得回还。敬造无量寿经一百部,四十部为毗沙门天王,三十部为帝释天王,三十部为梵天王;造摩诃衍一部,一百卷,四十卷为毗沙门天王,三十卷为帝释天王,三十卷为梵天王;内律一部,五十卷,一分为毗沙门天王,一分为帝释天王,一分为梵天王;造贤愚一部,为毗沙门天王;观佛三昧一部,为帝释天王;大云一部,为梵天王;愿天王等,早成佛道,又愿元祚无穷,帝嗣不绝,四方符化,恶贼退散,国丰民安,善愿从心,含生有识之类,咸同斯愿。[23]

此外,《仁王般若经卷上》记其于永安三年(530年)"敬造仁王般若经三百部",建明二年(531年)造《大般若波罗蜜多经》,普泰二年(532年)造《无量寿经》一百部《摩诃衍》一部、《内律》一部、《大云》一部等等。[24]如此浩繁的经卷实需多人书写才可完成,冯熙"自出家财在诸州镇建佛图精舍,合七十二处,写十六部一切经"的做法,以及元

图1　金光明寺写经人名　写本英国国家图书馆藏(S2711)

荣广写佛经的行为，直接推动了敦煌地区写经活动的迅速发展。

藏经洞写卷见有《金光明寺写经人名》一件，其上共记载53个金光明寺写经人名。（图1）原文如下：

> 金光明寺写经人，惑然、弘恩、荣照、张悟真、法贞、贤□、寺加、金□、道政、绿法。俗人，阴□、郭英秀、索□兴、索斑、索□、王英、张善、张润子。
>
> 离名，董法建、义真、惠照、□空、法持、道岸、道秀、超岸、昙惠、法□、利□、净真、李岷、张宽、李清子、卢琰、陈璀、张润子、张釜、宝□、张重润、翟丘、张献、高子丰、左安、宗广、王进昌、孔爽、萨谦、李颙、张英环、安国兴、张善、范椿、索奉禄。²⁵

据笔者研究，《金光明寺写经人名》所提及的张重润、张英环、安国兴三人各有写经遗存（表1-4），其中，张重润写有《大般若波罗蜜多经卷第廿四》（鸟046［2067］），张英环写有《佛说无量寿宗要经》（剑042［8026］）与《佛说无量寿宗要经》（张089［7979］），安国兴则写有《佛说无量寿宗要经》（秋085［7982］）。另外，藏经洞写卷中有一件《大般若波罗蜜多经卷第四百五十二》（S0283）写本，该经题记："海净第校，张寺加写。"²⁶ 其中的张寺加或为《金光明寺写经人名》中之"寺加"。值得注意的是，张英环所写《佛说无量寿宗要经》（剑042［8026］/BD04642）题记：

> 第一校光际，第二校法鸾，第三校建。张英环写。²⁷

题记中的法鸾于藏经洞亦有写经遗存，笔者共辑有两件，一件为《无量寿经卷上》（霜

表1-4 《金光明寺写经人名》所见相应藏经洞写经遗存

写经人	经名与编号	题记
张重润	大般若波罗蜜多经卷第廿四（鸟046［2067］）	勘了，张重润。
张英环	佛说无量寿宗要经（剑042［8026］）	第一校光际，第二校法鸾，第三校建。张英环写。
张英环	佛说无量寿宗要经（张089［7979］）	张英环。
安国兴	佛说无量寿宗要经（秋085［7982］）	安国兴写。
张寺加	大般若波罗蜜多经卷第四百五十二（S0283）	海净第校，张寺加写。

028［0102］），另一件为《维摩诘义记卷第一》（P2273），该写卷有纪年题记：

> 共校经道人昙朗、李师即竟，僧法师释。大统十四年（548年）十月五，普济寺僧法鸾写讫。[28]

法鸾书写该经在西魏大统十四年（548年），张英环既与法鸾同时，又为金光明寺写经生，故《金光明寺写经人名》当为西魏年间或前后距之不远的北朝中期写本。这进一步显示，北朝中期敦煌寺院所属写经人数已初具规模，管理也更为规范。

南朝社会亦见设斋写经，徐孝克"性清素，好施惠，故不免饥寒。后主敕以石头津税给之，孝克悉用设斋写经"[29]。冯熙、元荣、徐孝克等"设斋写经"的行为，是南北朝社会士庶捐建功德的缩影，他们对佛经的大量需求，直接刺激并促进写经机构的广泛设立，以及写经的职业化。入隋以后，文帝力倡佛教，"开皇元年，高祖普诏天下，任听出家，仍令计口出钱，营造经像。而京师及并州、相州、洛州等诸大都邑之处，并官写一切经，置于寺内；而又别写，藏于秘阁。天下之人，从风而靡，竞相景慕，民间佛经，多于六经数十百倍。"[30]"仁寿元年（601年）以后，立舍利塔，普及天下。佛教之广被，盖可见矣。"[31] 炀帝亦同其父，对佛教尤有扶持，在其为晋王时，即"在王邸中，立宝台经藏，共四藏，将十万轴"[32]。隋代后妃亦对写经趋之若鹜，藏经洞写卷《佛说甚深大回向经》（S2154）题记："大隋开皇九年（589年）四月八日，皇后为法界众生敬造一切经流通供养。"[33] 这时，皇权完全介入让佛经书写超越私人或官方"设斋写经"，而具有国家行为的特殊属性。

但是，文献所见写经机构专称——"经坊"一词的出现却是在《旧唐书·狄仁杰》中。

> （唐圣历年间）则天又将造大像，用功数百万，令天下僧尼每日人出一钱，以助成之。狄仁杰上疏谏曰："臣闻为政之本，必先人事。陛下矜群生迷谬，溺丧无归，欲令像教兼行，睹相生善，非为塔庙必欲崇奢，岂令僧尼皆须檀施？……里陌动有经坊，阛阓亦立精舍。"[34]

"经坊"一词的出现，表明至迟在武则天圣历年间（698—700年），写经机构经过十六国南北朝的发展已臻成熟，并有固定名称，同时也表明，经坊在当时的设立相当普遍。考察敦煌写卷经生题识（附录《敦煌写卷经生题识》），这一发展轨迹十分清晰。郗玄爽于贞观二十二年（648年）写《佛地经》（P3709）题记：

贞观廿二年八月十九日直司书手臣郭玄爽写，凡五千五百二言，装潢手臣辅文开，总持寺沙门辩机笔授，蒲州普救寺沙门行友证文，玄法寺沙门玄赜证文，总持寺沙门玄应正字，弘福寺沙门灵闰证义，弘福寺沙门灵范证义，弘福寺沙门惠明证义，弘福寺沙门僧胜证义。沙门玄装（奘）译，银青光禄大夫行太子左庶子高阳县开国男臣许敬宗监阅，夫物情斯惑，□于教悟，大圣贻则，寔启疑徒，而先匠译辰梦尔无记，爰使后学积滞于怀，今故具书以彰来信，愿传写之俦与余同志，庶几弥劫，永无或焉。[35]

与5世纪中晚期、6世纪初期的写经相比，唐代初年佛经书写更为规范，除题写书手姓名外，还对证文者、正字者、证义者、译者、监阅者以及装潢手做了记录，甚至对书写字数也做了统计。同时，校对更加严格，出现3个校次。如咸亨二年（671年）郭德写《妙法莲华经卷第五》（S0084）"初校经生郭德，再校西明寺法显，三校西明寺僧普定"[36]，咸亨二年（671年）程君度写《妙法莲华经卷第三》（S5319）"经生程度初校，大总持寺僧大道再校，大总持寺僧智安三校"[37]，咸亨三年（672年）刘大慈写《妙法莲华经卷第四》（S4551）"初校书手刘大慈，再校胜光寺僧行礼，三校胜光寺僧惠冲"[38]，咸亨三年（672年）赵文审写《妙法莲华经卷第三》（S4209）"初校书手赵文审，再校福林寺僧智藏，三校福林寺僧智兴"[39]，等等；并有3～4人次详阅以及监制。

《经坊供菜关系牒》（图2）明确表明敦煌地区写经机构至迟在中唐已定名经坊。该写本记敦煌某经坊供菜一事，录文于下：

应经坊合请菜，蕃汉□官等。
先子年已前蕃僧五人，长对写经二十五人。
僧五人一年合准方印得菜一十七驮，行人部落供。
写经二十五人一年准方印得菜八十五驮，丝绵部落供。
昨奉，需分当头供者具名如后：
行人大卿、小卿、乞结夕、遹论磨、判罗□鸡、张荣奴、张□子、李广弈、索文奴、阴兴定、宋六儿、尹□兴、蔡□□、康进达、冯□荣、宋亚集、安国子、田用□、王专，已上人每日得三十二束。
丝绵□南、触腊、翟荣朝、常弁、常闰、杨留□、赵什德、王郎子、薛卿子、娑悉力、□浪君□、王□□、屈罗悉鸡、陈奴子、摩悉猎、尚热磨、□儿、安和子、张亦□，已上人每日得三十三束。

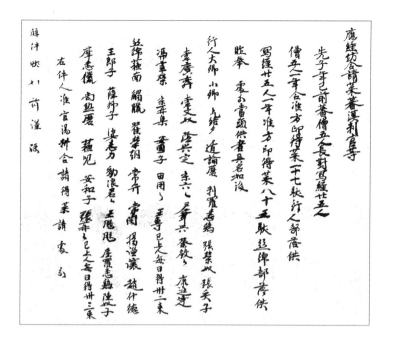

图 2 《经坊供菜关系牒》 英国国家图书馆藏（S5824）

  右件人准官汤□合请得菜请需引。
  □件□如前谨□。[40]

此件文书中"行人部落"、"丝绵部落"为吐蕃占领敦煌时期基层组织，前者主要为刺探者、使者部落，后者则主要由丝织等手工生产者组成，故该写本年代上限不早于沙州陷蕃之年，即建中二年（781年）[41]。此写本虽记供菜事宜，却间接透露出当时经坊规模建制：由5位蕃僧主持，下有25人专责写经，双方各由不同"部落"提供菜品，但每人每年所得标准相同，均为3.4駄。从文书所列人名来看，全为俗家，而非寺属僧侣，藏经洞佛教写卷经生题识中亦少见僧人法号，而以世俗中人为多。

  经坊作为主持佛经抄写专门机构，其雏形约产生于4世纪中晚期或5世纪初叶，在经过北朝漫长的摸索期后，最终于隋唐时期发展成熟。藏经洞数万卷佛教写经遗存既是敦煌经坊历代写经生辛勤劳动的结晶，同时也是经坊逐渐发展成熟的历史见证。

第三节　中古《维摩诘经》的书写：以藏经洞维摩写卷为中心

中古《维摩诘经》的书写与维摩信仰的发展紧密相连，互为表里。一方面，《维摩诘经》的书写流通不断促进着维摩信仰在中土世界的演进；另一方面，维摩信仰的广泛流传也在不断推动着《维摩诘经》的书写。据现存史籍，十六国南北朝时期，随着大乘佛教的弘传，维摩信仰已广布大江南北，《隋书·经籍四》：

> 石勒时，常山沙门卫道安，性聪敏，诵经日至万余言。以胡僧所译维摩、法华，未尽深旨，精思十年，心了神悟，乃正其乖舛，宣扬解释。时中国纷扰，四方隔绝，道安乃率门徒，南游新野，欲令玄宗所在流布，分遣弟子，各趋诸方。法性诣扬州，法和入蜀，道安与慧远之襄阳。后至长安，符坚甚敬之。道安素闻天竺沙门鸠摩罗什，思通法门，劝坚致之。什亦闻安令问，遥拜致敬。姚苌弘始二年，罗什至长安，时道安卒后已二十载矣，什深慨恨。[42]

姚苌弘始二年（400年）罗什至长安时，道安已卒二十年，案鸠摩罗什重译《维摩诘经》在弘始八年（406年），因此，卫道安"正其乖舛，宣扬解释"的《维摩诘经》应为严佛调、支谦、竺叔兰、竺法护译本之一种。这表明，至迟在后赵石勒统治时期（319—332年），即4世纪初叶，前述四本之一的《维摩诘经》的流传范围已相当广泛，而卫道安"分遣弟子，各趋诸方"、"欲令玄宗所在流布"的做法对4世纪中晚期《维摩诘经》的进一步传播弘扬则具有积极的历史意义。

《隋书·突厥》："齐有沙门惠琳，被掠入突厥中，因谓佗钵曰：'齐国富强者，为有佛法耳。'遂说以因缘果报之事。佗钵闻而信之，建一伽蓝，遣使聘于齐氏，求净名、涅槃、华严等经，并十诵律。"[43]《维摩诘经》由此传入突厥。而在南方，《维摩诘经》尤为盛传，上至帝王后妃，下及庶民百姓，社会各界无不赞仰，梁武帝萧衍"笃信正法，尤长释典，制涅槃、大品、净名、三慧诸经义记，复数百卷"[44]。受萧衍影响，后妃对释教亦有归心，贵嫔丁令光于"高祖所立经义，皆得其指归。尤精净名经"[45]，"上既崇之，下弥企尚"（《魏书·释老志》），梁邵陵王纶"自讲大品经，令枢讲维摩、老子、周易，同日发题，道俗听者二千人"[46]。昭明太子萧统甚至以维摩为字[47]，六朝诗文亦多见赞咏[48]。魏晋南北朝僧俗对维摩的普遍信仰是以《维摩诘经》的书写流传、图绘为重要前提。这一信仰的热潮在士大夫阶层推动下持续高涨，直至北宋中期以后才明显衰落。藏经洞跨越六百余年的维摩写卷遗存正是这一时期维摩信仰盛行的真实写照。

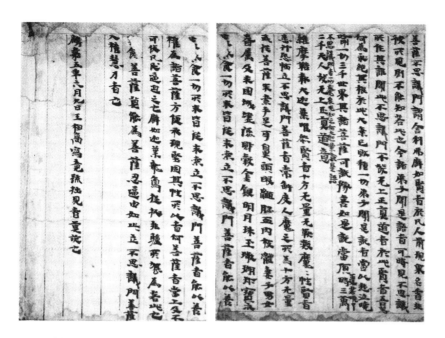

图3 《佛说维摩诘经》写本（局部） 麟嘉五年 王相高 写 上海博物馆藏 （393年）

唐代以前，印刷术尚未发达，保存、研读、演说、传播佛经主要仰赖书写。因此，《维摩诘经》的书写实际上于传译之初的东汉中平五年（188年）就已开始，但由于汉末扰乱，以及佛教初传中土，维摩信仰传播未广，经文书写也就多有局限。麟嘉五年（393年）《佛说维摩诘经》（上博2405）是现存纪年最早的《维摩诘经》写本[49]，也是4世纪仅见的、有明确纪年的维摩写经。（图3）其卷后题记：

麟嘉五年六月九日，王相高写竟，疏拙，见者莫笑也。[50]

麟嘉为后凉吕光年号，吕光原为苻秦旧臣，后都姑臧（今甘肃武威），建国号凉，史称后凉，据河西地区[51]，该经写于吕光统治中期。麟嘉五年《佛说维摩诘经》写本卷首残存《弟子品第三》极少部分，余保存完好，书写《菩萨品第四》、《诸法言品第五》、《不思议品第六》完整经文。该写本与《大正藏》所收支谦《佛说维摩诘经》几无出入，据佛经原本应为传自建康地区的支谦译《佛说维摩诘经》[52]。自秦建元二年（366年）沙门乐僔于三危山始凿洞窟至后凉麟嘉五年（393年）有二十七年时间，麟嘉五年（393年）《佛说维摩诘经》写卷表明，敦煌地区《维摩诘经》的书写在莫高窟营建之初就已开始，且与东晋盛行的支谦本《佛说维摩诘经》存在渊源。

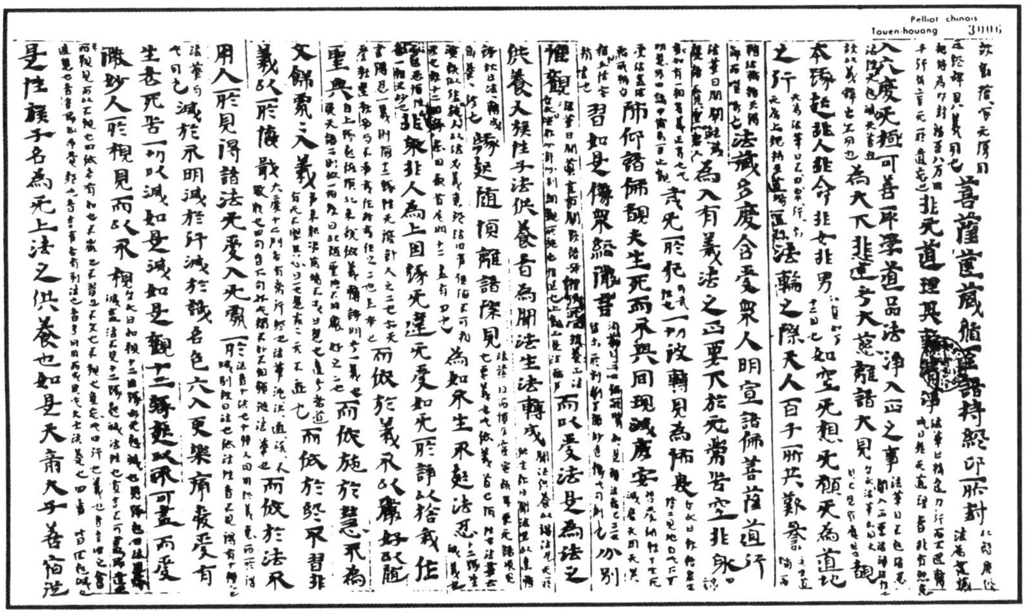

图 4　《佛说维摩诘经》写卷　法国国家图书馆藏（P3006）

法藏《佛说维摩诘经》（图4）是支谦本《佛说维摩诘经·法供养品第十三》夹注写本，书写年代约在359—406年之间。[53]《法国国家图书馆藏敦煌汉文写本目录》注文：

> 3006，维摩诘经注释。散离的残卷，不完整的卷尾，未曾发表过。依支谦本的经文所作的注释，相当于T. 474, vol.14, pP535c 28.11—P536.29 注疏有七次引竺法护《正法华经》，T. 263, vol. 9，有四次引用竺氏，可能是竺法护。[54]

释果朴认为，"P3006 的'竺氏曰'很可能就是道安搜集了法护译讲的《维摩诘经》记录，以及与凉州僧人往来之下，道安的《维摩诘经》注——P3006——因而由襄阳传抄到凉州"[55]，进而推论 P3006 写卷译者非支谦，而为竺法护。[56] 案《维摩诘经》的7种译本中有两种为竺氏译出，竺叔兰译《异维摩诘经》（三卷）与竺法护译《维摩诘所说法门经》（一卷）均散佚。P3006 写卷与《大正藏》所收的支谦译《佛说维摩诘经·法供养品第十三》[57]经文几无二致，该写卷栏注或为道安征引竺法护《正法华经》解释支谦本《佛说维摩诘经》。

与鸠摩罗什译《维摩诘所说经》数量庞大的写卷遗存相比，支谦译《佛说维摩诘经》甚显寥落，原因主要是鸠摩罗什当时擅名北方及其译《维摩诘所说经》"陶冶精求，务存圣意"的优长[58]。后秦弘始八年（406年），鸠摩罗什在长安大寺译出《维摩诘所说经》后，

表 1-5 藏经洞纪年维摩写卷题记

写本名称及编号	书写者	题记
佛说维摩诘经（上博 2405）	王相高	麟嘉五年（393年）六月九日，王相高写竟，疏拙，见者莫笑也。
维摩诘经（敦 113）	令狐□儿、王三典、张演虎	天安二年（467年）八月二十三日，令狐□儿课。王三典、张演虎等三人，共作课也。
金光明经卷第二（P4506a）	张兴保	皇兴五年（471年）岁在辛亥，大魏定州中山郡卢奴县城内西坊里住，原乡凉州武威郡租厉县梁泽北乡武训里方亭南苇亭北张坏主父宜曹讳□，息张兴保，自慨多难，父母恩育，无以仰报。又感乡援，靡托思恋，是以在此单城，竭家建福，兴造素法华一部、金光明一部、维摩一部、无量寿一部，欲令流通本乡，道俗异玩，愿使福钟皇家，祚隆万代，例亡父母，托生莲华，受悟无生，润及现存，普济一切群生之类，咸同斯愿，若有读诵者，常为流通。
维摩义记（S2106）	昙兴	景明原（元）（500年）年二月二十日，比丘昙兴于定州丰乐寺写讫。
维摩诘经（上图 91）	张凤鸾	神龟元年（518年）岁次戊戌七月十三日，经生张凤鸾写，用纸二十九张。
华严经卷第三（S2724）	法定	夫妙旨无言，故假教以通理，圆体非形，必藉□以表真，是以亡兄沙门维那慧超悟财命难持，识三圣易依，故资竭贿，唯福是务，图金容于灵刹，写冲曲于竹素，而终功未就，倏□异世，弟比丘法定，仰瞻遗迹，感慕遂甚，故莹饰图□，广写众经，华严、涅槃、法华、维摩、金刚、般若、金光明、胜鬘、□福钟亡兄，腾神梵乡，游形净国，体无无生，早□苦海，普及含灵，齐成正觉。大魏正光三年（522年）岁次壬寅四月八日□讫。
维摩经疏卷一（上海图书馆藏）	元荣	大代普泰二年（532年）岁次壬子三月乙丑朔二十五日己丑，弟子使持节散骑常侍都督岭西诸军事车骑大将军开府同三司瓜州刺史东阳王元荣敬造。
大般涅槃经卷第三十一（S4415）	元太荣	大代大魏永熙二年（533年）七月十五日，清信士使持节散骑常侍开府仪同三司都督岭西诸军事车骑大将军瓜州刺史东阳王元太荣，敬造涅槃、法华、大云、贤愚、观佛三昧、总持、金光明、维摩、药师各一部，合一百卷，仰为比（毗）沙门天王，愿弟子前患永除，四体休宁，所愿如是一校竟。
维摩诘经义记卷第三（辰032 [1305]）	许琼琼	一校流通，释许琼琼，大统三年（537年）正月十九日讫。二月。
维摩经义记卷第四（S2732）	惠能	龙华二儒共校定也，更比字一校也。大统五年（539年）四月十二日，比丘惠能写流通。保定二年（562年）岁次壬午于尔锦公斋上榆树下大听（德）僧雅讲维摩经一遍，私记。
维摩义记卷第一（P2273）	法鸾	共校经道人昙朗、李师即竟，僧法师释。大统十四年（548年）十月五，普济寺僧法鸾写讫。

写本名称及编号	书写者	题记
维摩诘经卷下（S2838）	令狐善愿	经生令狐善愿写，曹法师法惠校，法华斋主大僧平事沙门法焕定。延寿十四年（637年）岁次丁酉五月三日，清信女稽首，归命常住三宝，盖闻剥皮折骨，记大士之半言，丧体捐躯，求般若之妙旨，是知金文玉牒，圣教贞风，难见难闻既尊且贵，弟子托生宗胤，长自深宫，赖王父之仁慈，蒙妃母之训诲，重沾法润，为写斯经，冀以日近归依，朝夕诵念，以斯微福，持奉父王，愿圣体休和，所求如意，先亡久远，同气连枝，见佛闻法，往生净土，增太妃之余算，益王妃之光华，世子诸公，惟延惟寿，寇贼退散，疫疠消亡，百姓被煦育之慈，苍生蒙荣润之乐，含灵抱识，有气之伦，等出苦源，同升妙果。
维摩诘经（大谷探险队）		延寿十四年（637年）岁次丁酉五月三日，清信女（下残）。
维摩诘经卷中（S3394）		永徽三年（652年）五月十五日，佛弟子邓元受持。
维摩诘经（北新1084）	汜师僧	咸亨三年（672年）六月上旬，弟子汜师僧为亡妻敬写。
维摩诘经（大谷大学图书馆）	王伯美	大唐垂拱四年（688年）岁次戊子十二月一日，清信优婆夷王伯美，为身染□疹，及为一切法界苍生，敬写《维摩诘经》一部。愿使从今以去，三宝助□，疫疠消除。普愿众生，共成佛道。
维摩诘所说经（S1864）	张玄逸	岁次甲戌年（792年）九月三十日，沙州行人部落百姓张玄逸，奉为过往父母及七世先亡当家夫妻男女亲眷及法界众生，敬写小字维摩经一部，普愿往西方净土，一时成佛。
维摩诘经卷上（羽040［0902］）	索奇	天复二年（902年），写生索奇记。
维摩诘经讲经文（P2292b）		广政十年（947年）八月九日，在西川静真禅院写此第廿卷文书，恰遇抵黑书了，不知如何得到乡地去，年至四十八岁，于州中□明寺开讲，极是温热。

支谦本《佛说维摩诘经》渐为之取代。藏经洞现存绝大多数维摩写卷，尤其是5世纪以后的卷子，主要是鸠摩罗什《维摩诘所说经》抄本。

据维摩写经题记（表1-5），藏经洞维摩经卷的书写主要包含四种形式：其一为课业或功德；其二为供养或受持；其三为经生应约书写；其四则为祈福禳灾。敦煌研究院藏113号《维摩诘经》是第一种形式的写卷，该经题记："天安二年（467年）八月二十三日，令狐□儿课，王三典、张演虎等三人，共作课也。"[59]此外，麟嘉五年（393年）《佛说维摩诘经》（上博2405）、景明元年（500年）二月二十日昙兴写《维摩义记》（S2106）、大统三年（537年）正月十九日许琼琼写《维摩诘经义记卷第三》（辰032［1305］）、大统五年（539年）四月十二日惠能写《维摩诘经义记卷第四》（S2732）、大统十四年（548年）十月法鸾写《维摩诘义记卷第一》（P2273）、广政十年（947年）《维摩诘经讲经文》（P2292b）、《维摩诘经义记卷第一》（S3878）、法济与福胜点勘《维摩诘经》（S4153）、智惠写《净名经关中释抄卷上》（P2079）、来慧写《维摩诘经卷中》（031［1160］）、《维摩诘经疏》（昃023［1314］）、道京写《维摩诘经卷上》（秋020［0875］）以及《维摩诘所说经卷下》（腾096［1232］）为同类写卷。

第二种形式的写卷目前仅见两例，分别为永徽三年（652年）五月十五日邓元受持《维摩诘经卷中》（S3394）与金光明寺僧祝阇黎供养《维摩诘经卷中》（S2871）。

第三种形式的维摩写卷有神龟元年（518年）七月十三日经生张凤鸾写《维摩诘经卷上》（上图91）、天复二年（902年）写生索奇写《维摩诘经卷上》（羽040［0902］）、经生王□写《维摩诘经卷第一》（S2991）、经生王瀚写《维摩诘所说经卷中》（地018［1159］）以及令狐善愿于延寿十四年（637年）所书《维摩诘经卷下》（S2838），此卷《维摩诘经》施主为高昌公主，该经写成当年"高昌公主和丈夫张隆，甚至还可能有高寿的张太妃，共同东归敦煌探亲和拜佛，即于此时将这卷写经施入敦煌的某一寺院中"[60]。

第四种形式的维摩写卷见有《维摩诘经》（北新1084）、《维摩诘经》（大谷大学图书馆）、《维摩诘所说经》（S1864）、《净名经关中释抄卷上》（P2079）、《维摩诘经卷中》（S0765）、《维摩诘经卷上》（收052［0878］）、《金光明经卷第二》（P4506a）以及《华严经卷第三》（S2724）题记所记《维摩诘经》一部。其题记具有明显功利思想，均祈望通过书写该经以祛病禳灾或追荐亡魂，《净名经关中释抄卷上》（P2079）所记十分明确："壬辰年正月一日河西管内都僧政京城进论朝天赐紫大德曹和尚，就开元寺为城煌（隍）禳灾讲维摩经。"[61]元荣在仕任瓜州刺史期间曾广写众经、以求福报，《维摩诘经》是其中一种，《大般涅槃经卷第三十一》（S4415）题记："大代大魏永熙二年七月十五日，清信士使持节散骑常侍开府仪同三司都督岭西诸军事车骑大将军瓜州刺史东阳王元太荣，敬造涅槃、法华、大云、贤愚、观佛三昧、□持金光明、维摩、药师各一部，合一百卷，仰为毗沙门天王，愿弟子所患永除，四体休宁，所愿如是。"[62]法定书《华严经卷第三》（S2724）题记：

夫妙旨无言，故假教以通理，圆体非形，必藉□以表真。是以亡兄沙门维那慧超，悟财命难持，识三圣易依，故资竭贿，唯福是务，图金容于灵刹，写冲曲于竹素，而终功未就，俟□异世，弟比丘法定，仰瞻遗迹，感慕遂甚，故莹饰图□，广写众经，华严、涅槃、法华、维摩、金刚、般若、金光明、胜鬘，□福钟亡兄，腾神梵乡，游形净国，体无无生，早□苦海，普及含灵，齐成正觉，大魏正光三年岁次壬寅四月八日□讫。[63]

该题记所记《维摩诘经》与汜师僧所写《维摩诘经》（北新 1084），均属为逝亡亲人荐福一例。其余几件均出于自身疾患或为父母亲人所写。日本大谷大学图书馆藏《维摩诘经》题记："大唐垂拱四年（688 年）岁次戊子十二月一日，清信优婆夷王伯美，为身染□疹，及为一切法界苍生，敬写《维摩诘经》一部。愿使从今以去，三宝助□，疫疠消除。普愿众生，共成佛道。"[64] 比丘尼莲华心因染患得痊而发愿写《维摩诘经卷上》（收052［0878］），《维摩诘经卷中》（S0765）则是索宝集之妻为合家大小所写。北魏定州中山郡卢奴县人张兴保于《金光明经卷第二》（P4506）题记中自叙：

皇兴五年岁在辛亥，大魏定州中山郡卢奴县城内西坊里住，原乡凉州武威郡租厉县梁泽北乡武训里方亭南苇亭北，张坏主父宜曹讳□息张兴保，自慨多难，父母恩育，无以仰报，又感乡援靡托思恋，是以在此单城，竭家建福，兴造素经法华一部、金光明一部、维摩一部、无量寿一部，欲令流通本乡，道俗异玩，愿使福钟皇家，祚隆万代，例亡父母托生莲华，受悟无生，润及现存，普济一切群生之类，咸同斯愿，若有读诵者，常为流通。[65]

其写《法华经》、《金光明经》、《维摩诘经》、《无量寿经》各一部，是出于仰报父母恩育的心愿。张玄逸写《维摩诘所说经》（S1864）与前述高昌公主施入敦煌寺院《维摩诘经卷下》（S2838）亦为此意。总体而言，《维摩诘经》的书写均出于功德思想。只是在某些具体层面会有所侧重，尤其是希冀通过写经实现某种特殊目的的施主，会在其所写经文题记中详细写明。

河北邯郸北响堂山石窟刻经洞、山东邹县葛炉山西侧、河南安阳小南海石窟南洞窟前廊刻有维摩石经，石刻佛经约始于 6 世纪后期，是僧侣为保存佛经而采取的特殊形式，"缣缃有坏，简策非久，金牒难求，皮纸易灭，于是发七处之印，开七宝之函，访莲华之书，命银钩之迹，一音所说，尽勒名山"[66]。石刻佛经难度较大，一般以重要佛典为上选，北响堂山、葛炉山石刻《维摩诘经》表明该经在北朝僧俗社会的重要地位及其广泛弘传。此外，甘肃武威曾出土一件《维摩诘所说经》。该经为西夏文泥活字印本，表明中古《维摩诘经》还以西夏文或其他文字在少数民族中流传，透露出《维摩诘经》在佛教经典中所具有的重要地位。

第四节　英国国家图书馆藏 S2282、S1864 维摩写卷的年代问题

藏经洞维摩写卷虽然数量较多，但纪年卷甚少，仅有《佛说维摩诘经》（上博 2405）、《维摩义记》（S2106）、《维摩诘经义记卷第四》（S2732）、《维摩诘经卷下》（S2838）、《维摩诘经卷中》（S3394）、《维摩诘义记卷第一》（P2273）、《维摩诘经讲经文》（P2292b）、《维摩诘经义记卷第三》（辰 032［1305］）以及《维摩经疏卷一》（上图藏）等，共计 14 件。

在书写有题记的维摩写卷中，有些虽无纪年（表 1–6），却有书写者，这为今日判断写卷的大致年代提供了宝贵线索。英藏敦煌文书第 2282 号写本《维摩诘经》题记为"僧道斌写"，在藏经洞写卷中，共有 8 件署名道斌的写卷（表 1–7），其中有一件题有书写年月，这件写卷为法藏《金光明经卷第七》（P2274），题记为：

大中八年（854 年）五月十五日，奉为先亡敬写，弟子比丘尼德照记，比丘道斌写。[67]

表 1–6　藏经洞无纪年维摩写卷题记

写本名称及编号	书写者	题　记
维摩诘经卷中（S2871）	祝阇黎	金光明寺僧祝阇黎集经供养记。
维摩诘经卷第一（S2991）	王□	奉为僧□道书写，经生王□。
维摩诘经义记卷第一（S3878）		空藏禅师□。
维摩诘经（S4153）		申年四月五日，比丘法济共福胜点勘了。
维摩诘经卷中（S6665）	福升	福升。
净名经关中释抄卷上（P2079）	智惠	壬辰年正月一日，河西管内都僧政京城进论朝天赐紫大德曹和尚，就开元寺为城煌（隍）禳灾讲维摩经，当寺弟子僧智惠并随听写此上批，至二月廿三日写讫。
维摩诘经卷中（S0765）	索宝集妻	索宝集妻为合家大小写，廿二纸。
维摩诘经（S2282）	道斌	僧道斌写。
维摩诘所说经卷中（地 018［1159］）	王瀚	奉为西州僧昔道萼写记，经生王瀚。
维摩诘经卷中（黄 031［1160］）	来慧	来慧。
维摩诘经疏（昃 023［1314］）		一校竟。
维摩诘经卷上（秋 020［0875］）	道京	□□书已，道京书结（维）摩经一卷。
维摩诘经卷上（收 052［0878］）	莲华心	比丘尼莲华心为染患得瘥发愿写。
维摩诘所说经卷下（腾 096［1232］）		戌年四月一日，写维摩经一部，毕功记之也。

据此题记可知，道斌为晚唐时人，故英藏第 2282 号《维摩诘经》应书写于唐宣宗大中年间（847—859 年），或前后距之不远的晚唐时代。

英藏第 1864 号《维摩诘所说经》是另一件无纪年写本，该经题记：

> 岁次甲戌年九月三十日，沙州行人部落百姓张玄逸，奉为过往父母及七世先亡当家夫妻男女亲眷及法界众生，敬写小字维摩经一部，普愿往西方净土，一时成佛。[68]

沙州陷蕃后，吐蕃废除唐代乡里制，在河西与沙州地区施行部落制度，该题记所书"沙州行人部落"即为其基层组织之一，主要是"刺探者、使者的部落，负有巡逻哨卡，刺探军情，传递讯息，运送、供应驿骑等任务"[69]。吐蕃于建中二年（781 年）占据沙州，大中二年（848 年）被张议潮等人逐出敦煌，其间，贞元十年（794 年）为甲戌年，符合题记"岁次甲戌年九月三十日"记载。因此，该卷《维摩诘经》书写于唐贞元十年（794 年）应无疑问。方广锠、许培铃认为，此写卷题记"岁次甲戌"为公元 792 年。[70]792 年即唐贞元八年，该年为壬申年，与题记记载之甲戌年不符。

此外，《维摩诘经卷中》（黄 031 [1160]）、《维摩诘经卷中》（S0765）、《维摩诘经卷中》

表 1-7 藏经洞道斌写卷

大般若波罗蜜多经卷第一百一十九（P2112） [题记] 惠眼第一校，法济第二。道斌写。
金光明经卷第七（P2274） [题记] 大中八年（854）五月十五日，奉为先亡敬写，弟子比丘尼德照记，比丘道斌写。
大般若波罗蜜多经卷第一百十三（S0987） [题记] 比丘道斌记。
金光明最胜王经卷第二（霜 076 [1505]） [题记] 比丘道斌写。
维摩诘经（S2282） [题记] 僧道斌写。
大般若波罗蜜多经卷第三百七十七（S6816） [题记] 道斌写。
大般若波罗蜜多经卷第二百八十七（S5210） [题记] 比丘道斌写。
金光明最胜王经卷第五（月 9 [1589]） [题记] 比丘道斌写。

（S2871）等虽有题记（表1-6），但因题记信息局限极大，目前尚无法对之作出具体年代判断。尽管藏经洞维摩写卷绝大部分目前无法作出具体年代判定，但是，通过对有纪年与无纪年写卷的比较，藏经洞维摩写卷绝大部分书写于隋唐五代时期，并以中晚唐五代为多，十六国北朝时期数量较少。

1 孙昌武：《中国文学中的维摩与观音》，北京：高等教育出版社，1996年，第35页。
2 [法]拉蒙特：《维摩诘经序论》，郭忠生译，台北：谛观杂志社，1990年，第161～162页。现代佛学家吕澂认为大乘经典最初出现的是《般若经》，其次产生《宝积》《华严》等，《法华》《维摩》于后续出，详见吕澂：《吕澂佛学论著选集》第4卷，济南：齐鲁书社，1996年，第2032页。
3 竺法护，亦名昙摩罗刹（Dharmaraksa），月氏人，世居敦煌，是鸠摩罗什之前中国最重要的佛经翻译者之一，译经数量众多，共译有《正法华经》（十卷）等约九十七部。关于竺氏的生平与译经情况，详见[日]镰田茂雄：《中国佛教通史》第1卷，关世谦译，高雄：佛光出版社，1990年，第259～278页。
4 藏经洞《净名经关中释抄卷上》（生024 [1351]）谓有6译，未记东晋祇多蜜译本，其文为："爰至皇朝时移九代，此经翻传总有六译，第一，后汉刘氏灵帝代临淮清信士严佛调于洛阳白马寺译二卷，名维摩诘经；第二，吴朝孙氏大皇帝月支国优婆塞支谦于武康译三卷，名维摩诘所说不思议法门经；第三，西晋司马氏武帝沙门竺法护西域人，解三十六国语，于洛阳译一卷名维摩诘所说法门经；第四，东晋惠帝西域沙门竺叔兰元康六年洛阳译三卷，名毗摩罗诘经；第五，后秦姚兴弘始八年三藏沙门鸠摩罗什于长安大寺译三卷，名维摩诘所说经，即今所译之本是也；第六，唐朝三藏沙门玄奘贞观二十一年于长安大慈恩寺译六卷，名无垢称经。"见敦煌研究院：《敦煌遗书总目索引新编》，北京：中华书局，2000年，第455页。
5 维摩注疏数量众多，但多散佚。现存中古维摩注疏主要有：隋净影慧远《维摩经义记》（八卷），隋智顗《维摩经大疏》（二十八卷）、《维摩经玄义》（六卷）、《维摩经略疏》（十卷），唐吉藏《净名玄论》（八卷）、《维摩经义疏》（六卷）、《维摩经略疏》（五卷），唐窥基《说无垢称经疏》（原六卷/现存四卷），唐湛然《维摩经疏记》（三卷），唐道液《净名经集解关中疏》（二卷）、《净名经关中释抄》（二卷）等。此外，藏经洞遗书也保存有一定数量的《维摩诘经》注释残卷。
6 [荷兰]许里和：《佛教征服中国》，李四龙、裴勇等译，南京：江苏人民出版社，1998年，第68页。
7 唐·玄奘、辩机：《大唐西域记校注》第7卷，季羡林等注，北京：中华书局，1985年，第589页。
8 关于《维摩诘经》思想内涵的研究，参见王新水：《〈维摩诘经〉思想研究》，王雷泉指导，上海：复旦大学博士学位论文，2006年；何曼盈：《〈维摩诘所说经〉思想研究——〈维摩经〉之思想特色及其在中国佛学的定位》，冯达文指导，广州：中山大学博士学位论文，2005年。
9 [英]渥德尔：《印度佛教史》，王世安译，北京：商务印书馆，2000年，第366页。
10 《大正藏》第14册，第541页。
11 任继愈：《中国佛教史》第1卷，北京：中国社会科学出版社，1985年，第401页。
12 梁·僧祐：《出三藏记集》第8卷，苏晋仁、萧錬子点校，北京：中华书局，1995年，第309页。
13 《出三藏记集》第8卷，第311页。
14 《出三藏记集》第8卷，第309～310页。
15 《出三藏记集》第8卷，第310页。
16 《中国文学中的维摩与观音》，第39页。
17 鲁迅：《鲁迅全集》第5卷，北京：人民文学出版社，1998年，第310页。
18 唐·道宣：《释迦方志》，范祥雍点校，北京：中华书局，2000年，第120页。
19 敦煌研究院：《敦煌遗书总目索引新编》，北京：中华书局，2000年，第224页。法国国家图书馆：《法藏敦煌西域文献》（5），上海：上海古籍出版社，1997年，第313页。黄永武：《敦煌宝藏》（114），台北：新文丰出版股份有限公司，1986年，第456页。
20 唐·李延寿：《北史》第42卷，北京：中华书局，1974年，第1542页。时崔亮"居家贫，佣书自业"，（北齐·魏收：《魏书》第66卷，北京：中华书局，1974年，第1476页），崔光亦曾"佣书以养父母"（《魏书》第67卷，第1487页）。
21 《北史》第80卷，第2677页。
22 《敦煌遗书总目索引新编》，第32页；《敦煌宝藏》（8），第183页。

23 陈祚龙：《中华佛教文化史散策初集》，台北：新文丰出版股份有限公司，1978 年，第 91 页。
24 《中华佛教文化史散策初集》，第 79～97 页。
25 中国社会科学院历史研究所、中国敦煌吐鲁番学会敦煌古文献编辑委员会、英国国家图书馆、伦敦大学亚非学院：《英藏敦煌文献·汉文佛经以外部分》第 4 卷，成都：四川人民出版社，1991 年，第 207 页。
26 《敦煌遗书总目索引新编》，第 9 页。《敦煌宝藏》（2），第 635 页。
27 《敦煌遗书总目索引新编》，第 474 页。《敦煌宝藏》（108），第 551 页。任继愈：《国家图书馆藏敦煌遗书》（62），北京：北京图书馆出版社，2007 年，第 148 页。
28 《敦煌遗书总目索引新编》，第 231 页。《法藏敦煌西域文献》（10），第 323 页。
29 唐·李延寿：《南史》第 62 卷，北京：中华书局，1975 年，第 1528 页。
30 唐·魏征、令狐德棻：《隋书》第 35 卷，北京：中华书局，1973 年，第 1098 页。
31 汤用彤：《汤用彤全集》第 2 卷，石家庄：河北人民出版社，2000 年，第 8～9 页。
32 《汤用彤全集》第 2 卷，第 9 页。
33 《敦煌遗书总目索引新编》，第 66 页。《敦煌宝藏》（16），第 589 页。
34 后晋·刘昫：《旧唐书》第 89 卷，北京：中华书局，1975 年，第 2892～2893 页。
35 《敦煌遗书总目索引新编》，第 294 页。《法藏敦煌西域文献》（27），第 41 页。
36 《敦煌遗书总目索引新编》，第 3 页。《敦煌宝藏》（1），第 449 页。
37 《敦煌遗书总目索引新编》，第 163 页。《敦煌宝藏》（41），第 633 页。
38 《敦煌遗书总目索引新编》，第 142 页。《敦煌宝藏》（36），第 545 页。
39 《敦煌遗书总目索引新编》，第 129 页。《敦煌宝藏》（34），第 484 页。
40 中国社会科学院历史研究所、中国敦煌吐鲁番学会敦煌古文献编辑委员会、英国国家图书馆、伦敦大学亚非学院：《英藏敦煌文献·汉文佛经以外部分》第 9 卷，成都：四川人民出版社，1994 年，第 167 页。
41 敦煌陷蕃年代，《旧唐书》记："（开元）十五年（727 年），吐蕃寇陷瓜州。"（第 103 卷，第 3194 页）此外，另有诸多异见，如：天宝十一年（752 年）罗振玉，肃宗代宗之间（757—763 年）孙楷第，建中二年（781 年）藤枝晃、向达、陈祚龙等，贞元元年（785 年）劳干，贞元三年（787 年）戴密微、饶宗颐、前田正名等，元和年间（806—819 年）蒋伯斧。其中，建中二年（781 年）与贞元三年（787 年）说较公认。李永宁在《也谈敦煌陷蕃年代》一文中，提出敦煌首次陷蕃于建中二年（781 年），再次陷蕃于贞元三年（787 年）的看法，详见《西北师院学报》1984 年增刊，第 29～37 页。
42 《隋书》第 35 卷，第 1097 页。
43 《隋书》第 84 卷，第 1865 页。
44 唐·姚思廉：《梁书》第 3 卷，北京：中华书局，1973 年，第 96 页。《南史》对此亦有记："晚乃溺信佛道，日止一食，膳无鲜腴，惟豆羹粝饭而已。或遇事拥，日昃移中，便敕厨下。制涅槃、大品、净名、三慧诸经义记数百卷。"（《南史》第 7 卷，第 223 页）
45 《梁书》第 7 卷，第 161 页。《南史》记述稍简："及武帝弘佛教，贵嫔长进蔬膳。受戒日，甘露降于殿前，方一丈五尺。帝所立经义，皆得其指归，尤精净名经。"（《南史》第 12 卷，第 340 页）
46 《南史》第 76 卷，第 1907 页。
47 唐·许嵩：《建康实录》第 18 卷，张忱石点校，北京：中华书局，1986 年，第 721 页。
48 《中国文学中的维摩与观音》，第 94～131 页。
49 李盛铎旧藏《维摩经义记》写卷题记："甘露二年正月二七日沙门静志写记。"（[日]池田温：《中国古代写本识语集录》，东京：东京大学东洋文化研究所，1990 年，第 76 页）在中国历史上，甘露年号凡五见，西汉刘询公元前 53—前 50 年、魏曹髦 256—260 年、吴孙皓 265—266 年、前秦苻坚 359—365 年、辽耶律倍 926—936 年曾使用甘露年号。其中，在刘询甘露年间，《维摩诘经》尚未诞生，耶律倍甘露年间时代偏晚，且非正统年号，孙皓则偏于江南一隅，未统治过凉州，故以曹髦与苻坚甘露年间可能较大。王国维认为，"甘露二年写经，君楚疑为苻秦时物，亦极有理"（《王国维全集·书信》1919 年 9 月 30 日致罗振玉书信）。前秦虽统一北方，但苻坚甘露年间却未企及敦煌，瓜州时属前凉张氏，为张玄靓建兴年间（355—361 年），376 年，苻秦灭前凉已为建元年间（365—385 年），甘露二年《维摩经义记》显非前凉遗存，若为苻秦之物，亦非写于敦煌。曹髦甘露二年（257 年）距严佛调初译《维摩诘经》六十九年，离支谦译《佛说维摩诘经》有三十多年，而曹魏又始终占据凉州，《维摩经义记》于此间产生并传至敦煌亦有可能。中村不折藏《譬喻经》写卷亦署甘露年号，该卷题记："甘露元年三月十七日于酒泉城内斋丛中写讫。"（黄永武：《敦煌遗书最新目录》，台北：新文丰出版股份有限公司，1986 年，第 905 页）苻坚于 359 年六月改元甘露，且当时势力未及酒泉，曹髦则于 256 年六月改元甘露，而该经书写于甘露元年三月十七日，两者不相符合，王素推断该经写于麹氏高昌时期，并认为吐鲁番出土写经题记所见甘露年号应属高昌第二王麹光。（王素：《吐鲁番出土写经题记所见甘露年号补说》，北京图书馆敦煌吐鲁番学资料中心；台北《南海》杂志社：《敦煌吐鲁番学研究论集》，北京：书目文献出版社，1996 年，第 244 ～ 252 页）甘露二年《维摩经义记》较《譬喻经》写卷情况复杂。这件写卷存在三种可能：其一，苻坚甘露年间写于前秦统治区域，后传至敦煌；其二，曹髦甘露年间书写；其三，高昌麹氏时期所写。如为前两种情况，这件《维摩经义记》应为目前所知敦煌地区最早的维摩写卷，《维摩经义记》的出现实不应脱离《维摩诘经》在敦煌的书写与流传，故而在该《维摩经义记》以前，敦煌地区《维摩诘经》的书写已经出现。如为第三种情况，则要晚于麟嘉五年《佛说维摩诘经》写卷。

50　上海古籍出版社、上海博物馆：《上海博物馆藏敦煌吐鲁番文献》（1），上海：上海古籍出版社，1993 年，彩版 2。

51　386 年，吕光据凉州称凉州牧、酒泉公，都姑臧（甘肃武威），国号凉，史称后凉，据今甘肃西部和宁夏、青海、新疆的一部分，403 年灭于后秦。

52　支谦，亦名支越，字恭明，祖籍月氏，先祖于东汉灵帝（168—188 年）时迁居中土。支谦"博综稽古，研几极玄"，后以"汉末沸乱，南度奔吴。"以才学为孙权所识。支谦为孙吴佛教史中最重要的人物之一，许里和认为支谦是"公元四世纪末中国南方唯一重要的翻译者。"（《佛教征服中国》，第 68 页）支谦居吴期间主要是翻译佛典，僧祐在《出三藏记集》所收三十六部计四十八卷译经，均是其在"吴主孙权黄武初至孙亮建兴中所译出"（《出三藏记集》第 2 卷，第 31 页）。支本《佛说维摩诘经》即于此间译出。

53　释果朴：《敦煌写卷 P3006 "支谦"本〈维摩诘经〉注解考》，台北：法鼓文化事业股份有限公司，1998 年，第 79 ～ 93 页。

54　Michel Soymié. Catalogue des Manuscrits Chinois de Touen-Houang Fonds Pelliot Chinois de la Bibliothèque Nationale. Vol. 3, NoS 3001-3500, Paris, 1983, P4.

55　《敦煌写卷 P3006 "支谦"本〈维摩诘经〉注解考》，第 216 页。

56　《敦煌写卷 P3006 "支谦"本〈维摩诘经〉注解考》，第 217 ～ 258 页。

57　《大正藏》第 14 册，第 535 ～ 536 页。

58　支谦译经存在漏译之失，孙昌武认为这可能是出于原本的问题（《中国文学中的维摩与观音》，第 37 页），即支谦译《佛说维摩诘经》没有依据梵文原典，而用了间接材料，即"胡语"文献，季羡林认为，安世高、支谦、支娄迦谶等高僧"根据的本子一定不会是梵文原本，而是他们本国的语言。"（季羡林：《季羡林集》，北京：中国社会科学出版社，2000 年，第 12 页）即"中亚和新疆一带的吐火罗文和伊朗语族的语言。"（《季羡林集》，第 28 页）从后来罗什本、玄奘本依梵文原典多有增补来看，《维摩诘经》梵文原典在译为"胡语"时已有遗失，而支谦又据之转译，阙遗自所难免。

59　方广锠、许培铃：《敦煌遗书中的〈维摩诘所说经〉及其注疏》，《敦煌研究》1994 年第 4 期，第 146 ～ 147 页。

60　钱伯泉：《敦煌遗书 S2838〈维摩诘经〉的题记研究》，《敦煌研究》2007 年第 1 期，第 67 页。

61　《敦煌遗书总目索引新编》，第 222 页。《敦煌宝藏》（113），第 521 页。《法藏敦煌西域文献》（4），第 262 页。

62　《敦煌遗书总目索引新编》，第 137 页。《敦煌宝藏》（36），第 58 页。

63　《敦煌遗书总目索引新编》，第 84 页。《敦煌宝藏》（22），第 561 页。《法藏敦煌西域文献》（10），第 329 页。

64　《敦煌研究》1994 年第 4 期，第 147 页。

65　《敦煌遗书总目索引新编》，第 312 页。《法藏敦煌西域文献》（31），第 214 页。

66　王思礼、赖非:《中国北朝佛教摩崖刻经》,《北朝摩崖刻经研究》,第 8 页。
67　《敦煌遗书总目索引新编》,第 231 页。《敦煌宝藏》(118),第 372 页。
68　《敦煌遗书总目索引新编》,第 56 页。《敦煌宝藏》(14),第 213 页。
69　季羡林:《敦煌学大辞典》,上海:上海辞书出版社,1998 年,第 301 页。除该写卷外,另可参见 S1475、S5824、P2449 等写卷。
70　《敦煌研究》1994 年第 4 期,第 147 页。

第二章

敦煌《维摩诘经》与维摩诘变相

求果报是则名曰具足法施域中一聚下乃至
见是神力闻其所说即获阿耨多罗三藐三
菩提心故我不任诣彼问疾如是诸菩萨
各伽佛说其本缘皆述惟摩诘可言甘日
不任诣彼问疾

维摩诘经卷上

净土寺藏经

1900年5月26日，王圆箓道士于今编莫高窟第16窟甬道北壁发现藏经洞（莫高窟第17窟）。该洞尘封大量中古时代佛经写卷，其中的维摩写本（附录《藏经洞维摩写卷引得》），卷帙浩繁，内容广博。除维摩写经以外，还包括注疏、讲经文、押座文、赞文、五更转等，纪年卷年代最早可溯至后凉麟嘉五年（393年），最晚迄于五代后蜀广政十年（947年），集中呈现了中古敦煌地区《维摩诘经》书写与体裁的演变，也间接反映了中原地区《维摩诘经》书写与流行情况，为微观认知中古《维摩诘经》的传衍提供了宝贵材料，同时，也为后人更深入地探究中古维摩诘变相的图像演绎提供了重要线索。

第一节　藏经洞维摩写卷的发现

　　藏经洞开凿于莫高窟南区北段第16窟甬道北壁，是个约九平方米左右的小室。（图5）该窟南北向，北壁通绘近侍图，前有长方形基台，上置晚唐河西都僧统洪辩塑像，西壁嵌洪辩告身碑。藏经洞原为洪辩影窟，后于11世纪初叶或前期封闭。[1] 1900年5月26日，莫高窟下寺住持王圆箓[2]（1849—1931）与一杨姓写经人发现这一密室，遂破壁而入，藏经洞遗宝尘封近九百年后重见天日。王道士于《催募经款草丹》[3]中记其发现经过：

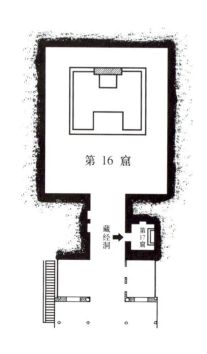

图5　藏经洞平面图　邹清泉 绘

　　兹有甘肃敦煌古郡迤郡东南方距城40里，旧有千佛洞，古名皇庆寺。其洞在石山之侧，内有石佛石洞泥塑佛像，俱有万万之像。惟先朝唐宋重修，碑迹为证。至本朝光绪皇帝年内，因贫道游方至敦，参拜佛宇，近视洞像，破毁不堪。系先年贼匪烧损，贫道誓愿募化补修为念。至贰拾陆年伍月贰拾陆日清晨，忽有天炮响震，忽然山裂一缝，贫道同工人用锄挖之，欣出闪佛洞壹所，内有石碑一个，上刻大中五年国号，上载大德悟真名讳，系三教之尊大法师。内藏古经数万卷。[4]

图 6　千手千眼观音图·供养人　绢画（纵 123.5 厘米；横 84.3 厘米）　五代　法国吉美博物馆藏

王道士墓志对此亦有记载："（王道士）于是建修太清宫,以为栖鹤伏龙之所。又复苦口劝募,急力经营,以流水疏通三层洞沙。沙出,壁裂一孔,仿佛有光,破壁则有小洞,豁然开朗,内藏唐经万卷,古物多名,见者惊为奇观,闻者传为神物。"[5]

藏经洞发现不久,英国、法国、俄国、德国、日本等国"探险队"接踵而至,进行"考察活动",斯坦因（Marc Aurel Stein,1862—1943）、伯希和（Paul Pelliot,1878—1945）、奥登堡（СЕРГЕЙ ФЕДОРОВИЧ ОЛЬДЕНБУРГ,1863—1934）等人相继获取大量藏经洞遗宝[6]（图 6、图 7）,除少量写卷运藏北京图书馆外,余卷主要散藏海外。[7]藏经洞写卷主体是佛教写经,含括《妙法莲华经》、《维摩诘经》、《金光明经》、《佛说阿弥陀经》、《大方广佛华严经》等中古广为流行的佛教典籍。

藏经洞维摩写卷数量可观,有维摩写经、注疏、讲经文、押座文、五更转、碎金、

图 7　引路菩萨图　绢画（纵 94.5 厘米；横 53.7 厘米）　五代　法国吉美博物馆藏

赞文等共计 1173 件[8]（附录《藏经洞维摩写卷引得》），其中，维摩写经数量最巨，计 977 件，英藏 254 件，中国国家图书馆藏 452 件，法藏 13 件，俄藏 219 件，北京故宫、台北"中央图书馆"、上海博物馆、日本大谷大学等机构散藏计 39 件。维摩注疏存量次之，计 180 件，英藏 51 件，中国国家图书馆藏 56 件，法藏 38 件，俄藏 27 件，台北"中央图书馆"5 件，上海图书馆 3 件。讲经文、押座文、五更转、赞文等存数较少，共辑有 16 件。[9]

第二节　敦煌寺院《维摩诘经》的庋藏与来源

寺院藏书"是伴随着汉代佛教寺院的兴建与译经活动的开展而初萌，并在僧俗及其他信仰者功德心理的刺激下逐步发展，最终形成独特的寺院藏书体系"[10]。藏经洞数万卷写本遗存，是中古敦煌寺院跨越近九百余年的写卷收藏，仰赖地处边陲，免遭战火蹂躏，反映出中古历代寺院书籍庋藏之一斑。藏经洞纪年写卷，相当一部分书写于唐代，敦煌尚且如此，唐都长安庋藏规模之庞大则可想见，美国汉学家谢弗指出：

> 关于唐朝宗教书籍的收藏情况，还没有确切的统计数字可供利用，但是唐朝宗教书籍数量之多，是我们无法想象的。现在尚存的一份在 664 年（麟德元年）撰写的，由梵文翻译的佛典目录中，具列了 2480 种不同的著作，其中有些还是长篇巨制。如果我们考虑到这样一个事实，即只是长安一所寺院的一个佛塔之中，而且仅仅是一部《法华经》，就收藏了上千部之多，那么就可以想见在唐朝的大都会中收藏的经卷数目该是一个多么大的天文数字了。[11]

除数目庞大，书卷装帧也极为华美，正所谓"玉楼宝架中天居，缄奇秘籍万卷余。水精编帙绿钿轴，云母捣纸黄金书"[12]。然而，这些数量庞大的收藏却在唐末战乱以及五代十国纷争中散佚殆尽。藏经洞写卷虽然只是中古书卷极少遗留，但仍可从中勾勒出中古敦煌寺院经卷庋藏情况。

在藏经洞写卷中，可以见到三界寺、金光明寺、灵图寺、净土寺、报恩寺等古寺名，也可见到《大乘、永安等寺收付佛经帐》（S2712）、《寺名录》（S4504vc）、《沙州诸寺僧尼籍》（S5676v）、《金光明等寺藏经目》（P3853）、《寺名杂写》（光 015V［0767］）等书有寺院名称的写本，但藏经印识，则主要见有"三界寺藏经"、"净土寺藏经"、"报恩寺藏经"、"开元寺大藏经"以及"乾明寺藏经"（表 2-1），其中以"净土寺藏经"印识最多，三界寺次之，报恩寺、开元寺、乾明寺较少。这些藏经印均为长方形，除报恩寺藏经印

表 2-1 敦煌写卷藏经印辑录

编　号	经　名	藏经印
三界寺		
S0093	大般涅槃经卷第九	三界寺藏经
S0296	大般若波罗蜜多经卷一百三	三界寺藏经
S1587	大般若波罗蜜多经卷第四百四十	三界寺藏经
S2129	大般涅槃经卷第二十	三界寺藏经
S3788	大般若波罗蜜多经卷第三百四十三	三界寺藏经
S4861	大般涅槃经卷第十六	三界寺藏经
S4864	大般涅槃经卷第十五	三界寺藏经
S4868	大般涅槃经卷第三	三界寺藏经
S4876	大般涅槃经卷第八	三界寺藏经
S4916	大般涅槃经卷第十三	三界寺藏经
P2097	大般若波罗蜜多经卷第一百三十八	三界寺藏经
P2233	大般若波罗蜜多经卷第一百九十六	三界寺藏经、报恩寺藏经印
φ23	大般若波罗蜜多经卷第四百六十四	三界寺藏经、报恩寺藏经印
φ24	大般若波罗蜜多经卷第五百九十四	三界寺藏经
φ159	大般若波罗蜜多经卷第二百七十九	三界寺藏经、报恩寺藏经印
Д x 1771	大般若经卷第四百七十	三界寺藏经、报恩寺藏经印
净土寺		
S1593	大般若波罗蜜多经卷一百	净土寺藏经
S1832	大般涅槃经卷第十七	净土寺藏经
S4630	诸法无行经卷下	净土寺藏经
S5296	大般涅槃经卷第十六	净土寺藏经
S6733	金刚旨赞疏抄中卷	净土寺藏经
S6795	释尼戒初篇八波罗夷议决	净土寺藏经
P2004	老子化胡经卷第十	净土寺藏经
P2039	瑜伽论分门记卷四十四至五十	净土寺藏经
P2057	诸法无行经卷上	净土寺藏经
P2100	四部律并论要用卷抄上	净土寺藏经
P2175	根本萨婆多部律摄卷第十三	净土寺藏经
P2188	净名经集解关中疏卷上	净土寺藏经
P2219	华严经探玄记第十九	净土寺藏经
P2263	大辩邪正经	净土寺藏经

编号	经　名	藏经印
P2284	大乘稻芉经随听疏	净土寺藏经
P2290	如来临涅槃说教戒经一卷	净土寺藏经
P2298	大乘经纂要义一卷	净土寺藏经
P2320	四分律戒本疏卷第四	净土寺藏经
地 012	佛说佛名经卷第十六	净土寺藏经
致 087	四分律删繁补缺行事抄卷下	净土寺藏经
露 048	佛说佛名经卷第十五	净土寺藏经
为 097	大方广佛华严经卷第七十二	净土寺藏经
为 098	大方广佛华严经卷第五十六	净土寺藏经
菜 069	维摩诘经卷上	净土寺藏经
φ112	月上女经卷上下	净土寺藏经
φ167	金刚般若经义疏卷第二	净土寺藏经
报恩寺		
S2764	大般若波罗蜜多经卷第一百四十一	报恩寺藏经印
P2233	大般若波罗蜜多经卷第一百九十六	三界寺藏经、报恩寺藏经印
BD00554	大般若波罗蜜多经卷第一八十八	报恩寺藏经印
φ9	大般若波罗蜜多经卷第四百四十一	报恩寺藏经印
φ23	大般若波罗蜜多经卷第四百六十四	三界寺藏经、报恩寺藏经印
φ32	大般若波罗蜜多经卷第四百四十七附记	报恩寺藏印
φ159	大般若波罗蜜多经卷第二百七十九	三界寺藏经、报恩寺藏经印
Д x 1771	大般若经卷第四百七十	三界寺藏经、报恩寺藏经印
乾明寺		
P3072v	回纥文	乾明寺藏经
开元寺		
P2351	苏婆呼律卷中	开元寺大藏经

为阳文篆书外，余均为阳文楷书。经卷所钤藏经印在印文形制上无明显区别，可能相继沿用多年。其中，"报恩寺藏经印"多与"三界寺藏经"印联用，"报恩寺藏经印"为朱文篆体，"三界寺藏经"则为黑体楷书。

目前仅见的一件钤有藏经印的《维摩诘经》（菜 069［0864］）出自净土寺（图8），

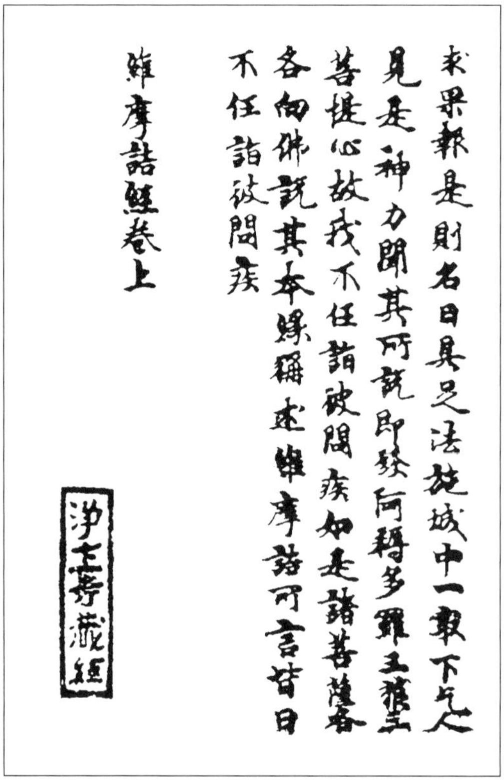
求果報是則名日具足法施城中一最下乞人
見是神力聞其所說即發阿耨多羅三藐三
菩提心故我不任詣彼問疾如是諸菩薩各
各向佛說其本緣稱述維摩詰所言皆日
不任詣彼問疾
維摩詰經卷上
淨土寺藏經

图 8　《维摩诘经卷上》　中国国家图书馆藏（菜069［0864］）

其他《维摩诘经》及相关写本虽无藏经印可考，但从藏经洞写卷整体封存情况来看，应均为寺院庋藏。金光明寺是敦煌古寺之一，藏经洞遗书见有金光明寺律师保员记《归依三宝文》（S4300）、金光明寺僧利济写《四分律删补随机羯磨一卷下》（辰 046［6986］）、金光明寺僧写《四分律戒本疏》（冬 065［7033］）、金光明寺恒愿勘定《大般若波罗蜜多经卷第五百六十八》（雨 065［3358］）、金光明寺比丘福祐书《大乘百法名门论开宗义决》（S0985va）以及《金光明寺写经人名》（S2711）写本。这表明，藏经洞所出经卷与其他写本并非仅限于净土寺、三界寺、报恩寺、开元寺以及乾明寺，还包括金光明寺及其他敦煌古寺经卷文书，故藏经洞所出维摩写卷不仅有净土寺藏经，还应包括其他寺院收藏。然而，目前除中国国家图书馆藏《维摩诘经》（菜 069［0864］）确定为净土寺藏经外，其余维摩写卷的寺院归属尚难判定。

钤有“净土寺藏经”印的《维摩诘经卷上》（菜 069［0864］）应为净土寺藏经阁“保存本”，具有祖本性质。其他无藏经印维摩写卷则可能是施主自书或写经生应信众约请，据寺院所藏佛经祖本缮写后舍入寺院的供养经，这部分数量相对庞大，应是现存维摩写经主体。此外，也包括一些由外地传入的维摩写经，如昙兴写《维摩义记》（S2106）即出自定州丰乐寺，这部分经卷数量较为有限。

《维摩诘经》在东汉中平五年（188年）经严佛调初译传入我国，吴黄武年间（222—229年），支谦在建业（南京）重译该经后，《维摩诘经》由隐至显，传播渐广，信仰日隆，渐成中古世界最为盛传的大乘佛典之一。维摩信仰在中古社会各阶层持续而普遍的弘传使《维摩诘经》的广泛书写成为可能，藏经洞所出维摩写卷即为其遗存。这些写卷主要包括维摩写经、注疏、讲经文、押座文、五更转、赞文等，写经与注疏是其主体，讲经文、押座文、五更转、赞文等是《维摩诘经》在唐五代时期衍生的变体，存量较少。这些卷帙浩繁的维摩写卷，属净土寺等中古敦煌寺院收藏，其来源较为复杂，经生写经是其主体，外传写经也是其不可忽略的重要组成。

第三节 《维摩诘经》与维摩诘变相

在我国中古时代的大乘佛典中，《维摩诘经》"是少数在印度佛教中占有重要地位，而又完全融入中国文化遗产的佛典之一"[13]。该经主人公维摩诘（Vimalakīrti），亦称毗摩罗诘、净名、无垢称，是毗耶离城中"智不可称"的"长者"，《维摩诘所说经·方便品第二》："尔时毗耶离大城中有长者名维摩诘，已曾供养无量诸佛深植善本，得无生忍，辩才无碍，游戏神通，逮诸总持，获无所畏降魔劳怨，入深法门善于智度，通达方便大愿成就，明了众生心之所趣，又能分别诸根利钝，久于佛道，心已纯淑，决定大乘，诸有所作能善思量，住佛威仪心大如海，诸佛咨嗟弟子，释梵世主所敬，欲度人，故以善方便居毗耶离。"[14] 毗耶离即吠舍厘（Vaisali），是古印度梨车毗（Licchavi）部族首府[15]，玄奘西游至此，见"伽蓝东北三四里有窣堵波，是毗摩罗诘故宅基址，多有灵异。去此不远，有一神舍，其状垒砖，传云积石，即无垢称长者现疾说法之处"[16]。《维摩诘经》主体即是围绕示疾而居的维摩诘与前来问疾的文殊师利的激辩展开。

《维摩诘经》共计十四品，现存支谦、鸠摩罗什、玄奘三种译本，虽卷数与品名有异，但区别不大（表2-2）。支谦本《佛说维摩诘经》为现存最古译本，在后秦姚兴弘始八年（406年）鸠摩罗什译本出现之前，支本《佛说维摩诘经》流传甚广，是魏晋名士参研《维摩诘经》主要依据的译本。罗什本《维摩诘所说经》是《维摩诘经》第6个译本，该本译笔精慎，"陶冶精求，务存圣意"[17]一经译出，广泛流行，是中古《维摩诘经》播传时间最长，流布范围最广的译本。玄奘《说无垢称经》虽然选用更为详备的梵文原典[18]，但由于增饰较多，流于繁琐，故传播不广。

表 2-2　支谦、鸠摩罗什、玄奘译《维摩诘经》卷次

支谦《佛说维摩诘经》		鸠摩罗什《维摩诘所说经》		玄奘《说无垢称经》	
卷上	佛国品第一	卷上	佛国品第一	卷一	序品第一
	善权品第二		方便品第二		显不思议方便善巧品第二
	弟子品第三		弟子品第三	卷二	声闻品第三
	菩萨品第四		菩萨品第四		菩萨品第四
	诸法言品第五		文殊师利问疾品第五	卷三	问疾品第五
	不思议品第六		不思议品第六		不思议品第六
卷下	观人物品第七	卷中	观众生品第七	卷四	观有情品第七
	如来种品第八		佛道品第八		菩提分品第八
	不二入品第九		入不二法门品第九		不二法门品第九
	香积佛品第十	卷下	香积佛品第十	卷五	香台佛品第十
	菩萨行品第十一		菩萨行品第十一		菩萨行品第十一
	见阿閦佛品第十二		见阿閦佛品第十二	卷六	观如来品第十二
	法供养品第十三		法供养品第十三		法供养品第十三
	嘱累弥勒品第十四		嘱累品第十四		嘱累品第十四

《隋书·经籍志》：

推寻典籍，自汉已上，中国未传。或云久以流布，遭秦之世，所以湮灭。其后张骞使西域，盖闻有浮屠之教。哀帝时，博士弟子秦景使伊存口授浮屠经，中土闻之，未之信也。后汉明帝，夜梦金人飞行殿庭，以问于朝，而傅毅以佛对。帝遣郎中蔡愔及秦景使天竺求之，得佛经四十二章及释迦立像。并与沙门摄摩腾、竺法兰东还。愔之来也，以白马负经，因立白马寺于洛城雍门西以处之。其经缄于兰台石室，而又画像于清凉台及显节陵上。章帝时，楚王英以崇敬佛法闻，西域沙门，赍佛经而至者甚众。永平中，法兰又译《十住经》。其余传译，多未能通。至桓帝时，有安息国沙门安静（清），赍经至洛，翻译最为通解。灵帝时，有月支沙门支谶、天竺沙门竺佛朔等，并翻佛经。而支谶所译《泥洹经》二卷，学者以为大得本旨。汉末，太守竺融，亦崇佛法。三国时，有西域沙门康僧会，赍佛经至吴译之，吴主孙权，甚大敬信。魏黄初中，中国人始依佛戒，剃发为僧。先是西域沙门来此，译《小品经》，首尾乖舛，未能通解。甘露中，有朱仕行者，往西

域，至于阗国，得经九十章，晋元康中，至邺译之，题曰《放光般若经》。太始中，有月支沙门竺法护，西游诸国，大得佛经，至洛翻译，部数甚多。佛教东流，自此而盛。[19]

在佛教从无到有、由弱到强的渐兴的历史过程中，译经不仅与佛法流传关系密切，同时与造像（壁画）衍生互为表里。在东汉到五代的漫长岁月里，中外高僧为了他们神圣的信仰，辗转往还中土至天竺的经路上，孜孜以求，锲而不舍。莫高窟、龙门、云冈、巩县、麦积山、炳灵寺、克孜尔等石窟艺术正是伴随他们求经、译经、写经、讲经与传经活动而渐次营建并呈大兴之势。

"变相可以分为'经变'以及与变文密切相关的绘画两类。"[20] 作为中古石窟艺术中绵延最久的壁画遗存之一，维摩诘变相的发生直接源于《维摩诘经》，东晋兴宁二年（364年）顾恺之于瓦官寺首创维摩诘像是中古维摩诘变相演绎的起点，此时尚无维摩诘讲经文、押座文等变文，故《维摩诘经》是维摩诘变相诞生的唯一文本依据。考察藏经洞唐五代维摩变文与莫高窟唐五代维摩诘变相遗存，可以发现，维摩变壁画榜题与藏经洞维摩变文极少契合，而与《维摩诘经》渊源甚深。（附录《莫高窟〈维摩变〉榜题与经文辑校》）这表明，就维摩诘变相而言，变文可能并不是"相辅变相图"[21]，而变相也不"是画在纸、绢或壁上的'变文'"[22]。

"变"或"变相"最早见于法显《佛国记》，"王便夹道两旁，作菩萨五百身已来重重变现，或作须大拿，或作睒变，或作象王，或作鹿、马。如是形象，皆彩画庄校，状若生人"[23]。"经变"一词最早见于《梁书·诸夷》：

初，高悝得像后，西域胡僧五人来诣悝，曰："昔于天竺得阿育王造像，来至邺下，值胡乱，埋像于河边，今寻觅失所。"五人尝一夜俱梦见像曰："已出江东，为高悝所得。"悝乃送此五僧至寺，见像嘘欷涕泣，像便放光，照烛殿宇。又瓦官寺慧邃欲模写像形，寺主僧尚虑亏损金色，谓邃曰："若能令像放光，回身西向，乃可相许。"慧邃便恳到拜请，其夜像即转坐放光，回身西向，明旦便许模之。像趺先有外国书，莫有识者，后有三藏郍求跋摩识之，云是阿育王为第四女所造也。及大同中，出旧塔舍利，敕市寺侧数百家宅地，以广寺域，造诸堂殿并瑞像周回阁等，穷于轮奂焉。其图诸经变，并吴人张繇运手。繇丹青之工，一时冠绝。[24]

"变相"与"经变"均产生于六朝时期，《维摩诘经》正是在六朝士大夫普遍习佛的风潮中"得到突出地重视而流传开来"[25],而这一时期诸经变相也以维摩诘为最多[26]。维摩诘变相发展初期"还是限于表现维摩诘一个人的像,到南朝宋(420—478年)的袁倩才有进一步发展,完成了成熟的《维摩变》"[27]。袁倩绘"维摩诘变一卷,百有余事,运事高妙,六法备呈,置位无差,若神灵感会,精光指顾,得瞻仰威容。前使顾陆知惭,后得张阎骇叹"[28]。考察现存维摩诘变相遗迹,唐代是其图像发展的分水岭,十六国南北朝隋代维摩诘变相主要涉及《维摩诘经》中《文殊师利问疾品》、《佛国品》、《方便品》、《观众生品》以及《不思议品》,入唐以后,"在题材内容方面,由隋代的五品增加到十品,新出现了《佛国品》、《不思议品》、《香积佛品》、《菩萨行品》、《法供养品》等五品,具备了《维摩诘经变》的基本规模"[29]。更在晚唐五代发展出庞大画幅,几乎涉及《维摩诘经》全部品次。

1 关于藏经洞的封闭原因，目前主要有八种说法：其一，避西夏兵祸，封闭时间在11世纪前半期，见［法］伯希和：《敦煌石室访书记》，吴江、陆翔译，《国立北平图书馆刊》1935年第9卷第5号，第3～27页；阎文儒与贺世哲续有论证，但年代存在分歧，阎氏认为在1035年，贺氏认为在曹宗寿统治时期（1002—1014年），分见阎文儒：《莫高窟的创建与藏经洞的开凿及其封闭》，《文物》1980年第6期，第59～62页；贺世哲：《从一条新资料谈藏经洞的封闭》，《西北史地》1984年第3期，第83～86页。其二，曹氏家族失势，封闭时间在宋皇祐之后，见陈垣：《敦煌劫余录》，《敦煌丛刊初集》（三），台北：新文丰出版股份有限公司，1985年，第10页；马世长：《关于敦煌藏经洞的几个问题》，《文物》1978年第12期，第21～33/20页。其三，伊斯兰教东传，段晴认为封闭时间在宋绍圣年间（1094—1098年），见段晴：《敦煌藏经洞为什么要封闭》，《文物》1979年第9期，第6页；谭真认为应在1064—1116年间，见谭真：《从一份资料谈藏经洞的封闭》，《敦煌研究》1988年第4期，第36～39页。其四，曹宗寿或曹贤顺所为，时间为宋咸平年间或稍后，见白滨：《试论敦煌藏经洞的封闭年代》，《1983年全国敦煌学术讨论会文集》（石窟艺术编上），兰州：甘肃人民出版社，1987年，第340～357页。其五，避元军之祸，时间为元初或元明之间，见关百益：《考古学大意·敦煌石室考略》，《河南博物馆馆刊》1936年第1集，第13页。其六，废弃，时间为曹宗寿时期，见方广锠：《敦煌藏经洞封闭原因之我见》，《中国社会科学》1991年第5期，第213～223页。其七，书库改造，时间为一千年左右，见［日］藤枝晃：《敦煌藏经洞的一次复原》，魏英邦译，《西北师院学报》1984年增刊，第96～97页。其八，西夏派驻当地的军、政、僧界官员主持封闭，时间在宋元祐八年（1093年）二月，参见钱伯泉：《一场喀喇汗王朝和宋朝联兵进攻西夏的战争》，《敦煌研究》2000年第2期，第1～9页。

2 荣新江：《王道士——敦煌藏经洞的发现者》，《敦煌研究》2000年第2期，第23～28页。

3 这份资料于1944年在王道士生前所用柜子里发现，习称《催募经款草丹》，现藏敦煌研究院。

4 姜亮夫：《姜亮夫全集·莫高窟年表》（11），昆明：云南人民出版社，2002年，第613页。

5 墓志所记发现时间为"光绪二十五年五月二十五日"，与《催募经款草丹》记"光绪二十六年五月二十六日"和立于光绪三十二年（1906年）的《重修千佛洞三层楼功德碑记》"庚子孟夏"存在出入。

6 关于藏经洞遗宝的流散，详见刘永增：《藏经洞的发现与敦煌文物之流失》，《敦煌研究》2000年第2期，第10～22页；荣新江：《敦煌学十八讲》，北京：北京大学出版社，2001年，第53～145页；沙武田：《藏经洞史话》，北京：民族出版社，2004年；金荣华《敦煌文物外流关键人物探微》，台北：新文丰出版股份有限公司，1993年；［法］苏合·福奇兀：《伯希和在敦煌收集的文物》，杨汉璋译，《敦煌研究》1990年第4期，第38～46页；刘进宝：《藏经洞之迷——敦煌文物流散记》，兰州：甘肃人民出版社，2000年，第101～124页；姜伯勤：《沙皇俄国对敦煌及新疆文书的掠夺》，《中山大学学报》1980年第3期，第33～44页；［日］大谷光瑞等：《亚洲探险之旅——丝路探险记》，章莹译，乌鲁木齐：新疆人民出版社，1998年。

7 藏经洞遗宝主要藏于英国、法国、俄国、中国等国的各大图书馆与博物馆，英国国家图书馆收藏了斯坦因劫品中的写本，英国国家博物馆则以斯坦因所获绢画、木板画、染织品、纸本画等为主要收藏。法国国立图书馆与吉美博物馆收藏的主要是伯希和的劫品，前者主要以写本为主；绢画、木雕、绣品、幡画、经帙等则由后者收藏。奥登堡的搜集品主要藏于俄罗斯科学院东方学研究所圣彼得堡分所和圣彼得堡艾尔米塔什博物馆，东方学研究所圣彼得堡分所藏有汉文残件、藏文写本、少量梵文及其他文字的写本，艾尔米塔什博物馆收藏有奥登堡搜集的绢画以及壁画残片、绢画、麻布画、纸本画、雕塑品、丝织品等。中国国家图书馆所藏藏经洞写卷为斯坦因、伯希和等人劫掠后的遗留部分。

8 江素云统计藏经洞维摩写卷有约1039件，包括经文、经疏、变文、杂书等，见江素云：《〈维摩诘所说经〉敦煌写本综合目录》，台北：东初出版社，1991年，第2页。

9 关于藏经洞维摩写卷的研究，参见许国霖：《敦煌石室写经题记》，《国立北平图书馆馆刊》1935年第9卷第6号，第43～72页；释禅睿（江素云）：《秦译维摩经佛国品斠订探微》，台北：中华佛学研究所毕业论文，1994年；方广锠、许培铃：《敦煌遗书中的〈维摩诘所说经〉及其注疏》，《敦煌研究》1994年第4期，第145～151页；释果朴：《敦煌写卷P3006"支谦"本〈维摩诘经〉注解考》，台北：法鼓文化事业股份有限公司，1998年；何剑平：《〈维摩诘经讲经文〉的撰写年代》，《敦煌研究》2003年第4期，第64~67页。李文洁，林世田：《新发现的〈维摩诘讲经文·文殊问疾第二卷〉校录研究》，《敦煌研究》2007年第3期，第67~72页；武晓玲：《〈敦煌变文校注·维摩诘经讲经文〉商补》，《敦煌研究》2003年第3期，第105~106页；项楚：《〈维摩诘经讲经文〉新校》，《四川大学学报》2005年第4期，第58~62页；钱伯泉：《敦煌遗书S2838〈维摩诘经〉的题记研究》，《敦煌研究》2007年第1期，第61~67页；毛秋瑾：《北魏时期敦煌写经书法研究》，华人德指导，苏州：苏州大学硕士学位论文，2002年。

10　徐凌志：《中国历代藏书史》，南昌：江西人民出版社，2004年，第50页。

11　[美]谢弗：《唐代的外来文明》，吴玉贵译，北京：中国社会科学出版社，1995年，第595页。

12　吕温：《上官昭容书楼歌》，见《全唐诗》，北京：中华书局，1960年，第4171~4172页。

13　《中国文学中的维摩与观音》，第35页。

14　[日]高楠顺次郎、渡边海旭：《大正新修大藏经》（修订版），台北：新文丰出版股份有限公司，1983年，第539页。

15　吠舍厘，又译毗舍厘、维耶离等，意译广博、庄严。据康宁哈姆考证以及布洛赫于1903—1904年的考古发掘，吠舍厘城位于今甘达克河左岸哈齐普尔以北18英里木扎伐浦尔的巴莎尔，布洛赫在遗址中发现约七百余个封泥，某些刻有"吠舍厘某某家主之印"字样。玄奘《大唐西域记》记："吠舍厘国周五千余里。土地沃壤，花果茂盛。菴没罗果、茂遮果，既多且贵。气序和畅，风俗淳质，好福重学，邪正杂信。伽蓝数百，多已圮坏，存者三五。僧徒稀少。天祠数十，异道杂居，露形之徒，寔繁其党。吠舍厘城已甚倾颓，其故基址周六七十里，宫城周四五里，少有居人。"（《大唐西域记校注》第7卷，第587页）

16　《大唐西域记校注》第7卷，第591页。

17　《出三藏记集》第2卷，第31页。

18　布达拉宫达赖书房藏有一部《维摩诘经》梵文抄本，经文写于椰叶正反面，每面7行，共约80张，底页书有"八世纪印度王侍从抄写经文"铭记。

19　《隋书》第35卷，第1096~1097页。

20　[美]巫鸿：《礼仪中的美术——巫鸿中国古代美术史文编》，北京：三联书店，2005年，第389页。

21　傅芸子：《俗讲新考》，《新思潮》1946年第1/2期，第39~41页。

22　Victor Mair.Painting and Performance——Chinese Picture Recitation and Its Indian GenesiS.Honolulu:University of Hawaii Press,1988,P1.

23　章巽：《法显传校注》，上海：上海古籍出版社，1985年，第154页。

24　唐·姚思廉：《梁书》第54卷，北京：中华书局，1973年，第793页。

25　《中国文学中的维摩与观音》，第99页。

26　饶宗颐：《饶宗颐史学论著选》，上海：上海古籍出版社，1993年，第392页。

27　金维诺：《敦煌壁画维摩变的发展》，《文物》1959年第2期，第3页。

28　唐·张彦远：《历代名画记》第6卷，北京：人民美术出版社，1963年，第135页。

29　贺世哲：《敦煌莫高窟壁画中的〈维摩诘经变〉》，《敦煌研究》1982年第2期，第66页。

第三章 瓦官寺维摩画像

东晋兴宁二年（364年），顾恺之（348—409）[1]在瓦官寺首创维摩像，中古绵延七百余年的《维摩诘经》的图像演绎由此开始。唐会昌五年（845年）法难之际，该像移至甘露寺，大中七年（853年）转入内府，唐亡后失其所在。后人对之极为神往，竞相揣测，1937年，秋山光夫提出日本东福寺藏宋本《维摩图》接近瓦官寺维摩，可以之追溯顾恺之维摩诘的艺术面貌。[2]堂谷宪勇、马采、庄申、俞剑华、温肇桐等对此均表赞同。[3] 20世纪末叶，项一峰、陈绶祥又相继提出炳灵寺169窟维摩更为接近顾恺之维摩画像。[4]罗朩子、宫大中、李玉珉等则认为龙门宾阳中洞东壁维摩与瓦官寺维摩颇为相似。[5]实际上，中古几种维摩画像之间虽然关系错综，却并非无理可循，而瓦官寺维摩画像的形象虽不清晰，但仍有据可依，其既非东福寺藏宋本维摩样式，亦非炳灵寺169窟与龙门宾阳中洞维摩形象。

第一节　顾恺之与瓦官寺维摩画像

瓦官寺，又名吴兴寺、升元寺、崇胜戒坛寺、凤游寺，始建于东晋兴宁二年（364年），寺基原为晋元帝时陶官所在，后因释慧力启请，"诏移陶官于淮水北，遂以南岸窑处之地施僧慧力，造瓦官寺"[6]，"在今县东南三里半井冈东偏也"[7]。《高僧传·竺法汰》记载："瓦官寺本是河内山玩公墓为陶处，晋兴宁中，沙门慧力启乞为寺，止有堂塔而已。及汰居之，更拓房宇，修立众业，又起重门，以可地势。"[8]案竺法汰于简文帝时"止瓦官寺"，由此可见简文帝咸安年间（371—372年），瓦官寺已有堂、塔、禅房等建筑，其中的塔于晋孝武太元二十一年（396年）七月夜毁于天火，时距瓦官寺初建已三十二年，后诏令修复。依瓦官寺与六朝帝室渊源以及东晋戴安道制五像、戴颙制丈六金像、宋世子铸丈六铜像、宋高祖迎七尺金像入寺供养、梁时又兴建高达340尺瓦官阁来看，其规模在南朝时已相当可观，《南朝佛寺志·瓦官寺》：

瓦官寺，本河内山玩墓也，在小长干地，名三井冈。张昭、陆机诸宅皆环绕其侧。晋元帝时，王导以为陶处。哀帝兴宁中沙门慧力启乞为寺。始建堂塔。简文帝敬礼释法，汰于寺讲放光经，车驾临幸，遂拓房宇。汝南世子综欲侵寺基，寻自感悟。至孝武帝太元二十一年，塔毁于火。旋修复之。寺有戴安道所制金像、师子国所贡玉像、顾长康所画维摩图，谓之三绝。而戴颙、释洪造像及张僧繇画壁不与焉。晋恭帝步迎佛像过为卑谄，而齐东昏侯毁玉像为潘妃钗钏，渎佛甚矣。梁时出寺塔舍利，敕市数百家宅地造诸台殿并瑞像。就建瓦官阁，高三百四十尺。陈太建中雷震毁寺，重门无多坏损。历代高僧如僧敷、道一、道祖、慧璩、法和、慧果、僧导、宝意、道琰、道宗、超度、慧重、道亲、慧邃辈住持此寺踵相接也。名士则何充、刘惔、王濛、戴逵、孙盛、王胡之、王斌、伏曼容等时相过从。或曰瓦官实名瓦棺，西晋时地产青莲二朵，掘得瓦棺，为诵法华经，老僧葬处，其说甚诞，不足信也。寺历唐代常为名胜，杨、吴改寺为吴兴，南唐改寺为升元阁，名皆随之而变。宋师下江南，吴越兵举火焚阁，避难妇女数千人，一旦同烬，呜呼惨已。太平兴国五年，复建为崇胜戒坛院。明初夺寺基骁骑仓，半入徐中山王园厩。后有僧圆梓募赎其地。复创刹宇。寺旁有集庆菴。嘉靖中，诏毁私刹，僧以瓦官扁其庐得免。土人因其在山下谓之下瓦官，而以本寺为上瓦官。殿左有凤凰台，焦竑更名曰凤游寺。以在中山王西园中，遂为徐氏家菴洎入。国朝供养犹盛，咸丰兵火之后仅葺破屋数椽而已。[9]

晋宋是瓦官寺发展盛期，晋恭帝司马德文"深信浮图道，铸货千万，造丈六金像，亲于瓦官寺迎之，步行十许里"[10]。刘宋时期，宋世子亦于该寺铸丈六金像。[11]然而，入齐以后，瓦官寺历史命运开始逆转，齐建元年间（479—482年），萧道成敕令天下"不得以金银为花兽，不得辄铸金铜为像"[12]。永元年间（499—501年），萧宝卷为建仙华、神仙、玉寿诸殿，"乃剔取诸寺佛刹殿藻井仙人骑兽以充足之"[13]，更毁瓦官寺三绝之一的玉佛为潘妃钗钏[14]。梁武帝虽负崇佛盛名，但其数次舍身均为同泰寺，并于该寺为僧众讲经（表3-1）。《梁书》记载，"帝创同泰寺，寺在宫后，别开一门，名大通门，对寺之南门，取返语以协同泰为名，帝晨夕讲议，多游此门，寺在县东六里。帝初幸寺舍身，改普通八年为大通元年。"[15]同泰寺此时取代瓦官寺成为皇家寺院，此外，竹林寺、长干寺、光宅寺、大爱敬寺、一乘寺等寺院陆续兴建[16]，也使瓦官寺的宗教地位远逊前朝。陈太建九年（577年）秋七月，建康发生地震，"震慧日寺刹及瓦官寺重门"[17]。李唐时代，瓦官寺因其"鹫岩分虎锯之山、雁塔枕龙盘之水"[18]的地理优势甚受文人青睐，李白曾登临瓦官阁并赋诗一首：

晨登瓦官阁，极眺金陵城。
钟山对北户，淮水入南荣。
漫漫雨花落，嘈嘈天乐鸣。

两廊振法鼓,四角吟风筝。
杳出霄汉上,仰攀日月行。
山空霸气灭,地古寒阴生。
寥廓云海晚,苍茫宫观平。
门余阊阖字,楼识凤凰名。
雷作百山动,神扶万栱倾。
灵光何足贵,长此镇吴京。[19]

但是,李白的愿望并没有实现,会昌五年(845年),武宗李炎听信归真"排毁释教"之言,诏毁大卜寺塔,瓦官寺除维摩画壁移至甘露寺得存外,余均未幸免。此后,其历经劫难,数易其名,并遭焚毁,"一风三日吹倒山,白浪高于瓦官阁"[20]的景象自此难觅。明初瓦官寺改为骁骑仓,后为僧圆梓重建,清代仍有香火供养,咸丰以后则完全败落。

作为当时佛教名刹,释慧力、竺法汰、竺僧敷、释僧肇、释僧导、释慧璩等相继"止

表3-1 · 梁武帝临幸同泰寺史事

纪　年	史　事
大通元年(527年)	三月辛未,舆驾幸同泰寺舍身。(《梁书·武帝》)
中大通元年(529年)	秋九月癸巳,舆驾幸同泰寺,设四部无遮大会,因舍身,公卿以下,以钱一亿万奉赎。(《梁书·武帝》)
中大通三年(531年)	冬十月己酉,行幸同泰寺,高祖升法座,为四部众说大般若涅槃经义,迄于乙卯。(《梁书·武帝》) 十一月乙未,行幸同泰寺,高祖升法座,为四部众说摩诃般若波罗蜜经义,迄于十二月辛丑。(《梁书·武帝》)
中大通五年(533年)	二月癸未,行幸同泰寺,设四部大会,高祖升法座,发金字摩诃波若经题,迄于己丑。(《梁书·武帝》)
中大通五年(533年)	二月,高祖幸同泰寺开讲,设四部大会,众数万人。(《梁书·臧盾》)
中大同元年(546年)	三月庚戌,法驾出同泰寺大会,停寺省,讲《金字三慧经》。(《梁书·武帝》) 夏四月丙戌,于同泰寺解讲,设法会。(《梁书·武帝》)
中大同元年(546年)	三月,高祖幸同泰寺讲金字三慧经。(《梁书·何敬容》)
太清元年(547年)	三月庚子,高祖幸同泰寺,设无遮大会,舍身,公卿等以钱一亿万奉赎。(《梁书·武帝》)
未详	兼笃信正法,尤长释典,制涅槃、大品、净名、三慧诸经义记,复数百卷。听览余闲,即于重云殿及同泰寺讲说,名僧硕学、四部听众,常万余人。(《梁书·武帝》)

表 3-2　吴晋奉持《维摩诘经》僧录

僧名	时代	籍贯	属寺	史　事
支谦	吴	月支	未详	从吴黄武元年至建兴中，所出维摩、大般泥洹、法句、瑞应本起等四十九经，曲得圣义，辞旨文雅。(《高僧传·支谦》)
鸠摩罗什	343—413 年	天竺	长安大寺	大将军常山公显，左军将军安城侯嵩，并笃信缘业，屡请什于长安大寺讲说新经，续出小品、金刚波若、十住、法华、维摩……凡三百余卷。并畅显神源，挥发幽致。(《高僧传·鸠摩罗什》)
支遁	晋	陈留或河东林虑	棲光寺	晚适山阴，讲维摩经，遁为法师，许询为都讲。(《高僧传·支遁》)
昙诜	晋—吴	未详	台寺	诜亦清雅有风则，注维摩及著穷通论等。(《高僧传·昙诜》)
释道融	晋	汲郡林虑	未详	所著法华、大品、金光明、十地、维摩等义疏，并行于世矣。(《高僧传·释道融》)
释僧叡	晋	魏郡长乐	未详	著大智论、十二门论、中论等诸序，并著大小品、法华、维摩、思益、自在王禅经等序，皆传于世。(《高僧传·释僧叡》)
释僧肇	晋	京兆	未详	后见旧维摩经，欢喜顶受，披寻玩味，乃言始知所归矣。因此出家，学善方等，兼通三藏。 肇后又著不真空论、物不迁论等，并注维摩及制诸经论序，并传于世。(《高僧传·释僧肇》)
释法绪	晋	高昌	未详	诵法华、维摩、金光明，常处石室中，且禅且诵。(《高僧传·释法绪》)
竺法纯	晋	未详	显义寺	少出家，止山阴显义寺。苦行有德，善诵古维摩经。(《高僧传·竺法纯》)

京师瓦官寺，盛开讲席"[21]，"开讲之日，黑白观听，士女成群"[22]。释道祖于瓦官寺讲说时，桓玄亲往观听，并赞其"愈于远公"[23]。宋孝建初年，僧导于"瓦官寺开讲《维摩》，帝亲临幸，公卿必集"[24]。此外，瓦官寺还是朝贤名流雅集之所，刘丹阳、王长史、桓伊、桓玄、顾恺之等往来于此，"商略西朝及江左人物"[25]。

从东汉中平五年（188 年）迄吴建兴年间（252—253 年），《维摩诘经》的流传与维摩信仰的发展较为缓慢。魏晋以降，受玄学影响，《维摩诘经》由隐至显，在士大夫阶层迅速蔓延，译经、讲经与注疏层出不穷（表 3-2），其间共出支谦、竺叔兰、竺法护、祇多蜜、鸠摩罗什 5 个译本，传译之盛，世所罕见。六朝士大夫普遍热衷《维摩诘经》，"是精神史和文化史上的重要现象，深刻反映了贵族文人的心态，从一定意义上说，当时的贵族佛教即是《维摩诘经》的佛教"[26]，"在六朝时代的佛教界，相对《法华经》普及于社会上下，受到群众性地信奉，《维摩诘经》则为贵族阶层所喜爱研习"[27]。与《论语》、《孝经》、《老子》共同成为魏晋名流的必读书。[28] 魏晋名流这一雅好，实际上也对普通民众产生影响，加之维摩金粟如来的身份，使之与其他佛教神祇相互融合与叠加，在庶民阶层亦有赞仰。

顾恺之正是在这一时人皆好维摩的历史语境中，于瓦官寺创作了维摩像。《历代名画记》：

> 长康又曾于瓦官寺北小殿画维摩诘，画讫，光彩耀目数日，京师寺记云，兴宁中，瓦官寺初置，僧众设会，请朝贤鸣刹注疏，其时士大夫莫有过十万者，既至长康，直打刹注百万，长康素贫，众以为大言，后寺众请勾疏，长康曰：宜备一壁，遂闭户往来一月余日，所画维摩诘一躯，工毕，将欲点眸子，乃谓寺僧曰：第一日观者请施十万，第二日可五万，第三日可任例责施，及开户，光照一寺，施者填咽，俄而得百万钱。[29]

这幅画像与师子国所献玉像、戴安道手制佛像并称瓦官寺三绝，世人对其甚为知重，杜甫目睹该像后，甚为流连，谓之"虎头金粟影，神妙独难忘"[30]。张彦远《历代名画记》："顾生首创维摩诘像，有清羸示病之容，隐几忘言之状，陆与张皆效之，终不及矣。"[31] 黄元之《润州江宁县瓦官寺维摩诘画像碑》："观其道场妙矣，谓应供而来仪，床枕俨然，疑有怀于问疾，目若将视，眉如忽颦，口无言而似言，鬓不动而疑动。岂丹青之所叹咏，相好之有灵哉。"[32] 苏颂《题维摩像》："气象超远，仿佛如见当时之人物，已可爱也。"[33] 葛立方《韵语阳秋》："自古画维摩诘者多矣，陆探微、张僧繇、吴道子皆笔法奇古，然不若顾长康之神妙。"[34] 米芾《画史》："颍州公库顾恺之维摩百补，是唐杜牧之摹寄颍守本者，置在斋龛，不携去，精彩照人。"[35] 遗憾的是，这件作品在会昌法难后，于大中七年（853年）经卢简辞转入内府，后失影踪，杜牧摹本也在辗转流传中散佚，瓦官寺维摩画像在诞生五百多年后终成历史绝响。

第二节　东福寺藏宋本《维摩图》

日本东福寺藏宋本《维摩图》为绢本墨笔，绘维摩坐于榻上，维摩右手执拂，左手扶几默然而坐，其身后有圆形背光。（图9）秋山光夫认为：

> 东福寺所藏传顾恺之所绘国宝《维摩图》，系宋代摹本，但从其着墨施彩或者画趣观之，均颇具古法，是可以追溯瓦官寺维摩图画的绝佳材料。[36]

图9 《维摩图》（局部） 绢本墨笔 宋摹本 日本东福寺藏

堂谷宪勇[37]、马采[38]对此作了进一步阐发，俞剑华、罗卡子、温肇桐在《顾恺之研究资料》中指出，该画卷"大概系唐人传摹本流传至日本，尚可以见顾恺之所画维摩诘之仿佛"[39]。庄申认为，"另一现为日本东福寺所藏，而且曾经一度在日本帝室博物馆中展出的，绢本白描《维摩图》，据说亦系顾氏手笔，虽然此图同样有人怀疑，即使定为宋代之作品，但其墨彩皆以古法绘成，由其画风看来，也可作为瓦官寺内顾氏所作《维摩图》的参考资料"[40]。据20世纪中叶以来相关考古发现及笔者所作探究，东福寺藏宋本《维摩图》疑点甚多：

其一，该画中的维摩坐具为榻不为床。

顾恺之首创维摩像为东晋兴宁二年（364年），《维摩诘经》至此已有5种译本。其中，严佛调、竺叔兰、竺法护、祇多蜜四本在后秦姚兴弘始八年（406年）鸠摩罗什《维摩诘所说经》译出后逐渐散佚。东晋兴宁年间（363—365年）流传之《维摩诘经》现仅存支谦本，支本《佛说维摩诘经·诸法言品第五》：

佛复告文殊师利，汝诣维摩诘问疾。文殊师利白佛言，世尊，彼维摩诘虽优婆塞，入深法要,其德至淳,以辩才立,智不可称。一切菩萨法式悉闻,诸佛藏处无不得入。进御众魔降之以德,务行权慧非徒戏食。然犹复求依佛住者,欲于其中开度十方,于是众菩萨大弟子释梵四天王皆念,今得文殊师利与维摩诘二人共谈,不亦具足大道说哉。即时八千菩萨五百弟子百千天人,同意欲行。于是文殊师利与诸菩萨大弟子及诸天人眷属围绕,俱入维耶离大城。长者维摩诘心念,今文殊师利与大众俱来,吾将立空室合座为一座,以疾而卧。文殊师利既入其舍,见其室空,除去所有,更寝一床。[41]

鸠摩罗什本《维摩诘所说经·文殊师利问疾品第五》:

尔时佛告文殊师利,汝行诣维摩诘问疾。文殊师利白佛言,世尊,彼上人者难为酬对,深达实相善说法要,辩才无滞智慧无碍,一切菩萨法式悉知,诸佛秘藏无不得入降伏众魔游戏神通,其慧方便昔已得度,虽然当承佛圣旨诣彼问疾。于是众中诸菩萨大弟子释梵四天王等咸作是念,今二大士文殊师利维摩诘共谈,必说妙法。即时八千菩萨五百声闻,百千天人皆欲随从。于是文殊师利与诸菩萨大弟子众及诸天人恭敬围绕入毗耶离大城。尔时长者维摩诘心念,今文殊师利与大众俱来,即以神力空其室内,除去所有及诸侍者,唯置一床以疾而卧。文殊师利既入其舍,见其室空无诸所有独寝一床。[42]

玄奘本《说无垢称经·问疾品第五》:

尔时佛告妙吉祥言,汝今应诣无垢称所慰问其疾。时妙吉祥白言,世尊,彼大士者难为酬对,深入法门善能辩说,住妙辩才觉慧无碍,一切菩萨所为事业皆已成办。诸大菩萨及诸如来秘密之处悉能随入,善摄众魔巧便无碍。已到最胜无二无杂,法界所行究竟彼岸。能于一相庄严法界,说无边相庄严法门。了达一切有情根行,善能游戏最胜神通。到大智慧巧方便趣,已得一切问答决择无畏自在,非诸下劣言辩词锋所能抗对。虽然我当承佛威神诣彼问疾,若当至彼随己力能与其谈论。于是众中有诸菩萨及大弟子释梵护世诸天子等咸作是念,今二菩萨昔具甚深广大胜解,若相抗论决定宣说微妙法教,我等今者,为闻法故亦应相率随从诣彼。是时众中八千菩萨五百声闻,无量百千释梵护世诸天子等,为闻法故皆请随往。时妙吉祥与诸菩萨大弟子众释梵护世及诸天子,咸起恭敬顶礼世尊,前后围绕出菴罗林诣广严城，至无垢称所欲问其疾。时无垢称心作是念，今妙吉祥与诸大众俱来问疾，我今应以己之神力空其室内，除去一切床座资具及诸侍者卫门人等，唯置一床现疾而卧。时无垢称作是念已，应时即以大神通力，令其室空除诸所有，唯置一床现疾而卧。时妙吉祥与诸大众俱入其舍，但见室空无诸资具门人侍者，唯无垢称独寝一床。[43]

支谦本、鸠摩罗什本与玄奘本虽译文有别，但与维摩“除去所有，更寝一床”之翻译基本一致。麟嘉五年（393 年）《佛说维摩诘经》（上博 2405）是现存最早《维摩诘经》写本，该本系王相高据支谦本抄写。麟嘉五年为太元十八年（393 年），时距顾恺之初创维摩画像约二十九年，最为接近顾恺之时《维摩诘经》原貌，该写本所书维摩示疾一节与支谦本相同。[44]（图 10）

东晋时尚未出现维摩讲经文、押座文、五更转、赞文等，故佛经是早期维摩图像衍生的唯一文本来源。经文叙述维摩在文殊师利与众天人将来之际，“除去所有，更寝一床”。由文字到图像的直译，是中国人物画发展早期最主要的表现方式之一，也可以认为是六

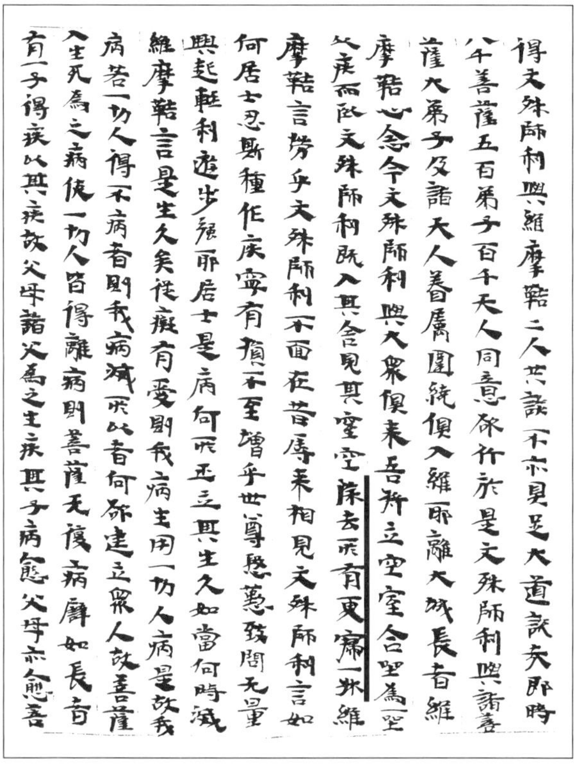
得文殊師利與維摩詰二人共談不亦具足大道說矣即時
八千菩薩五百弟子百千天人同意欲行於是文殊師利與諸菩
薩大弟子及諸天人眷屬圍繞俱入維耶離大城長者維
摩詰心念今文殊師利與大眾俱來吾所立空室合坐為一坐
以疾而臥文殊師利既入其舍見其室空除去所有更寢一床維
摩詰言勞乎文殊師利不面在昔辱來相見文殊師利言如
何居士忍斯種作疾寧有損不至增乎世尊慇懃致問無量
興起輕利遊步強耶居士是病何所正立其生久如當何時滅
維摩詰言是生久矣從癡有愛則我病生用一切人病是故我
病若一切人得不病者則我病滅所以者何欲建立眾人故菩薩
入生死為之病使一切人皆得離病則菩薩無復病譬如長者
有一子得疾以其疾故父母諸父為之生疾其子病愈父母亦愈菩

图 10 《佛说维摩诘经》写本 麟嘉五年
后凉 · 王相高 写 上海博物馆藏

朝范式。⁴⁵ 鉴于《维摩诘经》对维摩示疾明确的文字叙述，顾恺之在表现维摩时，应沿用了六朝盛行的直译模式，故而，瓦官寺维摩坐具应为床。另黄元之《润州江宁县瓦官寺维摩诘画像碑》记载：

> 在江宁县瓦官寺变相者。晋虎头将军顾恺之所画也。尔其上缠珠斗。下控金陵。六代为天子之都。三分入王孙之国。礼让流行之地。英灵诞秀之乡。鹫岩分虎踞之山。雁塔枕盘龙之水。总幽闲与形胜。则瓦官之寺焉。昔有晋庄严净域。时梵侣以规模虽广。雕饰未周。永念粹华。每疚怀于须达。共成圆满。而假力于檀那。凡厥施财。莫匪鸣刹。顾君乃连扣资数百。算逾千万。大众贻愕。不知其然。君习气精微。洗心闲雅。虽缨弁混俗。而缋素通神。乃白锱徒。令其粉壁。于是登月殿。掩云扉。考东汉之图。采西域之变。妙思运则冥会。能事毕则功成。神光谢而昼夜明。圣容开而道俗睹。振动世界。谓弥勒菩萨下兜率之天。照耀虚空。若多宝如来踊耆阇之地。由是士女骈比。拥路争趋。车马轩轰。倾都盛集。玉贝交献。须臾而宝藏忽盈。青凫乱飞。俄尔而铜山崛起。纳缯帛者继踵。施衣服者□肩。当鸣刹而虽则可惊。不崇朝而过其本数。非天数精义入神者。孰能与此乎。虽江山寂寥。居处缅邈。年移代改。留侯叹过隙之驹。是人非丁。令化辽域之鹤。由是观其道场妙矣。谓应供而来仪。床枕俨然。疑有怀于问疾。目若将视。眉如忽颦。口无言而似言。鬓不动而疑动。岂丹青之所叹咏。相好之有灵哉。⁴⁶

其中，"由是观其道场妙矣，谓应供而来仪，床枕俨然"的记载，使上述推断更为确凿。此外，画中所绘之榻也非魏晋之物，从其形制与装饰来看，应为唐宋之物。

其二，维摩所凭隐几并非东晋样式与用法。

东晋隐几外形纤巧，用时置于体前，该隐几首部前伸，显为后置，北京故宫藏宋本《维摩演教图》、大都会艺术博物馆藏王振鹏《临马云卿画维摩不二图》、台北故宫藏宋本《维摩图》、日本京都国立博物馆藏《维摩居士图》（图11）可见类似隐几。东晋以后，随着跪坐礼俗的摒弃，隐几逐渐改为后凭，并在椅子广泛使用后基本消失，宋代画家已不了解东晋隐几用法，因而描绘该像时将隐几刻画于身体后方，虽称仿于虎头，实为大谬。

其三，该像右手执物实非麈尾，而为拂尘或拂子。

"麈尾约起于汉末，魏正始以降，名士执麈清谈，渐成风气。"⁴⁷现存支谦、鸠摩罗什、玄奘三种《维摩诘经》均不见麈尾一词，亦无维摩执物叙述，然于藏经洞晚唐五代《维摩诘经讲经文》（P2292）有载："洒甘露于麈尾梢头，起慈云于莲花舌上。"⁴⁸虽然支谦

图11 《维摩居士图》 绢本墨笔（89.2×51.4厘米）
宋·李公麟 日本京都国立博物馆藏

本《佛说维摩诘经》无维摩执物记载，但从现存云冈、龙门、莫高窟、麦积山、巩县、天龙山历代维摩像均手执麈尾以及东晋执麈玄谈之盛推测，顾恺之维摩画像手执麈尾亦不失可能，但应为麈尾发展早期形制。"两晋、南北朝时代的麈尾多数小而圆或呈桃形。"[49] 1997年，南昌火车站东晋墓出土一件漆盘。[50]（图12）该盘内底右部所绘惠帝手中执一桃形麈尾，冬寿墓壁画亦见类似麈尾形象，墓主冬寿右手执物是迄今所见最早，同时也是顾恺之生活时代的麈尾形象，与顾恺之首创维摩像仅七年之隔。其呈桃形，制作精美，中有兽面形纹饰（图13），与龙门、云冈、莫高窟《维摩变》中之麈尾有较大区别。德兴里壁画墓年代为高句丽永乐十八年（409年），相当于东晋晚期[51]，墓主右手执麈亦为桃形。（图14）虽然朝鲜在地理上距六朝建康地区较远，但其执麈之风与其存在渊源，从顾恺之于兴宁二年（364年）首创维摩像后四十五年仍流行桃形麈尾考量，这种桃形麈尾应为东晋社会流行的一般样式。瓦官寺维摩画像如执麈尾，应与之接近。由于麈尾历经演变，形制变化较大，宋人又难见顾恺之维摩真迹，于是在造作敷衍中出此纰漏。

其四，该像身后背光为现存北朝隋唐五代《维摩变》所较少见，而多见于宋元维摩画卷。

综合上述四点疑议，可以明确，东福寺藏宋本《维摩图》与瓦官寺维摩并无直接关联。

图12　宴乐图漆盘　南昌火车站东晋墓出土

图13　朝鲜安岳3号坟壁画墓主像（冬寿）　东晋永和十三年（357年）

图 14　德兴里古坟壁画墓主像　高句丽（408 年）

第三节　炳灵寺169窟与龙门宾阳中洞维摩像

炳灵寺169窟北壁与龙门宾阳中洞东壁均有维摩像迹，时代去晋未远。炳灵寺169窟（天桥南洞）位于炳灵寺石窟群北段最高处，该窟第7龛下方无量寿佛"左侧画一菩萨装人物，腿部盖被卧于帐榻之上，墨书题名'维摩诘之像'。"[52]（图15）项一峰提出该像"似同顾恺之所绘维摩诘形象的艺术风格"[53]。陈绶祥则认为其"与所传顾恺之的维摩诘像极为接近"[54]。龙门宾阳中洞东壁"入口南侧上层浮雕一帷帐，下置矮榻，维摩诘居士身着大袖宽袍，手执麈扇，斜倚靠枕"[55]。（图16）该像与炳灵寺169窟维摩近似，亦为卧姿，罗尗子认为该像"确有'清赢示病之容，隐几忘言之状'"[56]"很可能是受顾恺之的传统的影响"[57]。宫大中认为，该像"与宾阳中洞的维摩诘那种悠然超世的动态、气质颇为相似，绝非偶然"[58]。李玉珉亦持此见。[59]宿白在对《历代名画记》的研究中，指出"《名画记》：'顾生首创维摩诘像，存清赢示病之容，隐几忘言之状'，这显然是一幅当时隐士的形象。这个造型我们还可在洛阳宾阳中洞前壁南侧维摩诘经变浮雕中看到。"[60]

顾恺之维摩画像真的是接近炳灵寺169窟或宾阳中洞维摩画壁的卧姿形象吗？笔者以为不然。唐张彦远在《历代名画记》中谓该像有"清赢示病之容，隐几忘言之状"[61]。这句话实际上为我们判定顾恺之维摩画像姿态提供了准确依据。"隐几"为我国中古前期家具，亦名凭几、倚几，至迟于东汉末年已在上层社会广为流行[62]。其出现与秦汉以来的跪坐礼俗关系甚密，在中古汉人垂脚高坐之前，跪坐隶属当时礼仪系统，尤其在正式场合，必须遵守，否则会被视为非礼[63]。"汉代人在床、榻上的坐姿，接近于现代通称之跪。"[64]久跪易累，"故而有时乃隐几而坐，膝纳于几下，肘伏于几上"[65]。汉代隐几，多为两足，几面横直，形制较小，几面较窄（图17），其在汉代石刻画像和墓室壁画中有丰富表现，并出土实物多例。甘肃武威雷台、朝鲜乐浪、江苏连云港等地曾出土新莽至东汉时期的隐几，此外，山东安丘王封村东汉画像石、山东嘉祥武氏祠东汉画像石、山东嘉祥洪山村汉代祠堂西壁画像、陕西绥德四十里铺汉画像石等均描绘隐几形象。新安铁塔山东汉前期壁画墓后壁正中墓主画像体前绘双足隐几，墓主凭几踞坐，样式与山东、江苏、陕西等地所见隐几基本一致。

魏晋南北朝时期，隐几普遍为三足，呈"曲木抱腰"状，南齐永明八年（490年），谢朓与沈约等人在竟陵王西邸同咏坐上器玩而作《乌皮隐几》，诗云："蟠木生附枝，刻削岂无施。取则龙文鼎，三趾献光仪。勿言素韦洁，白沙尚推移。曲躬奉微用，聊承终宴疲。"[66]依次描述隐几取材、做工、形制、色泽与功用。据考证，该器"特征有二：一是三足如鼎；二是'曲躬'"[67]。置于榻上，高度及腰，人凭其上。安徽马鞍山东吴朱然墓[68]、江宁赵史冈

图 15　炳灵寺 169 窟《维摩变》　建弘元年（420 年）　西秦

图 16　龙门石窟宾阳中洞《维摩变》（局部）　线描　北魏

1 号墓[69]、南京象山东晋王氏家族 7 号墓[70]、南京大学北园晋墓[71]等均有实物发现。朱然生前为东吴右军师、左大司马，身份显贵，其墓出土多件漆器，中有一件漆隐几，"木质胎，髹黑红漆，扁平圆弧形几面，下有三个蹄形足"[72]。形象与谢朓《乌皮隐几》的描述吻合。南京象山王氏墓群 7 号墓陶隐几"呈半圆弧形，三兽蹄足"[73]。与朱然墓所出漆隐几一致。

图 17 汉代隐几与用例 邹清泉 辑
1. 甘肃武威雷台出土东汉铜隐几 2. 朝鲜乐浪出土东汉隐几 3. 江苏连云港出土新莽隐几 4. 东汉画像石 5. 山东安丘王封村东汉画像石 6. 山东嘉祥武氏祠东汉画像石 7. 山东嘉祥洪山村出土汉代祠堂西壁画像 8. 山东汉画像石 9. 山东嘉祥洪山村出土汉代祠堂西壁画像 10. 陕西绥德四十里铺汉画像石

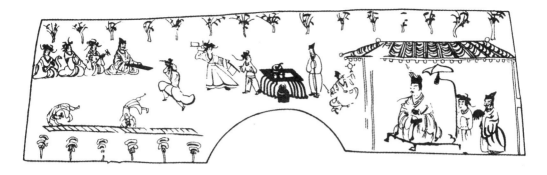

图 18　燕居行乐图（局部）壁画　线摹　甘肃酒泉丁家闸 5 号墓

从晋十六国时期绘有隐几的墓室壁画考察，隐几用法仍然沿袭汉代传统，即紧贴跪坐者身体前方放置。甘肃酒泉丁家闸 5 号晋墓前室壁画中部绘《燕居行乐图》，该图绘墓主"凭三蹄足隐几"[74]，其中的隐几即紧贴墓主身前。（图 18）北京石景山八角村魏晋壁画墓[75]、朝鲜黄海南道安岳郡五菊里东晋永和十三年（357 年）冬寿墓壁画[76]、朝鲜平安南道南浦市江西区德兴里壁画墓可见类似形象，其中，永和十三年（357 年）冬寿墓早于兴宁年间（363—365 年）六至八年，可见在顾恺之绘维摩像时，前凭隐几之风习十分流行，并蔓延至朝鲜地区。而德兴里壁画墓建于高句丽永乐十八年，即东晋义熙五年（409 年），表明前凭隐几之风在顾恺之首创维摩约四十五年后仍然盛行。丁家闸 5 号晋墓、冬寿墓、德兴里壁画墓与瓦官寺维摩画像绘制时间相距极近，为同一时代区间，瓦官寺维摩画像中之隐几应与之近似，亦为三足曲几，且为前凭。

瓦官寺维摩画壁虽已成历史绝响，但依据张彦远《历代名画记》、黄元之《润州江宁县瓦官寺维摩诘画像碑》以及相关考古发现所提供的历史线索，并得益于久为前人忽略的隐几形制演变及历代用度的辨明，瓦官寺维摩画像必为前凭隐几的坐姿，是以炳灵寺 169 窟北壁、龙门宾阳中洞东壁卧姿维摩像迹与瓦官寺维摩画像并无关联。进而，其他虽为坐姿，但未凭隐几，或隐几后置者，如巩县石窟第 1 窟莲花座维摩、云冈石窟第 6 窟与第 7 窟胡装坐榻维摩、莫高窟隋代石窟殿堂维摩、晚唐五代石窟背凭隐几的维摩等，与瓦官寺维摩画像均无直接渊源。而以日本东福寺藏宋本《维摩图》、北京故宫宋本《维摩演教图》、元王振鹏《临马云卿画维摩不二图》、台北故宫宋本《维摩图》、南宋张胜温《梵像卷·维摩大士》等为代表的宋本维摩图卷，实为宋代衍生的维摩卷轴绘画之一种。北宋时期，顾恺之真迹已绝难见到。[77] 宋本维摩多为当时画家揣测演绎而成，其画风与形式已变，实难以之追溯瓦官寺维摩画像面貌，宋代画家米芾于颍州见唐杜牧摹瓦官寺维摩画样，叹其与"前后士大夫家所传，无一毫似"[78] 即缘于此。

1　温肇桐:《顾恺之新论》，成都：四川美术出版社，1985年，第82～92页。
2　《考古学杂志》1937年第26卷第10号，第606页。
3　《佛教艺术》1950年第9号，第78～92页。马采:《顾恺之的"维摩诘"——图像的流传和图样的演变》，《顾恺之研究》，上海：上海人民美术出版社，1957年，第67页。《大陆杂志》1958年第17卷第9期，第23页。《顾恺之研究资料》，第155页。
4　《敦煌学辑刊》1998年第2期，第97页。《顾恺之》，第2页。
5　《北朝石窟艺术》，第93页、96页。《龙门石窟研究论义选》，第438页。《宿白先生八秩华诞纪念文集》（下），第416页。
6　《建康实录》第8卷，第233页。
7　同上书，第234页。
8　梁·释慧皎:《高僧传》第5卷，汤用彤校注，北京：中华书局，1992年，第193页。
9　清·孙文川:《南朝佛寺志》第2卷，陈作霖编，清末上元孙氏刊本，杜洁祥:《中国佛寺史志类刊》（第1辑第2册），台北：宗青图书出版公司，1994年，第61～64页。
10　《建康实录》第10卷，第351页。
11　《历代名画记》第5卷，第125页。
12　梁·萧子显:《南齐书》第1卷，北京：中华书局，1972年，第14页。
13　《南齐书》第7卷，第104页。
14　《南史·夷貊上》："晋义熙初，（师子国）始遣使献玉像，经十乃至。像高四尺二寸，玉色洁润，形制殊特，殆非人工。此像历晋、宋在瓦官寺，先有征士戴安道手制佛五躯，及顾长康维摩画图，世人号之三绝。至齐东昏遂毁玉像，前截臂，次取身，为嬖妾潘贵妃作钗钏。"（《南史》第78卷，第1964～1965页）
15　《建康实录》第17卷，第681页。
16　《建康实录》，第409页、411页、418页、432～433页、442页、672页、673～675页、686页。据《辩正论》卷三、《释迦方志》卷下，南朝刘宋时期有寺院约1913所，萧齐时约2015所，萧梁则为2846所，陈时约1232所。
17　《南史》第9卷，第297页。
18　宋·李昉:《文苑英华》第857卷，北京：中华书局，2003年，第4525页。
19　唐·李白:《登瓦官阁》，《全唐诗》第180卷，北京：中华书局，1960年，第1836页。
20　唐·李白:《李太白全集》第7卷，清·王琦注，北京：中华书局，1977年，第400页。
21　《高僧传》第5卷，第196页。
22　《高僧传》第5卷，第193页。
23　《高僧传》第6卷，第238页。
24　《高僧传》第7卷，第281页。
25　南朝·刘义庆:《世说新语校笺》，徐震堮校，北京：中华书局，2004年，第286页。
26　《中国文学中的维摩与观音》，第127页。
27　[日]塚本善隆:《支那佛教史研究》（北魏篇），清水弘文堂，1969年，第531页。
28　《鲁迅全集》第5卷，第310页。
29　《历代名画记》第5卷，第113～114页。《建康实录》第8卷，第242页。
30　《全唐诗》第225卷，第2414页。
31　《历代名画记》第2卷，第28页。
32　《文苑英华》第857卷，第4523～4526页。
33　宋·苏颂:《苏魏公文集》第72卷，石印本，1925年。
34　宋·葛立方:《韵语阳秋》第14卷，清·曹溶:《学海类编》第52册，上海：涵芬楼，1920年。
35　沈子丞:《历代论画名著汇编》，北京：文物出版社，1982年，第121页。

36 《考古学杂志》1937年第26卷第10号，第606页。
37 《佛教艺术》1950年第9号，第78～92页。
38 《顾恺之研究》，第67页。
39 《顾恺之研究资料》，第155页。
40 《大陆杂志》1958年第17卷第9期，第23页。
41 《大正藏》第14册，第525页。
42 《大正藏》第14册，第544页。
43 《大正藏》第14册，第567页。
44 《上海博物馆藏敦煌吐鲁番文献》(1)，第13页。
45 文本的图像转译于东汉武氏祠画像已有成熟表现，武氏祠共刻画孝子故事23个，从图像、榜题以及《孝子传》来看，图像对文本意象的直接抽离与现实表现是其基本模式，而且，在20世纪初中国画发生巨变之前，文图直译始终是中国绘画主要表现方法。
46 《文苑英华》第857卷，第4523～4526页。
47 孙机：《诸葛亮拿的是"羽扇"吗？》，《文物天地》1987年第4期，第11页。
48 王重民、王庆菽、向达等：《敦煌变文集》，北京：人民文学出版社，1984年，第604页。
49 《敦煌研究》2007年第6期，第46页。
50 江西省文物考古研究所、南昌市博物馆：《南昌火车站东晋墓葬群发掘简报》，《文物》2001年第2期，第12～41页。张小舟：《南昌东晋墓出土漆器》，《宿白先生八秩华诞纪念文集》，第146～147页。
51 [日]菅谷文则：《正仓院屏风和墓室壁画屏风》，《宿白先生八秩华诞纪念文集》，第241～242页。
52 杜斗城：《炳灵寺石窟与西秦佛教》，《敦煌学辑刊》1985年第2期，第87页。
53 《敦煌学辑刊》1998年第2期，第97页。
54 《顾恺之》，第2页。
55 《宿白先生八秩华诞纪念文集》(下)，第405页。
56 《北朝石窟艺术》，第93页、96页。
57 《顾恺之研究资料》，第6～7页。
58 《龙门石窟研究论文选》，第438页。
59 《宿白先生八秩华诞纪念文集》，第416页。
60 《张彦远和〈历代名画记〉》，第40页。
61 《历代名画记》第2卷，第28页。
62 柯嘉豪：《椅子与佛教流传的关系》，《历史语言研究所集刊》1998年第69本第4分，第734页。并见孙机：《汉代物质文化资料图说》，北京：文物出版社，1991年，第216～228页。
63 朱大渭：《六朝史论》，北京：中华书局，1998年，第36～63页。
64 《汉代物质文化资料图说》，第223页。
65 《魏晋南北朝社会生活史》，第186页。
66 逯钦立：《先秦汉魏晋南北朝诗》，北京：中华书局，1998年，第1453～1454页。
67 杨泓：《逝去的风韵》，北京：中华书局，2007年，第58～60页。
68 安徽省文物考古研究所、马鞍山市文化局：《安徽马鞍山东吴朱然墓发掘简报》，《文物》1986年第3期，第1～15页；杨泓：《三国考古的新发现》，《文物》1986年第3期，第16～24页。
69 江苏省文物管理委员会：《南京近郊六朝墓的清理》，《考古学报》1957年第1期，第187～191页。
70 南京市博物馆：《南京象山5号、6号、7号墓清理简报》，《文物》1972年第11期，第23～41页。
71 南京大学历史系考古组：《南京大学北园东晋墓》，《文物》1973年第4期，第36～50页。
72 安徽省文物考古研究所、马鞍山市文化局：《安徽马鞍山东吴朱然墓发掘简报》，《文物》1986年第3期，第6页。
73 南京市博物馆：《南京象山5号、6号、7号墓清理简报》，《文物》1972年第11期，第30页。
74 甘肃省博物馆：《酒泉、嘉峪关晋墓的发掘》，《文物》1979年第6期，第8页。

75 石景山区文物管理所:《北京市石景山区八角村魏晋墓》,《文物》2001年第4期,第54~59页。
76 洪晴玉:《关于冬寿墓的发现和研究》,《考古》1959年第1期,第27~35页。
77 尹吉男:《明代后期鉴藏家关于六朝绘画知识的生成与作用——以"顾恺之"的概念为线索》,《文物》2002年第7期,第86页。
78 《历代论画名著汇编》,第121页。

第四章 北魏坐榻维摩画像

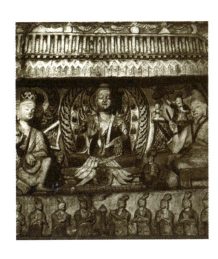

北魏是中国历史上佛教艺术发展的重要时期，尤其是文成帝于兴安元年（452 年）十二月"初复佛法"[1] 以来，蒙帝室扶持，北魏社会佞佛成风，寺院营建与龛像开凿盛极一时。维摩信仰是北魏中晚期极为流行的佛教思想之一，它的盛传，在云冈、龙门、麦积山、巩县等石窟遗留下相当数量的维摩变相。这些《维摩变》包含坐榻、帐构、莲花座、卧床等几种图像形式。其中，坐榻维摩上接汉晋坐榻人物画像，下连宋元绘画习见的坐榻维摩，间与北魏画像石葬具榻上人物形象互有纠葛，图像意义十分重要。

第一节　崔光与北魏中晚期维摩信仰的盛行

维摩信仰是北魏广为流行的大乘佛教信仰之一，尤其在北魏中晚期，更见盛传。它在北魏中晚期的广泛流行开启了北朝社会崇侍维摩的先河，影响极为深远。一般认为，维摩信仰在北魏中晚期骤兴与雅好《维摩诘经》的宣武帝元恪有关。但是，笔者在披览北魏史料时发现，促使维摩信仰在北魏中晚期广泛流行的实际上另有其人，此人就是宣武与孝明两代帝师——崔光。

崔光（450—522），本名孝伯，字长仁，光为高祖元宏赐名。他历仕孝文、宣武、孝明三代，且先后为宣武、孝明帝师。崔光 17 岁时随父徙代，太和六年（482 年）"拜中书博士，转著作郎，与秘书丞李彪参撰国书"[2]。他爱乐佛道，且精擅维摩，《魏书·崔光》：

> （崔光）崇信佛法，礼拜读诵，老而逾甚，终日怡怡，未曾恚忿。曾于门下省昼坐读经，有鸽飞集膝前，遂入于怀，缘臂上肩，久之乃去。道俗赞咏诗颂者数十人。每为沙门朝贵请讲维摩、十地经，听者常数百人，即为二经义疏三十余卷。[3]

可以认为，维摩信仰得以在北魏宫廷流传及至朝野盛行，崔光在其中扮演了重要角色，并发挥了不同寻常的历史作用。《魏书》记载孝文帝曾先后在延兴五年（475 年）、太和元年（477 年）、太和四年（480 年）、太和六年（482 年）、太和七年（483 年）五次临幸武州山石窟寺[4]，于方山起思远佛寺[5]，"会集沙门讲佛经"[6] 且"与名德沙门谈论往复"[7]，可见孝文帝甚为礼敬佛法。崔光自太和六年（482 年）"拜中书博士"以来，历任中书侍郎、给事黄门侍郎、散骑常侍、太子少傅等，孝文帝对之极为嘉许，"常曰：'孝伯之才，浩浩如黄河东注，固今日之文宗也。'"⁸ 从《魏书·崔光传》及云冈、龙门早期维摩像迹遗存考量，在奉侍孝文帝十七年间，崔光的维摩信仰对孝文帝产生了影响。虽然此前维摩信仰流传近三百年，但北方维摩信仰渐盛之始当在孝文朝。

从崔光"每为沙门朝贵请讲维摩、十地经,听者常数百人"⁹判断，崔光对《维摩诘经》的弘传可谓不遗余力，且收效甚佳，宣武帝对《维摩诘经》之偏好即肇因于此。史载世宗"雅爱经史，尤长释氏之义，每至讲论，连夜忘疲"¹⁰。《魏书·世宗纪》：

（永平二年十一月）己丑，帝于式乾殿为诸僧、朝臣讲维摩诘经。¹¹

藏经洞《维摩义记》写卷（S2106）即书写于宣武帝景明元年（500年），该经题记：景明元年二月二十日，比丘昙兴于定州丰乐寺写讫。¹² 宣武帝于太和二十三年（499年）四月即位，景明元年（500年）二月二十日距世宗登极仅十个月有余，彭城王元勰时任定州刺史¹³，且与宣武帝交好，元恪即位之初，即"以勰为使持节、侍中、都督冀定幽瀛营安平七州诸军事、骠骑大将军、开府、定州刺史"¹⁴。并在景明元年二月以元勰为司徒，定州丰乐寺僧昙兴写《维摩义记》（S2106）显然受到宣武帝偏好《维摩诘经》个人信仰的影响，而元恪于《维摩诘经》的好尚则源于其师崔光影响。

崔光以参赞迁洛之谋，赐爵朝阳子，拜散骑常侍，并兼太子少傅，辅导元恪，元恪即位后亦礼遇崔光，相继授以侍中、抚军将军、中书令、中书监等职，并于延昌二年（513年）复拜其为太子少傅，辅教肃宗元诩，《魏书·崔光》：

（延昌）二年，世宗幸东宫，召光与黄门甄琛、广阳王渊等，并赐坐，诏光曰："卿是朕西台大臣，今当为太子师傅。"光起拜固辞，诏不许。即命肃宗出，从者十余人，敕以光为傅之意，令肃宗拜光。光又拜辞，不当受太子拜，复不蒙许，肃宗遂南面再拜。詹事王显启请从太子拜，于是宫臣毕拜，光北面立，不敢答拜，唯西面拜谢而出。于是赐光绣彩一百匹，琛、渊等各有差。寻授太子少傅。¹⁵

肃宗对崔光深相知重，"时肃宗行讲学之礼于国子寺，司徒崔光执经"¹⁶。崔光再为太子少傅，使《维摩诘经》对帝室的影响得以延续，龙门石窟肃宗朝《维摩变》遗存证实了这一影响，而瓜州刺史元荣¹⁷的维摩写经则表明，这一影响已至敦煌。

《资治通鉴》对元荣行谊略有记述¹⁸，但未涉其奉佛事迹。据宿白研究，藏经洞中与元荣有关的写经遗存共有十五卷¹⁹，年代"集中于永安三年迄永熙二年（530—533年）

之间"[20]。元荣发愿写经数量相当可观，《仁王般若经卷上》题识记其敬造《仁王般若经》三百部[21]，《大智度论》（P2143）题识记其敬造《无量寿经》一百部[22]，《大般涅槃经卷三十一》（S4415）题识记其敬造《涅槃》、《法华》、《维摩》、《药师》等各一部，合一百卷[23]。在这些写经中，遗存有一卷《维摩经疏》，该经疏写于普泰二年（532年），从元荣于孝昌元年（525年）9月16日之前已赴瓜州考察[24]。该卷《维摩经疏》与洛阳北魏帝室关系甚密，崔光曾为《维摩诘经》义疏，"识者知其疏略，以贵重为后坐于讲次"[25]。而崔光卒年在正光三年（522年），距元荣赴任瓜州仅三年之隔。在"上既崇之，下弥企尚"[26]的北魏社会，身为宗室的东阳王元荣明显受到宣武帝雅好《维摩诘经》熏染，该卷《维摩经疏》即为崔光注疏不失可能[27]。而龙门、云冈、麦积山、炳灵寺、巩县、石拱寺等石窟以及大量造像碑、金铜佛所见北魏维摩像迹，正是这一历史语境的视觉显现。（表4-1）

冢本善隆指出，宣武帝"最好讲的经典是《维摩诘经》"[28]。其个人爱好和相关作为

表4-1　北朝《维摩变》遗存辑要

窟名	位置	年代
龙门石窟		
古阳洞	北壁第三层魏灵藏等造像龛内左右两侧（维·文） 北壁第三层第一龛尖拱额内左右（维·文） 北壁第二层第三龛内左右（维·文） 南壁第二层第一、二龛内左右（维·文） 南壁第二层第三龛内左右（文·维） 南壁慧畅等造释迦龛外左右（文·维） 洞外南侧崖面间一佛洞，洞内西壁一立佛龛 （古阳洞维摩画像共计约31铺）	北魏
宾阳中洞	前壁门拱上方两侧（文·维）	北魏
路洞	前壁门拱上方两侧与北壁壁脚 洞外北部崖面间二佛龛	北魏
慈香洞	后壁	神龟三年（520年）
六狮洞	后壁	北魏
莲花洞	北壁宋景妃造像龛外左右（文·维） 南壁元某等法仪二十四人造像龛外左右（文·维） 洞外南部崖面间4个佛龛 （莲花洞北壁、南壁共绘《维摩变》32铺，其中北壁22铺，南壁10铺。该窟大部分为正光、孝昌时期营建，北壁最上有一铺为普泰二年［532年］所刻）	北魏
慈香洞	洞外北部崖面2个释迦龛	北魏

窟名	位置	年代
魏字洞	洞外北部崖面间一释迦龛	北魏
火烧洞	后壁、南壁（该窟维摩像共计6铺，后壁与南壁各3铺，雕凿时代约在北魏正光年间。南壁中有正光三年、正光四年雕刻铭记）	北魏
石窟寺	南壁	北魏
魏字洞	南、北壁菩萨坐像龛楣拱额左右上方（文·维）（前壁门拱上方、北壁、门拱北侧、南壁、门拱南侧均有分布，共计12铺）	北魏
石牛溪	北侧、南侧 石牛溪下方和北部崖面间四佛龛 （共计3铺，北壁1铺，南壁2铺）	北魏
普泰洞	北壁、南壁、洞外南侧石塔上一释迦龛（共计4铺、北1铺、南2铺、洞外南侧石塔上释迦龛1铺）	北魏
赵客师洞	前壁门拱南侧	
唐字洞	窟檐下四佛龛	
惠简洞	洞外北侧下方一释迦龛	北魏
药方洞	北壁、门拱北侧、南壁、门拱南侧、窟外北侧崖壁间一立佛龛 （此洞共刻12铺，南北二壁中心龛为北魏正光、孝昌年间作，其余有普太二年、天平四年、天保二年等铭记）	北魏
皇甫公窟	南壁菩萨像龛内左右（文·维）	孝昌三年（527年）
云冈石窟		
第1窟	前壁入口东侧屋形龛内（维·文）	北魏
第6窟	前壁入口上部屋形龛内（文·维）	北魏
第7窟	前壁入口左右（维·文）	北魏
第11—16窟（11A）	前壁入口左右两侧（文·维）	北魏
第14洞	前室西壁（文·维）	北魏
第19B洞	东壁佛龛楣拱额下左右（文·维）	延昌四年（515年）
第5A洞	西壁佛龛外左右（文·维）	北魏
第35-1洞	西壁佛龛内左右（文·维）	北魏
麦积山石窟		
第133窟	造像碑右下方屋形龛内（文·维）	北魏
第123窟	左右壁（维·文）	西魏
第102窟	左右壁（维·文）	西魏
第127窟	左壁佛龛上部壁画（维·文）	西魏
第135窟	左壁	

窟名	位置	年代
炳灵寺石窟		
第169窟	10号、11号、24号壁画	建弘元年（420年）
第128窟	正壁主尊顶部两小龛内	北魏
巩县石窟		
第1窟	东壁第1龛（文·维）	北魏
天龙山石窟		
第2窟	北壁龛外左右（维·文）	东魏
第3窟	东西壁（维·文）	东魏
石拱寺石窟		
第11窟	窟内左、中、右三龛主尊内侧（文·维）	北魏
肃北五个庙石窟		
第3窟	主室东壁	北周
造像碑与金铜佛		
阳氏造鎏金铜佛坐像	坐像背屏阴面（维·文）（东京新田氏藏，上刻发愿文："太和元年九月十日安熹县堤场阳□□愿已身为亡父母造释迦文佛，又为居家眷属，大小现世安稳，亡者生大，宣语诸佛，所愿如是，故记之耳。"）	太和元年（477年）
造像碑	龛帐内左右（文·维）（大阪市立美术馆藏）	普泰元年（531年）
造像碑	碑身阳面中部（文·维）（大都会艺术博物馆藏）	永熙二年（533年）
造像碑	佛坐像下段左右（维·文）（大都会美术馆藏）	武定元年（543年）
造像碑	碑首中央（文·维）（宾夕法尼亚大学藏）	天保二年（551年）
造像碑	碑身上部右上段（瑞士苏黎世里特贝格博物馆藏）	天保二年（551年）
造像碑	石碑阳面下段七尊佛像两侧（维·文）（芝加哥艺术学院美术馆藏）	大统十七年（551年）
赵庆祖造像碑	阳面中层左右龛（维·文）（洛阳古代艺术馆藏）	北齐（554年）
比丘法阴造像碑	碑身正面中上部（文·维）（瑞士瑞特保格博物馆藏）	天保八年（557年）
张哦鬼造像碑	碑身正面中上部（文·维）（该造像碑1957年出土于河南襄县孙庄，河南省博物馆藏）	天保十年（559年）
造像碑	佛坐像龛上方左右（维·文）（安徽省博物馆藏）	河清二年（563年）
造像碑	龛帐内（文·维）（宾夕法尼亚大学藏）	武平六年（575年）
造像碑	第四层（甘肃省博物馆藏）	北魏
金铜佛	释迦牟尼佛坐像背屏阴面（维·文）（台北故宫藏）	北魏
造像幢	阳面中层（该造像幢解放前出土于洛阳，洛阳古代艺术馆藏）	北齐
平等寺造像碑	碑身上半部左右龛（文·维）	北齐

无疑对北魏中晚期维摩信仰迅速蔓延起到推波助澜的作用，但若追溯其信仰源头，崔光的言传身教是不容回避的历史事实，如果崔光没有入仕北魏，如果崔光不精研维摩，如果崔光不为帝师，北魏中晚期的佛教史将被改写。

第二节　北魏坐榻维摩画像的类型

坐榻维摩画像是中古若干维摩画像形式之一种[29]，主要流行于北朝至隋代，盛于北魏，在云冈、龙门北魏龛像遗存中尤为多见。

北魏坐榻维摩画像可分为四种类型。第一种为胡服坐榻维摩，云冈与龙门早期洞窟坐榻维摩遗存主要为这一类型，云冈第6窟（图19）与第7窟坐榻维摩是其代表。第6窟与第7窟建于云冈石窟第二期[30]，"具体时间大约自文成帝以后以迄太和十八年（494年）迁都洛阳前的孝文帝时期，即465—494年"[31]。第7窟与第8窟是云冈第二期石窟最早开凿的一组，宿白推测其为孝文帝所开，并认为"佛装的交脚弥勒、维摩和文殊、护法诸天和较多的供养天人以及布满壁面的千佛和大型的供养人行列等，都最早出现在这组双窟里"[32]。第7窟维摩头戴尖帽，身着胡服，左手执麈，右手扶榻，向后倾身而坐。第5窟与第6窟也是一组双窟，约凿于平城时代末期，第6窟维摩坐像略同第7窟，但雕绘在文殊左侧，即整幅雕像左部，其右手执麈，垂脚高坐于屏风榻上，与第7窟相比，第6窟维摩雕饰富丽。云冈第6窟与第7窟均开凿于孝文帝执政的平城时代，意义非同寻常。

孝文帝生于皇兴元年（467年），崔光于太和六年（482年）"拜中书博士"时，元宏已是15岁少年，太和十四年（490年）文明太后去世，元宏完全掌权时为23岁，而迁洛则在太和十八年（494年），时年元宏27岁，第6窟与第7窟之开凿正值孝文帝青少年时期。从两窟维摩像着服及坐姿均与中古汉人礼俗不符推断，第6窟与第7窟坐榻维摩应系平城工匠在《维摩诘经》文本基础上，自创而成的维摩形象。胡服维摩像在云冈出现正值崔光甚得孝文帝宠遇的历史机遇期，两者间的偶合表明崔光有较大可能影响了这一行为。

古阳洞是龙门最早营建的洞窟之一。[33]该窟于孝文帝迁洛之前已经开凿，其中所存坐榻维摩石刻，为认识北魏迁洛前后坐榻维摩画像发展演变提供了宝贵图像资料。该窟依天然石洞雕凿而成，洞窟平面略呈马蹄形，西壁雕一佛二菩萨，南北两壁各开三层大龛，每层多为四龛，壁面其他空间满布小佛龛[34]。坐榻维摩即刻于这些佛龛"主像背光的两侧和龛外上方龛楣的左右侧角"[35]。该窟北壁第186、188、190龛龛楣右侧遗存有胡服维摩像（图20），形式与云冈第6窟、第7窟有承继关系，亦戴尖顶帽，右手执麈，垂脚高

图 19 释迦、文殊与维摩 云冈石窟第 6 窟

坐于方榻之上,但维摩着服出现汉化倾向。胡服坐榻维摩遗存数量不多,究其原因,主要有两点:一是胡服坐榻维摩产生之时为北魏维摩信仰初兴时期,尚未盛炽;二是孝文帝于太和十八年(494年)迁洛之后,革衣服之制,改胡装为汉服,使诞生不久的胡装坐榻维摩画像的刻画在这一诏令之下戛然而止,并为第二种类型的汉服坐榻维摩取代。

汉服坐榻维摩取代胡服坐榻维摩后,适逢宣武帝雅好《维摩诘经》推动,使这一画像形式迅速蔓延。龙门古阳洞、莲花洞、地花洞、慈香洞、天统洞等可见其遗存,通例表现是刻画在佛龛龛楣左侧,这一点与胡服坐榻维摩相同。所不同的是,汉装坐榻维摩已全部为汉人服制,头上戴冠,坐姿也几乎全部改为跪坐。古阳洞南壁第 181 龛与北壁第 192 龛、193 龛维摩均为此样式,但刻画简略,唯第 181 龛龛楣左侧维摩稍显生动,并出现类似莲花的装饰纹样。莲花洞北壁内侧下部宋景妃造像龛、地花洞正壁左侧上部、慈香洞正壁左侧上部、天统洞北壁小龛坐榻维摩局部各有损益,但基本延续了这一形式。

第三种类型为头顶华盖的坐榻维摩。这一类型维摩画像并不多见,莲花洞北壁内侧

图 20　古阳洞北壁第 188 龛龛楣右侧维摩像　北魏　龙门石窟

上部佛龛龛楣右侧刻有一例，刻画维摩坐于华盖之下的方榻之上，右手执麈，虽为汉装，但人物坐姿却与胡服维摩较为接近，佛龛龛楣左侧描绘文殊师利，亦坐华盖之下，维摩与文殊之间火焰券后刻画侍立听法弟子，计四十余身。

第四种类型为帷帐中的坐榻维摩。这一类型的维摩画像，帷帐与榻相对独立，并不构成一件整体床具，帷帐的画像意义只是室内的隐喻。云冈第 7 窟坐榻维摩上方见有悬垂帐幔，是该类型较早实例。北魏永熙二年（533 年）铭造像背面维摩像亦为此种类型，维摩上方帐幔疏落，中缀珠状饰物，维摩坐于帐幔下方小榻之上。

第三节　北魏坐榻维摩画像的汉晋传统

据目前考古发现，榻上人物在汉代画像石与墓室壁画中已有成熟表现。河南密县打虎亭 1 号东汉墓前室西壁有画像两幅，其中一幅刻四人，作向墓内行进状，"另一幅刻四人，居右二人皆席坐，其前置案"[36]。从考古报告发表摹本来看，画像右二人身下坐具右侧明显见有双足，应为汉代的榻，故此二人并非席坐，而为榻坐。（图21）河北望都汉墓壁画中的"主记史"、"主簿"二人相向各坐一榻。[37] 此外，辽宁辽阳棒台子二号汉魏壁画墓、辽阳三道壕窑业第二现场东汉张君壁画墓、山东嘉祥武梁祠、陕西绥德大舥梁汉墓、甘肃嘉峪关东汉画像砖、江苏徐州洪楼村和茅村汉墓画像石等汉代壁画与画像遗存亦可见榻上人物形象。

榻上人物在汉代画像中如此众多而广泛的表现，源于商周以来的跪坐礼俗，"跪坐为商周礼教文化内容，汉魏以降汉人基本上继续传习恪守"[38]。"我国殷周时期，人们一般是'席地而坐'，即在地面铺上席子，人们跪坐在席子上。……到了汉代，人们开始盛行坐床、榻的习俗，在床、榻上仍为跪坐。"[39] 汉代榻上人物画像即是对这一社会生活的如实描绘，从其通例表现中，我们注意到，在一幅壁画或画像中，坐榻人物仅为一二，即墓主或墓主夫妇，余均站立，这在汉魏以后考古发现中表现得更为严格。这一表现程式（格套）实际上体现了壁画（画像）人物之间身份的尊卑高下，也使坐榻成为寓示身份的象征，即"尊者专席"，《后汉书·徐稺》[40]、《南史·颜延之》[41]、《世说新语·排调》[42]、《北史·文宣帝》[43] 等均有记载。

榻的这一画像意义在东汉许阿瞿画像石中体现得尤为明显，该石出土于南阳市东关李相公庄[44]。许阿瞿早殇于东汉建宁三年（170年），时年5岁，父母怜惜爱子，为之建一祠堂，现存画像为原祠堂残石，因为后代营建墓葬取用而保存至今。画像分上下两栏，许阿瞿位于上栏左侧，跪坐榻上。（图22）榻后一人持便面侍立，在这幅画像中，许阿瞿虽为孩童，却是坐榻，显然，榻寓示了许阿瞿墓主身份和区别于画像所绘其他人物的突出地位。

于汉代习见的榻上人物画像后为魏晋南北朝继承，并发展出更为严谨而规范的画像格套，成为魏晋南北朝人物画像，尤其是墓主画像标准范式。吐鲁番阿斯塔那出土一件晋代纸画《墓主生活图》，该图描绘墓主坐于小榻上，上张承尘。云南昭通东晋霍承嗣墓亦见有坐榻形象。[45]

北魏建国者拓跋氏原为游牧于河套东部地区鲜卑部落的一支，"至公元313年力微子猗卢'城盛乐，以为北都'之前，拓跋部落一直过着颠沛流离、居无定所的迁徙生活"[46]。故北魏在定都盛乐以前无类似汉地营建陵寝传统。1955年和1961年在呼和浩特美岱村南宝贝梁山沟中，发现有北魏初期拓跋贵族墓葬遗迹。[47] 其随葬器物与墓葬形制已具当时汉族上层墓葬特征，表明拓跋氏在定都盛乐后，旋即接受中原汉族丧葬礼俗。天兴元年（398年）秋七月，道武帝由盛乐"迁都平城"[48]，同年十二月，徙六州二十二郡守宰、

图 21　榻上人物画像　东汉　河南密县打虎亭画像石墓　前室西壁

图 22　许阿瞿画像　建宁三年（170 年）　河南南阳东关李相公庄出土

豪杰、吏民二千家于代郡[49]，太和十八年（494年）二月甲辰，孝文帝"诏天下，喻以迁都之意"[50]。从盛乐到平城，再到洛阳，世居代北的拓跋部族在汉文化影响下不断发生着改变，考古所见三地北魏墓例也呈现出阶梯式演进的汉化进程。其中，榻上人物画像在平城与洛阳两地有集中而丰富的遗存。

这些榻上人物画像主要分为两种。其一为表现历史故事，以大同石家寨司马金龙墓木板漆画以及洛阳所出石棺（床）上所刻孝子、列女画像为代表；其二为表现墓主或墓主夫妇像，以大同智家堡石椁壁画为代表。司马金龙卒于太和八年（484年），时距道武帝迁都平城已八十六年。该墓所出木板漆画是一件纯然汉地风格作品，"漆画上下分为四层，每层高19～20厘米。每幅有文字题记和榜题，说明内容和人物身份，均为宣扬封建道德，表彰帝王、将相、烈女、孝子、高人、逸士等故事、传说"[51]。在这些木板漆画中，第一块与第二块拼合后原向上的一面自上而下第三幅"鲁师春姜"、第三块第四幅"楚庄樊姬"、第四块第二幅"卫灵公与灵公夫人"（图23）可见榻上人物形象，其中，"楚庄樊姬"和"卫灵公与灵公夫人"画幅所绘为屏风榻。

北魏迁洛之后，孝文帝于太和十八年（494年）十二月壬寅"革衣服之制"[52]，太和十九年（495年）六月己亥，"诏不得以北俗之语言于朝廷，若有违者，免所居官"[53]，六月丙辰又诏"迁洛之民，死葬河南，不得还北"[54]。这一系列举措完全颠覆拓跋氏生活传统，加之洛阳又为中原腹地，南迁代人生活与中原汉族已无实质区别，而汉地坐榻习俗在这时则更为广泛地出现在代人生活中，洛地画像石葬具对坐榻人物的描绘间接反映了这一史实。

元谧石棺（美国明尼阿波利斯美术馆藏）[55]，雕作于正光五年（524年），该棺左右两帮满雕孝子画像，其中，左帮"丁兰事木母"、"孝子郭巨赐金一釜"、"孝子闵子骞"，右帮"孝孙弃父深山"、"老莱子年受百岁哭内"、"孝子伯奇耶父"、"孝子董笃父赎身"表现了坐榻人物，其中有一人坐榻，也有二人坐榻，均为年长父母，孝子或站立、或跪坐于席上，体现了人物之间的尊卑关系。孝子石棺（美国堪萨斯纳尔逊·阿特肯斯艺术博物馆藏）左右两帮亦刻孝子画像。[56]其中，右帮中部"子郭巨"描绘郭巨母抱一婴孩坐在榻上，郭巨夫妇恭立榻前。（图24）该画像图像布局和人物布排与元谧石棺左帮"孝子郭巨赐金一釜"有一定差异，榻形也较为宽大，但两幅画像在榻的形制上并无二致。此外，"宁懋"石室[57]左山墙外壁"丁兰事木母"画像中隐约可见坐榻人物形象。[58]北魏画像石葬具上的线刻坐榻人物至北周时仍有刻画。2004年4月，西安北郊发掘一座北周天和六年（571年）墓葬[59]，墓主为粟特人康业，该墓石榻围屏雕刻精美画像。[60]在10幅线刻画像中，有5幅表现坐榻人物，图像形式仍然延续北魏传统。（图25）

图 23 卫灵公与灵公夫人 木板漆画 太和八年（484 年）
山西大同石家寨司马金龙墓出土 山西省博物馆、大同市博物馆藏

图 24 "子郭巨" 线刻画像 孝子棺左帮 北魏正光五年（524年）

图 25 北周康业石榻围屏画像（局部） 线摹

图 26　山西大同智家堡北魏石椁北壁壁画　线摹

　　表现墓主与墓主夫妇的坐榻画像与前述表现历史故事的画像在图像形式上有所不同，大同智家堡北魏墓石椁北壁描绘墓主夫妇坐于榻上[61]，上覆帷帐，形制与东晋永和十三年（357年）冬寿坐具相似。（图 26）从文献所载床榻之别以及相关考古遗存观之，榻与床在其发展早期应有明显界限，其中有尺幅大小差异[62]，也有是否施帐的区别[63]，但随着中古汉人家居生活的发展，榻与床也在发生演变，尤其是榻，不仅发展出极大尺幅，还衍生出三面围屏以及上张承尘或施帐的榻，与床的界限日益模糊，智家堡石椁北壁所绘墓主夫妇坐具或可认为是施帐的榻。

　　北魏坐榻维摩画像即由汉晋坐榻人物画像演绎而来，其源头当在云冈，产生时间应在道武帝迁都平城以后的北魏中晚期。维摩信仰当时在汉地流行多年，已具有较为普遍的民众基础，其时又逢精擅维摩的崔光仕于魏廷，云冈维摩像的雕绘应不晚于此。从其服制与坐姿来看，云冈坐榻维摩显然未受汉地维摩图样影响，尤与瓦官寺维摩画壁没有直接粉本渊源。唐张彦远《历代名画记》谓顾恺之维摩画像有"清羸示病之容，隐几忘言之状"[64]，大同沙岭北魏壁画墓与大同智家堡北魏墓石椁北壁所绘男墓主身前有"曲木抱腰"隐几一件，可见前凭隐几的坐榻风习于平城时代的代人社会已有蔓延，但云冈坐榻维摩像并不见隐几，而其坐态更无需隐几凭靠，考察现存维摩像迹，其应为平城时期云冈工匠在汉晋坐榻人物画像传统之上的新创。

于云冈石窟首创的坐榻维摩后为龙门石窟因袭。作为龙门最早开凿的洞窟之一，古阳洞于之有丰富遗存，该洞北壁第 188 龛、186 龛龛楣左侧胡服维摩像在形式上明显继承自云冈第 6 窟、第 7 窟，但服装已具汉式，显然是在云冈坐榻维摩基础上的新变，孝文帝于太和十八年（494 年）革衣服之制后，胡装坐榻维摩于龙门石窟销声匿迹，被汉服坐榻维摩，尤其是华丽的坐帐维摩取而代之。

第四节　北魏之后坐榻维摩画像的发展

北魏以后至北朝末期，坐榻维摩刻画甚见寥落。然而，莫高窟隋代《维摩变》中的维摩居士却主要是坐榻维摩，而且出现图像形式的新变。莫高窟隋代《维摩变》遗存除第 276 窟西壁佛龛北侧画维摩立于菩提树下之外，余均绘维摩坐于殿堂之内。其中，第 262、314、380、419、420、425、433 窟维摩独坐一殿，423 窟则绘维摩与文殊相对共坐一大殿之内。维摩宽衣长袍，右手执麈坐于榻上，榻形可见三种，其一为屏风榻，见于第 423 窟人字披顶西披及后部平顶《维摩变》（图 27），大殿中庭两对坐人物左侧为维摩，其身下坐具即

图 27　莫高窟第 423 窟《维摩变》（局部）　隋

图28 莫高窟第420窟《维摩变》(局部) 隋

图 29　莫高窟第 433 窟《维摩变》（局部）　隋

为屏风榻，榻形与北魏太和八年（484 年）司马金龙墓漆围屏楚庄樊姬与卫灵公所坐屏风榻一致；其二为无屏风的榻，第 380、419、420 窟维摩画像是其代表（图 28），榻形同于司马金龙墓漆围屏鲁师春姜坐榻，甚至连人物坐姿都有相似之处；其三为六足榻，即在四足榻基础上，于前后横梁中部各加一足，是为六足榻，此外，见于前两种榻形横梁下的火焰边饰不见于六足榻，第 314、433 窟维摩所坐为六足榻。（图 29、图 30）

隋代殿堂式坐榻维摩画像的出现实有其中原传统，西安北郊炕底寨北周天和六年（571 年）康业石榻围屏正面左起第五幅线刻画像（图 31）在莫高窟与古代长安之间架起桥梁，考古报告是这样描述这幅画像的：

> 画面高 73、宽 26 厘米。内容为宴饮。顶部为垂柳，仅表现出树冠部分。下为一歇山顶屋，建于高台之上，台四周设围栏，屋顶上线刻板瓦、筒瓦。屋脊上立 5 只长尾鸟，檐下线刻枋木与斗栱，门两侧有挽起的帷帐，屋内后壁有 4 至 5 幅山水画。主人坐于屋内矮榻上，头戴屋顶形冠，面部端庄，一侧不清，长须髯，身着圆领窄袖长衣，外披宽衣，左手端一叵罗，右手似握物，门两侧各立 2 胡人侍从，部分身体隐于框外，均剪发，身着圆领短衣，右侧 1 侍从手捧细颈瓶。通往屋子的门道中间置一炉，炉分上、下两部分，上部侈口盆形，下部束腰形底座，座顶部四周挂圆形饰，炉两侧各立一长尾鸟。下部 4 人均为胡人，身着圆领窄袖长衣，或披发或剪发或头戴圆帽，呈坐状，手执尖角酒杯或捧叵罗或执细颈瓶。[65]

图 30 莫高窟第 314 窟《维摩变》
（局部） 隋

图 31 康业墓石榻画像 线摹

莫高窟第 262、314、380、419、420、425、433 窟隋代坐榻维摩画像之间虽各有损益，但基本样式与康业石榻正面左起第五幅线刻画像基本一致，其中以 314 窟、380 窟与之最为接近，仔细观察第 314 窟维摩画像，即可注意到，维摩冠饰、着装甚至姿态与之几无二致，两者在殿堂周围景致与人物布局也颇多近似。此外，第 420 窟《维摩变》亦可见到中原画像因素，该窟维摩身前绘一长几，颇似汉代隐几，而不类东晋流行之三足隐几。山东嘉祥英山开皇四年（584 年）驾部郎徐敏行墓北壁描绘墓主夫妇宴饮图[66]，中绘墓主夫妇端坐榻上，他们身前长几与 420 窟维摩身前物件极为相似，反映出莫高窟佛教图像与中原汉地世俗美术间的血缘关系。

北周建德三年（574 年）五月丙子，武帝宇文邕"初断佛、道二教，经像悉毁，罢沙门、道士，并令还民"[67]。"其祸及于关内及长江上游。后四年（578 年）灭齐，而大河南北之寺像悉夷。"[68] 使北方地区佛教艺术发展一度受阻。入隋以后，高祖杨坚"雅信佛法，于道士蔑如也"[69]。"开皇元年，高祖普诏天下，任听出家，仍令计口出钱，营造经像。"[70] 后杨坚又于开皇二十年（600 年）十二月辛巳，诏曰：

> 佛法深妙，道教虚融，咸降大慈，济度群品，凡在含识，皆蒙覆护。所以雕铸灵相，图写真形，率土瞻仰，用申诚敬。其五岳四镇，节宣云雨，江、河、淮、海，浸润区域，并生养万物，利益兆人，故建庙立祀，以时恭敬。敢有毁坏偷盗佛及天尊像、岳镇海渎神形者，以不道论。沙门坏佛像，道士坏天尊者，以恶逆论。[71]

炀帝亦好佛法，大业时，令沙门智果于东都内道场撰诸经目[72]。北巡至恒安，见白骨被野，悯然伤之，收葬骸骨，并命五郡沙门为设佛供[73]。文、炀二帝相继崇佛使北方遭受周武帝灭法打击的佛教迅速复兴，莫高窟隋代坐榻维摩即描绘于这一背景之下，由于隋朝王祚极短（仅三十七年），要在短时间内实现佛教完全复兴实非易事，石窟开凿以及图像发展成熟更需假以时日。隋代坐榻维摩虽有新变，但仍未摆脱前代样式或于此有因。隋代既短，隋代坐榻维摩刻画也十分短暂，李唐代隋之初，于中原流行多年的坐帐维摩传至敦煌，遽然大兴，成为此后几百年间莫高窟维摩画像主导样式，而坐榻维摩在隋代之后，即隐没不彰。

宋元以至清代，维摩与文殊成为卷轴绘画表现主题之一，坐榻维摩成为画家竞相描绘的对象。北京故宫藏宋人《维摩演教图》卷、美国大都会艺术博物馆藏元王振鹏《临马云卿画维摩不二图》卷（图 32）是宋元坐榻维摩绘画的代表[74]，二图均以《文殊师利问疾品》为中心展开，绘维摩与文殊相对而坐，维摩背靠隐几，左手握麈坐于榻上，两

图 32　《临马云卿画维摩不二图》卷　元·王振鹏　美国大都会艺术博物馆藏

图所绘维摩坐榻均极宽大，尺寸与床无异，两幅画作构图基本一致，具有明显继承关系[75]。日本东福寺藏宋本《维摩图》亦画维摩坐于榻上，该图与台北故宫藏宋人《维摩图》近似，维摩身后均有背光。其与宋人《维摩演教图》、王振鹏《临马云卿画维摩不二图》虽在图像细节上存在差异，但基本属于同一图像系统。

南宋大理国描工张胜温绘于段智兴盛德五年（1180年）的《梵像卷·维摩大士》[76]是现存宋代维摩画卷中的特殊遗例（图33），与上述宋人维摩画卷明显不同，该图见有帐构，维摩坐具亦非高广富丽的大榻，而是仅可供一人独坐的小榻，维摩坐姿也迥异前例，其身前身后均不见隐几形迹，该画卷在形式上虽然接近坐帐维摩，但其绘榻与帐构实际上是分离的，与真正意义上的坐帐维摩仍有分别，应是坐榻维摩在后代图像发展中的变体。美国大都会博物馆藏北宋《维摩诘像》中的维摩略接近莫高窟五代《维摩变》中的维摩形象，其情形与张胜温《梵像卷·维摩大士》基本相同。甘肃民乐县博物馆藏清康熙三十五年（1696年）维摩水陆画轴亦沿袭坐榻维摩这一图像传统。

北魏中晚期，在崔光影响下，孝文、宣武、孝明三代帝王相继笃信维摩，使维摩信仰蔓延整个北魏社会，成为当时最为盛传的佛教信仰之一，维摩像刻画随之渐兴，并至盛炽。平城时代后期，云冈工匠在当时鲜卑文化占主导地位的历史背景下，初创胡服坐榻维摩形象，并相继衍生出汉服坐榻维摩、头顶华盖的坐榻维摩、帷帐中的坐榻维摩以

图 33 　《张胜温画梵像卷·维摩诘经变图》（局部）　纸本设色贴金（1636.5×30.4 厘米）
大理国盛德五年（1180 年）　南宋·张胜温　台北故宫博物院藏

及隋代殿堂中的坐榻维摩等形式。其中，胡服坐榻维摩的表现主要集中于平城时代的云冈，龙门早期维摩雕像虽有因袭，但已有汉化迹象。北魏太和十八年（494 年）迁洛之后，胡服坐榻维摩转变为汉装坐榻维摩，但汉装坐榻维摩流行不久，即为坐帐维摩取代。隋时，汉装坐榻维摩在经过几十年沉寂之后，复现于莫高窟隋代石窟之中，这一画像形式在莫高窟突然出现既与杨隋代周，佛教衰而骤兴的历史背景有关，同时也有其中原传统和图样依据。宋元绘画所见坐榻维摩源头当在平城时代的云冈石窟，从云冈到龙门，再到隋代莫高窟坐榻维摩的早期发展构成了宋元坐榻维摩的"史前史"。

1 《魏书》第5卷，第112页。
2 《魏书》第67卷，第1487页。
3 《魏书》第67卷，第1499页。
4 《魏书》第7卷，第141页、144页、149页、151页、152页。
5 《魏书》第7卷，第147页。
6 《魏书》第45卷，第1023页。
7 《魏书》第45卷，第1014页。
8 《魏书》第67卷，第1487页。
9 《魏书》第67卷，第1499页。
10 《魏书》第8卷，第215页。
11 《魏书》第8卷，第209页。
12 《敦煌宝藏》(16)，第187页。
13 定州，太祖皇始二年（397年）置安州，天兴三年（400年）改，领中山、常山、巨鹿、博陵、北平五郡，县二十四，有户一十七万七千五百一，口八十三万四千二百七十四，是北魏最重要的州之一。（《魏书》第106卷，第2461～2464页）
14 《魏书》第21卷，第577～578页。
15 《魏书》第67卷，第1491页。
16 《魏书》第82卷，第1803页。
17 据宿白考证，元荣为明元帝四世孙，即明元帝第三子乐安王范的曾孙，详见宿白：《东阳王与建平公》，《中国石窟寺研究》，北京：文物出版社，1996年，第244～259页。
18 宋·司马光：《资治通鉴》第159卷，北京：中华书局，1956年，第4936页。
19 东阳王写经遗存主要有东京书道博物馆藏孝昌三年（527年）《观世音经》与普泰二年（532年）《律藏初分第十四卷》、日本守屋エレクショソ藏永安三年（530年）《仁王般若经卷上》与普泰二年（532年）《大智度论卷七十》、英国国家图书馆藏建明二年（531年）《大般若波罗蜜多经》（S4528）、巴黎国立图书馆藏普泰二年（532年）《大智第二十六品释论竟》（P2143）、中国国家图书馆藏普泰二年（532年）《摩诃衍经卷第一》（7308）、上海图书馆藏普泰二年（532年）《维摩经疏卷一》、英国国家图书馆藏永熙二年（533年）《大般涅槃经卷三十一》（S4415）、李木斋旧藏《无量寿经卷下》等，详见宿白：《东阳王与建平公》，《中国石窟寺研究》，第244～259页。
20 《中国石窟寺研究》，第249页。
21 该经题记："大代永安三年岁次庚戌七月甲戌朔二十三日丙申，佛弟子使持节散骑常侍都督岭西诸军事车骑大将军瓜州刺史东阳王元荣，生在末劫，无常难保，百年之期，一报极果，窃闻诸菩萨天人圣智，立誓余化，自有成告，有能禀圣化者，所愿皆得，天人将护，覆卫其人，令无衰□，所求称愿，弟子自惟福薄，屡婴重患，恐贻灰粉之殃，天算难说，既居秽类，将何以自救，惟庶心天人，仰凭诸佛，敬造仁王般若经三百部，一百部仰为梵天王、一百部仰为帝释天王、一百部仰为毗沙门天王等，以此经力之故，速早成佛，救护弟子，延年寿命，上等菩萨，下齐彭祖，若天王誓不虚发，并前所立，愿弟子晏望延年之寿，事同前愿，如无所念，愿生离苦也。"（《中华佛教文化史散策初集》，第88～89页）
22 该经题记："大代普泰二年岁次壬子三月乙丑朔二十五日己丑，弟子使持节散骑常侍都督岭西诸军事车骑大将军开府仪同三司瓜州刺史东阳王元荣，惟天地妖荒，王路否塞，君臣失礼，于兹多，天子中兴，是得遣息叔和，诣阙修受，弟子年老疹患，冀望叔和，早得回还，敬造无量寿经一百部，四十部为毗沙门天王、三十部为帝释天王、三十部为梵天王，造摩诃衍一部一百卷，四十卷为毗沙门天王、三十卷为帝释天王、三十卷为梵天王，内律一部五十卷，一分为毗沙门天王、一分为帝释天王、一分为梵天王，大云一部，为梵天王，愿天王等早成佛道，又愿己祚无穷，帝嗣不绝，四方符化，恶贼退散，国丰民安，善愿从心，含生有识之类，咸同斯愿。"（《敦煌遗书总目索引新编》，第225页）
23 该经题记："大代大魏永熙二年七月十五日，清信士使持节散骑常侍开府仪同三司都督岭西诸军事车骑大将军瓜州刺史东阳王元太荣，敬造涅槃、法华、大云、贤愚、观佛三昧、□持金光明、维摩、药师各一部，合一百卷，仰为毗沙门天王，愿弟子所患永除，四体休宁，所愿如是。"（《敦煌遗书总目索引新编》，第137页）

24 该时间系宿白据《金城郡君（王夫人华光）墓志》得出，详见《中国石窟寺研究》，第245～246页。

25 《魏书》（第67卷），第1499页。

26 《魏书》（第114卷），第3042页。

27 藏经洞遗书《十地论序》（S5002）首题："侍中崔光作"（《敦煌遗书总目索引新编，第155页》），该件写本暂无年代可考，不排除其在较晚年代传至敦煌，但在元荣时传入敦煌的可能性也是存在的。

28 [日]塚本善隆：《支那佛教史研究》（北魏篇），第396页。

29 河南巩县石窟第1窟东壁北起第1龛内遗存有石刻维摩与文殊像，维摩面相清秀丰润，身着通肩衣，右手执扇形麈尾，坐于莲花座上，参见河南省文物研究所：《中国石窟·巩县石窟寺》，北京：文物出版社，1989年，图43、图48。该像既不同于坐帐维摩中的老者形象，也不同于云冈、龙门石窟所见坐榻维摩，属北朝另一种形式的维摩像，可称之为莲花座维摩。

30 石松日奈子将第7窟归于云冈中期前半段（470左右—483年），第6窟归于云冈中期后半段（483—494年），详见石松日奈子：《云冈中期石窟新论——沙门统昙曜的地位丧失和胡服供养人像的出现》，《考古与文物》2004年第5期，第81～92页。

31 云冈石窟文物研究所：《云冈石窟百年论文选集》（1），北京：文物出版社，2005年，第149页。

32 《云冈石窟百年论文选集》（1），第150页。宿白：《〈大金西京武州山重修大石窟寺碑〉的发现与研究——与日本长广敏雄教授讨论有关云冈石窟的某些问题》，《北京大学学报》1982年第2期，第29～49页。

33 阎文儒、常青：《龙门石窟研究》，北京：书目文献出版社，1995年，第18～21页。

34 《龙门石窟研究》，第11页。

35 温玉成：《龙门北朝小龛的类型、分期与洞窟排年》，《龙门石窟研究论文选》，第339页。

36 安金槐、王与刚：《密县打虎亭汉代画像石墓和壁画墓》，《文物》1972年第10期，第51页。

37 北京历史博物馆、河北省文管会：《望都汉墓壁画》，北京：中国古典艺术出版社，1955年，图16、图17。

38 《六朝史论》，第44页。

39 《六朝史论》，第37页。

40 "徐稺字孺子，豫章南昌人也。家贫，常自耕稼，非其力不食。恭俭义让，所居服其德。屡辟公府，不起。时陈蕃为太守，以礼请署功曹，稺不免之，既谒而退。蕃在郡不接宾客，唯稺来特设一榻，去则悬之。"见南朝宋·范晔：《后汉书》第53卷，唐·李贤等注，北京：中华书局，1965年，第1746页。

41 "时沙门释慧琳以才学为文帝所赏，朝廷政事多与之谋，遂士庶归仰。上每引见，常升独榻，延之甚疾焉。因醉白上曰：'昔同子参乘，袁丝正色。此三台之坐，岂可使刑余居之。'上变色。"《南史》第34卷，第880页。

42 "刘遵祖少为殷中军所知，称之于庾公。庾公甚忻然，便取为佐。既见，坐之独榻上，与语。"《世说新语校笺》，第435页。

43 "太后尝在北宫，坐一小榻。"《北史》第7卷，第260页。

44 南阳博物馆：《南阳发现东汉许阿瞿墓志画像石》，《文物》1974年第8期，第73～75页。巫鸿："私爱"与"公义"——汉代画像中的儿童图像，[美]巫鸿：《礼仪中的美术——巫鸿中国古代美术史文编》，北京：三联书店，2005年，第225～242页。

45 云南省文物工作队：《云南省昭通后海子东晋壁画墓清理简报》，《文物》1963年第12期，第1～5页。

46 宿白：《盛乐、平城一带的拓跋鲜卑——北魏遗迹》，《文物》1977年第11期，第38页。

47 内蒙古文物工作队：《内蒙古呼和浩特美岱村北魏墓》，《考古》1962年第2期，第86～87页、第91页。

48 《魏书》第2卷，第33页。

49 《魏书》第2卷，第34页。

50 《魏书》第7卷，第174页。

51 山西省大同市博物馆、山西省文物工作委员会：《山西大同石家寨北魏司马金龙墓》，《文物》1972年第3期，第25页。

52 《魏书》第7卷，第176页。

53 《魏书》第7卷，第177页。

54 《魏书》第7卷，第178页。

55 郭玉堂：《洛阳出土石刻时地记》，大华书报社，1941年，第28～29页；黄明兰：《洛阳北魏世俗石刻线画集》，北京：人民美术出版社，1987年；[日] 奥村伊九良：《镀金孝子传石棺の刻画に就て》，《瓜茄》(5)，京都，1939年，第359～382页。Eugene Y.Wang. *Coffins and Confucianism—the Northern Wei Sarcophagus in the Minneapolis Institue of Arts* Orientation, 1997. Vol.30, No.6.56–64.

56 [日] 奥村伊九良：《孝子传石棺の刻画》，《瓜茄》(4)，京都，1937年，第259～299页；黄明兰：《北魏孝子棺线刻画》，北京：人民美术出版社，1985年；宫大中：《邙洛北魏孝子画像石棺考释》，《中原文物》1984年第2期，第48～53页；陈传席：《北魏孝子图石棺》，《文物天地》1990年第6期，第47～48页。

57 郭建邦：《北魏宁懋石室线刻画》，北京：人民美术出版社，1987年；林圣智：《北魏宁懋石室的图像与功能》，《美术史研究集刊》2005年第18期，第1～74页；赵万里：《汉魏南北朝墓志集释》第6卷，台北：新文丰出版股份有限公司，1986年，第56页。有关宁懋石室的图片资料亦可参见《文物》1960年第4期，第38页；《考古》1960年第4期，第3页。Anna Mitchell Richards and Martha Silsbee Funds *A Chinese Sacrifical Stone House of the Sixth Century A. D.* Bulletin of the Museum of Fine Arts Boston, 1942, Vol.XL, No.24, 97–110.

58 邹清泉：《北魏孝子画像研究：〈孝经〉与北魏孝子画像图像身份的转换》，北京：文化艺术出版社，2007年。

59 西安市文物保护考古所：《西安北周康业墓发掘简报》，《文物》2008年第6期，第14～35页。

60 郑岩：《北周康业墓石榻画像札记》，《文物》2008年第11期，第67～76页。

61 王银田，刘俊喜：《大同智家堡北魏墓石椁壁画》，《文物》2001年第7期，第40～51页。

62 "床三尺五曰榻，板独坐曰枰，八尺曰床。"唐·徐坚：《初学记》第25卷，北京：中华书局，1962年，第601页。

63 "帐，张也，张弛于床上也。"汉·刘熙：《释名》第6卷，湖南：艺文书局，1894年。

64 [日] 冈村繁：《冈村繁全集·历代名画记译注》第6卷，俞慰刚译，上海：上海古籍出版社，2002年，第110页。

65 西安市文物保护考古所：《西安北周康业墓发掘简报》，《文物》2008年第6期，第27页、32页。

66 山东省博物馆：《山东嘉祥英山一号隋墓清理简报——隋代墓室壁画的首次发现》，《文物》1981年第4期，第28～32页。

67 唐·令狐德棻：《周书》第5卷，北京：中华书局，1971年，第85页。

68 汤用彤：《汤用彤全集》第2卷，石家庄：河北人民出版社，2000年，第7页。

69 《隋书》第35卷，第1094页。

70 《隋书》第35卷，第1099页。

71 《隋书》第2卷，第45～46页。

72 《隋书》第35卷，第1099页。

73 《隋书》第52卷，第1343页。

74 清代高士奇《江村消夏录》（上海：有正书局，1923年）记"李龙眠维摩诘演教图卷，纸本，高尺有五分，长六尺一寸。中画文殊流衣鬟髻，端坐于床，足蹑莲台，虚其狮座。对设一榻，维摩诘趺坐，幅巾长髯，指顾生动。"

75 关于这两幅画卷的研究详见许忠陵：《〈维摩演教图〉及其相关问题讨论》，《故宫博物院院刊》2004年第4期，第120～129页。

76 该画卷自右向左展开，依次为《蛮王（利贞皇帝）礼佛图》《天龙八部图》《大理山川图》《神宗六祖图》《八大高僧图》《维摩诘经变图》《释迦佛会图》《药师佛会图》《药师佛十二愿图》《莲华曼荼罗图》《观世音菩萨图》《三界转轮王众（金刚）图》《十六大国王众图》，全长1636.5厘米，是中古佛教画卷的杰作之一。整幅画作可参见彭晓：《宋时大理国描工张胜温画梵像》，昆明：云南美术出版社，2000年；南宋·张胜温：《张胜温画梵像卷》，天津：天津人民美术出版社，2001年。李霖灿对该画作过研究，详见李霖灿：《大理梵像卷和法界源流——文殊问疾图的比较研究》，《故宫文物月刊》1984年第2卷第3期，第63～68页。

第五章 莫高窟唐代坐帐维摩画像

中古《维摩诘经》的图像演绎在入唐以后呈现出迥异前代的趋向。莫高窟隋代《维摩变》虽较中原北朝石刻《维摩变》有所发展，出现《须菩提乞食》（425 窟）、《手接大千》（262 窟）等新的图像题材，但仍未摆脱旧有传统，图像多刻画于洞窟窟顶或西壁佛龛龛壁。入唐以后，莫高窟《维摩变》图像表现骤然改变，《维摩变》核心人物——维摩居士以崭新面貌出现在壁画之中，其刻画位置在这时转移到入口内壁或洞窟两壁，有的甚至通壁描绘，品次也远多于隋代，唐初即骤增至十品以上，图像格局之铺陈也焕然一新。以莫高窟第 220 窟为代表的这一维摩图像的新变从此确立新的传统，中古维摩居士的形象演绎也由南北朝时期多重样式进入统一的图像格套。

第一节　莫高窟第 220 窟坐帐维摩画像

第 220 窟开凿于莫高窟崖面中部，分前后两室，主室为覆斗顶窟，西壁开一龛，平面略呈方形，面积约 36.82 平方米。该窟始凿于初唐，后经中唐、晚唐、五代、宋、清重修。1944 年夏，敦煌艺术研究所探查该窟时，发现书有贞观十六年（642 年）纪年题记的底层唐代壁画，并对除甬道和窟顶以外壁画作了剥离。1975 年 10 月，敦煌艺术研究所又对甬道壁画作了整体剥离，使底层壁画完全呈现。新剥出的甬道南壁有五代翟奉达墨书题记，其文为：

大成元年己亥岁□□迁于三危□□镌龛□□□圣容立〔像〕唐任朝议郎敦煌郡司仓参军□□子翟通〔乡〕贡明经授朝议郎行敦煌郡博士复于两大像中□造龛窟一所庄严素质图写尊容至龙朔二年壬戌岁卒即此窟是也〔九代〕曾孙节〔度押衙守〕随军参谋兼侍御史翟奉达检家谱□□[1]

翟奉达（883—约 961），本名再温，唐末五代沙州人，其远祖翟方进为汉朝丞相，翟氏是久居敦煌的世家大姓。翟奉达于后唐同光三年（925 年）前后仕任归义军节度押衙行军参谋银青光禄大夫国子祭酒兼御史中丞上柱国，后周显德年间（954—960 年）又为朝议郎、检校尚书工部员外、行沙州经学博士兼殿中侍御史赐绯鱼袋。至宋建隆二年（961 年）三月尚在人世[2]。据此窟帐门西侧题记以及甬道北壁同光三年（925 年）发愿文，获悉 220 窟是翟氏家族业已经营二百八十三年的家寺，贞观十六年（642 年）壁画即为翟奉

图 34　莫高窟第 220 窟主室东壁南侧维摩居士　唐贞观十六年（642 年）

表 5-1　莫高窟唐窟遗存

时　代	窟　号
初唐（47）	51、57、58、60、67、68、70、71、77、78、96、202、203、204、205、207、209、210、211、212、213、220、242、283、287、321、322、323、328、329、331、332、333、334、335、338、339、340、341、342、371、372、373、375、381、386、448
盛唐（99）	23、26、27、28、31、32、33、34、38、39、41、42、43、44、45、46、47、48、49、50、52、65、66、74、75、79、80、83、84、87、88、89、90、91、101、103、109、113、115、116、117、118、119、120、121、122、123、124、125、126、129、130、148、162、164、165、166、170、171、172、175、176、179、180、182、185、188、194、199、208、214、215、216、217、218、219、223、225、264、300、319、320、345、347、353、374、384、387、444、445、446、450、458、460、482、483、484、490、492
中唐（54）	7、21、53、69、92、93、112、133、134、135、144、151、153、154、155、157、158、159、186、191、197、200、201、222、226、231、235、236、237、238、240、258、357、358、359、360、361、363、365、366、368、369、370、447、449、467、468、469、471、472、474、475、478、479
晚唐（71）	8、9、10、12、13、14、15、16、17、18、19、20、24、29、30、54、82、85、94、102、104、105、106、107、111、114、127、128、132、136、138、139、140、141、142、143、145、147、150、156、160、161、163、167、168、173、177、178、181、183、184、190、192、193、195、196、198、221、224、227、229、232、241、336、337、343、348、349、459、470、473
唐（8）	76、81、97、110、131、169、344、466

达初唐先人始凿此窟之遗存，该窟《维摩变》绘于主室东壁。（图 34）

　　在莫高窟洞窟遗存中，唐窟现探明有 279 个。（表 5-1）在这些洞窟中，初唐第 68、203、206、220、242、322、332、334、335、341、342 窟，盛唐第 103、194 窟，中唐第 133、159、186、231、236、237、240、359、360 窟，晚唐第 9、12、18、85、132、138、139、143、150、156、369 窟遗存有《维摩变》[3]。（附录《敦煌石窟〈维摩变〉遗存》）

　　相较莫高窟隋代《维摩变》，唐代《维摩变》在入唐伊始即以丰富品次与成熟样式奠立此后《维摩变》基本格局，"在题材内容方面，由隋代的五品（'方便品'、'弟子品'、'文殊师利问疾品'、'观众生品'、'见阿閦佛品'）增加到十品，新出现了'佛国品'、'不思议品'、'香积佛品'、'菩萨行品'、'法供养品'等五品，具备了《维摩诘经变》的基本规模"[4]。莫高窟第 220 窟东壁"门南、北初唐画维摩诘经变：门南维摩诘，宋画男供养人一身（模糊）；门北文殊，上宋画千佛、花卉一部，下比丘尼一身"[5]。该幅《维摩变》所涉品次达至九品，而且，描绘位置也由隋代洞窟西壁佛龛两侧和龛顶转移到壁面相对宽阔的东壁入口两侧。第220窟《维摩变》描绘品数骤增及图像位置的巨大转变在莫高窟现存《维摩变》遗例中，缺乏渐进的演变过程，出现极为突兀，与隋代《维摩变》明显缺乏衔接。纵观莫高窟历代《维摩变》遗存，第220窟《维摩变》无论在图像格局、描绘位置，还是在维摩形象描绘上，均呈现出迥异隋代的新样式。

莫高窟隋代洞窟计存95个[6]，其中，第206窟、262窟、276窟、277窟、314窟、380窟、417窟、419窟、420窟、423窟、425窟以及433窟描绘有《维摩变》，贺世哲认为隋代《维摩变》主要分为五种形式：

> 第一种形式是在西壁龛北画以殿堂，内坐维摩诘，手挥麈尾。龛南也画一殿堂，内坐文殊师利菩萨。维摩与文殊周围还画一些菩萨、弟子听法，或坐、或立、或跪。属于这种形式的有314、380、419、420等窟。
>
> 第二种形式只在423窟窟顶保存了一铺：画一大殿，殿内北侧画维摩诘坐方凳上，手执麈尾。殿内南侧画文殊师利菩萨坐须弥座上，左手上举，作讲话状。维摩、文殊身后还画了一些菩萨、弟子、天王听法。
>
> 第三种形式是与《弥勒经变》相配合，中间画一大殿，内画弥勒菩萨，倚坐，弥勒左右画数菩萨，这是莫高窟最早的《弥勒经变》。《弥勒经变》左右各画一配殿，文殊师利坐南配殿，维摩诘坐北配殿，面对面，辩论佛教哲理。文殊、维摩左右还画一些菩萨、弟子听法，这是莫高窟新出现的一种"问疾品"。属于这种形式的有425、433两窟，前者画在前室西顶，局部已残，后者画在窟内龛顶，保存完好。
>
> 第四种形式见于262窟龛顶：火焰龛楣上画大海，阿修罗两腿立海里，双手托日月，头顶须弥山，这是莫高窟《维摩诘经变》中最早的"手接大千"。阿修罗南侧画一殿堂，内坐文殊师利。文殊身后还画数菩萨听法。阿修罗北侧也画一殿堂，内坐维摩诘。
>
> 第五种形式也只在276窟保存了一铺，画在西壁佛龛两侧。龛南画文殊师利，利于菩提树下，左手上举，作讲话状，神态谦和。龛北画维摩诘，也立于菩提树下。[7]

我们注意到，莫高窟隋代《维摩变》无论是以《问疾品》为中心的表现主题，还是图像描绘空间位置均无显著变化，其于佛龛两侧描绘文殊与维摩对坐说法形式于龙门尤有因袭，且为现存隋代《维摩变》表现最多的形式，同时也是由隋一直延续至初唐的表现形式。314、380、419、420窟《维摩变》均描绘于西壁佛龛南北两侧，四窟之中，

图 35　莫高窟第 314 窟西壁南北侧维摩诘变相　隋

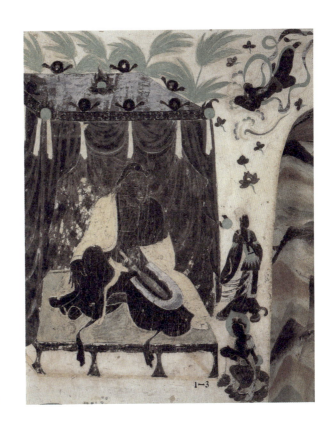

图 36　莫高窟第 203 窟西壁维摩像　初唐

314、419、420 窟相距极近,唯 380 窟偏于北侧,距前三窟较远。从图像来看,四窟所据《维摩变》粉本互有纠葛,但有新变,各自之间略有不同。四者之中,380 窟《维摩变》最为简略,绘一须髯长者坐于庑殿内的小榻之上,左右廊下各立一弟子,殿下前方,席地而坐弟子 5 人。314 窟、419 窟《维摩变》所绘人数略有增多。(图 35)420 窟《维摩变》所绘人数最多,众弟子济济一堂,倾听维摩说法。

值得注意的是,第 314 窟西壁北侧维摩与北周康业石榻左起第 7 幅线刻画像[8]、第 420 窟维摩身前几案与嘉祥英山徐敏行墓[9]北壁墓主夫妇身前长几的相似性,表明莫高窟与长安等中原地区的密切关系及其图绘的粉本源流。

第 276 窟所绘维摩极为殊异,为目前《维摩变》遗存所极少见。276 窟与 262、423、425、433 窟绘于窟顶或龛顶《维摩变》在入唐以后悄然绝迹。但于西壁佛龛两侧描绘《维摩变》的做法在初唐仍有延续,203(图 36)、206、322 窟可见其遗存。这时的维摩像已由隋代庑殿内坐榻维摩转而为坐帐维摩,这一细节变化,暗示《维摩变》的描绘正在受到中原图样影响,并成为初唐《维摩变》即将发生巨变的先兆。

第二节　唐代之前的坐帐维摩画像

唐代之前的坐帐维摩画像在龙门、麦积山、天龙山等石窟中有丰富遗存，尤以龙门石窟遗存最多，其形式多样、序列严整、线索清晰，是唐代以前坐帐维摩画像重要代表。龙门坐帐维摩画像在北魏迁洛不久即有雕凿，是北魏后期龙门最为流行的维摩画像形式。龙门古阳洞南壁第174龛、第170龛、第71龛与北壁中层第3龛，莲花洞南壁中央佛龛、南壁外侧下部佛龛、南壁中央下部佛龛、北壁外侧上部小龛、弥勒洞北二洞北壁佛龛、魏字洞北壁佛龛、皇甫公窟南壁菩萨像龛、药方洞北壁释迦多宝像龛、药方洞前壁北侧小龛等可见其形象。通例表现是雕凿于佛龛龛楣左侧，也有雕刻于佛龛内的，如古阳洞南壁第71龛与北壁中层第3龛、弥勒洞北二洞北壁佛龛以及皇甫公窟南壁菩萨像龛等。

龙门坐帐维摩画像均表现维摩坐于帐中，其图像有的极简，有的较繁，有的素朴，有的华丽，有的人物较少，有的人物众多。古阳洞南壁第174龛龛楣、第170龛龛楣、莲花洞北壁外侧上部小龛龛楣、皇甫公窟南壁菩萨像龛龛楣、药方洞北壁释迦多宝像龛外壁、前壁北侧小龛龛楣所刻坐帐维摩属极简形式，但其中蕴含的图像因素却相对复杂。从帐构来看，古阳洞南壁第174龛、第170龛、魏字洞北壁佛龛、皇甫公窟南壁菩萨像龛龛楣、药方洞北壁释迦多宝像龛外壁[10]、药方洞前壁北侧小龛所刻帐构基本属同一形式，较为简略，颇似邓县学庄南北朝墓老莱子画像砖帐构形象。莲花洞北壁外侧上部小龛龛楣左侧维摩画像帐构与上述几龛略异，其帐构形状不甚明显，仅见一方框，上垂帷幔流苏。从维摩坐姿来看，亦有分别。古阳洞南壁第174龛龛楣、第170龛龛楣、魏字洞北壁佛龛龛楣、皇甫公窟南壁菩萨像龛龛楣所刻维摩虽为帐中人物，却坐于榻上，而非坐于四围施帐的床上，即榻与帐构互相分离。维摩体势与执麈姿态基本同于龙门早期汉装坐榻维摩。莲花洞北壁外侧上部小龛龛楣左侧、药方洞北壁释迦多宝像龛外壁、药方洞前壁北侧小龛龛楣左侧帐中维摩则坐于床上，床上施帐，两者作为一个整体来刻画，但其中的维摩坐姿并非跪坐，亦不见隐几形象。

古阳洞南壁第71龛、北壁中层第3龛、弥勒洞北二洞北壁佛龛、皇甫公窟南壁菩萨像龛所刻帐中维摩较前一种极简形式略显复杂，古阳洞南壁第71龛内左侧与北壁中层第3龛内维摩图像基本一致，均刻维摩执麈坐于上垂帐幔的床上，周围弟子数人，引人瞩目的是，古阳洞北壁中层第3龛内维摩身前浮雕一件隐几，隐几形制纤巧，颇类冬寿墓壁画中的隐几，麈尾亦具东晋遗风。弥勒洞北二洞北壁佛龛与皇甫公窟南壁菩萨像龛内维摩帐构稍显富丽，两者在图像形式上较古阳洞第71龛、北壁中层第3龛帐中维摩有较大区别，弥勒洞北二洞北壁佛龛内维摩床座偏简，维摩右手执麈，须髯长袍，前凭隐几，

图37　弥勒洞北二洞北壁佛龛内坐帐维摩　龙门石窟

坐于帐中。（图37）皇甫公窟南壁菩萨像龛内维摩帐构顶饰与弥勒洞北二洞北壁佛龛内维摩帐构顶饰接近，形制与北魏画像石刻所见帐构近似[11]，该窟维摩床座周匝围屏，屏后立侍者4人，维摩身着长袍，右手执麈，前凭隐几坐于莲花座上，略近巩县石窟第1窟莲花座维摩，但这两窟维摩右手执麈均为蒲扇形，已无东晋遗风，而较接近莫高窟隋唐《维摩变》中的麈尾形制。

此外，莲花洞还集中出现一种较为成熟的坐帐维摩形式。雕刻于南壁中央佛龛龛楣左侧、南壁外侧下部佛龛龛楣左侧、南壁中央下部佛龛龛楣左侧坐帐维摩的图像形式基本一致，维摩右手执蒲扇形麈尾，身披长袍，坐于帐中，身前隐约可见凭几形状。北魏永熙二年（533年）造像碑坐帐维摩与之属同一图像序列，唯雕琢更加工谨，帐构更加华美，从整幅《维摩变》观之，莲花洞这三幅《维摩变》中的维摩与文殊分别雕于佛龛龛楣焰券左右两侧，维摩坐于帐中，文殊坐于小殿中，两者之间，焰券上方，浮雕弟子数人，表现的是众弟子天人随文殊来到毗耶离城维摩居室问疾，并听两位大士论法情景。永熙二年（533年）造像碑维摩依然帐坐，但文殊则走出屋形殿宇，头顶华盖坐于束腰莲花座上。除表现众弟子听法外，还出现舍利弗树下宴坐、天女戏舍利弗、天女散花、借座灯王、香饭供养等故事情节，是北魏末期发展已臻成熟的《维摩变》（图38）。龙门莲花洞南壁

图 38　造像碑（局部）　北魏永熙二年（533 年）　美国纽约大都会博物馆藏

中央佛龛、南壁外侧下部佛龛、南壁中央下部佛龛龛楣《维摩变》是北魏晚期趋向成熟的坐帐维摩图像，其雕凿时间当晚于前述两种形式较简的坐帐维摩，但早于北魏永熙二年（533 年），具体时间应在宣武帝统治后期至孝明帝执政前期。

麦积山、天龙山亦见有北朝坐帐维摩雕像。麦积山第 127 窟营建于西魏[12]，为横长方形盝顶窟，正、左、右壁各开一龛，《维摩变》绘于左壁，由于壁画漫漶，并有剥落，维摩形象已难辨识，仅见其坐于帐中，帐构与莲花洞南壁外侧下部佛龛龛楣《维摩变》中的帐构近似，两者间应存在渊源。日本大阪市立美术馆藏天龙山维摩像为东魏遗品[13]，其远承龙门北魏晚期坐帐维摩样式而稍有异变，维摩执麈、凭几而坐的姿态未有改变。

第三节　莫高窟唐代坐帐维摩画像的图像系统

从目前遗存来看，莫高窟出现坐帐维摩的时间在初唐[14]。在李唐建国至贞观十六年（642 年）的短暂时光中，莫高窟维摩画像经历了从坐榻维摩到以 203、322 窟为代表的坐帐维摩，再到 220 窟"新样"维摩的迅速转变。第 203 窟与第 322 窟维摩均绘于石窟西壁佛龛外壁两侧，图像格局基本延续隋代第 380 窟传统，但在维摩刻画上却一反往常，表现坐帐

图 39　莫高窟第 332 窟主室北壁《维摩变》　线描　初唐

维摩的形象,这两窟维摩床座帐幔均三面垂落,第 322 窟维摩壁画出现剥落,较难辨识,第 203 窟维摩保存稍好,绘维摩身披长袍,手执蒲扇形麈尾,前凭隐几坐于床上,但坐姿并非中古汉人的跪坐。

第 220 窟《维摩变》除表现品数明显增加外,"新样"维摩的出现是最引人注目之处,该窟坐帐维摩图像样式极为成熟,高足大床三面围屏,上施锦帐,维摩身披长袍,右手执蒲扇形麈尾,身体前倾,凭几而坐。维摩帐构右上方绘维摩示现妙喜世界场景,中绘立姿维摩虽为佳作,却难与坐帐维摩严谨的形象描绘相提并论,间接表明该铺《维摩变》中之坐帐维摩依据了较为成熟的维摩图样。第 220 窟东壁《维摩变》坐帐维摩确立了莫高窟维摩画像的新传统,并在承传沿袭中渐成格套,虽然此后历代《维摩变》刻画位置、描绘品数、图像布局各有损益,甚至文殊也有变化,但坐帐维摩的形式一直绵延至维摩信仰在敦煌完全衰落。

在翟氏家族开凿 220 窟以后,332、335、103、194 窟等初盛唐石窟相继营建,将 220 窟重构的坐帐维摩的表现逐渐推向历史高峰。332 窟为李克让开凿于武则天圣历元年(698年)[15],该窟为前后室,《维摩变》绘于主室北壁,这铺经变场面壮阔,品数众多,布局得当,技巧娴熟,画工以卓越而丰富的想象将佛国世界表现得极为生动。(图 39)335 窟

图40　莫高窟第335窟主室北壁《维摩变》（局部）　唐圣历年间（698—700年）

第五章 莫高窟唐代坐帐维摩画像

亦开凿于圣历年间（698—699年）[16]，该窟与332窟相距极近，应为同期开凿，其主室北壁《维摩变》在整体布局上与332窟《维摩变》基本相同（图40），应源于同一画样。王逊指出：

> 敦煌三三五窟，初唐时期的《维摩变》，就代表着成熟了的新型的中国佛教画。这一幅维摩诘与文殊雄辩的场面，真是雄大壮阔……值得注意的是全幅左下方的一组参与盛会的人物。这一组人物，正是从阎立本《历代帝王图》中走出来的。一个高视阔步的帝王被一群侍臣环绕着。所谓《历代帝王图》，是自北宋嘉祐年间就被认为是阎立本笔。如果那真是阎立本笔，只不过相当于此图中作为陪衬的一角而已。此图的另一角也是一组来听热闹的远方蕃王。我们也记得阎立本也曾画过外国人物的，他的西域图和职供图都曾入藏宣和内府。就敦煌其他各窟唐代壁画中另见也有以大同小异的帝王图、蕃王图为一角的点缀的。这也许就是与阎立本有共同之所本。[17]

从莫高窟第314窟维摩画像与康业石榻左起第7幅线刻画像的密切关系考量，王逊推断可谓确凿，即可进一步认为，第220窟、332窟、335窟等初唐《维摩变》粉本来自长安。

莫高窟盛唐窟《维摩变》遗存极少，仅有103、194两铺[18]，194窟为覆斗顶窟，西壁开一龛，分前后两室，《维摩变》绘于主室南壁，成画在唐大历年间（766—779年），惜该铺壁画上部大半已毁，从残存壁画来看，其构图与332、335窟略同。103窟洞窟形制与194窟相同，但《维摩变》绘于主室东壁，"门上佛国品；门南维摩诘；下权方便品；门北文殊，下模糊"[19]。103窟《维摩变》规模不如332、335窟《维摩变》宏大，品数也较少，但其坐帐维摩的描绘却极为精彩。（图41）然而，这幅维摩画像虽然风采卓绝，却非新创，其在图像布局、帐构形制、维摩姿态等方面均未脱220窟窠臼，从人物形象、敷色用笔等方面观察，这幅画像当系在220窟坐帐维摩图样基础上重绘而成。

建中二年（781年），吐蕃王朝攻陷沙州[20]，从此统治敦煌达六十七年之久，直至大中二年（848年），张议潮等敦煌军民趁吐蕃王朝出现内乱之机将其逐出敦煌。在统治敦煌六十余年间，莫高窟共开凿洞窟约54个[21]，《维摩变》遗存9铺，分别描绘在133、159、236、237、359、360窟东壁南北两侧，231窟东壁北侧，186窟北壁，240窟西壁佛龛两侧。吐蕃时期《维摩变》在沿袭初盛唐旧制基础上，出现几点显著变化。其一，吐蕃赞普取代《帝王问疾图》中汉人帝王形象[22]；其二，《维摩变》下方出现大量表现"入

图 41　莫高窟第 103 窟东壁《维摩变》（局部）　盛唐

诸酒肆"、"阿难乞乳"等屏风画[23];其三,壁画人物由初唐雄浑壮丽风格,发展为精细雅致作风[24];其四,坐帐维摩图像细节发生了变化。

莫高窟第159与237窟是营建于吐蕃统治后期的洞窟[25],样式基本成熟,集中体现了吐蕃坐帐维摩画像的一般作风。(图42)观察两窟赞普形象,159窟赞普体态较丰,面庞宽盈[26](图43),而237窟赞普身形修长,面部消瘦,显为两代赞普先后营建。两窟坐帐维摩形式基本一致,159窟高足床偏窄,237窟则偏宽,但坐帐维摩形象差别不大,相较初盛唐坐帐维摩,此期维摩居士一改前俯体势而为后倾,双腿亦非盘坐,而是右腿支起,维摩着衣也不再是前代样式。饶有意味的是,维摩身前亦绘一曲木抱腰的隐几,案此时维摩身体后倾,坐姿亦非跪坐,身前实不需隐几,这一细节表明,沙州陷蕃后,中原与敦煌交通阻隔,包括佛教在内的文化还基本处于断绝状态,敦煌工匠已难从中原获取维摩图样,这一时期《维摩变》当系其以初盛唐《维摩变》遗存为粉本依据,另加修改调整而成。隐几是中古汉人家居生活用具,吐蕃并无此物,而且,早在北朝以后,由

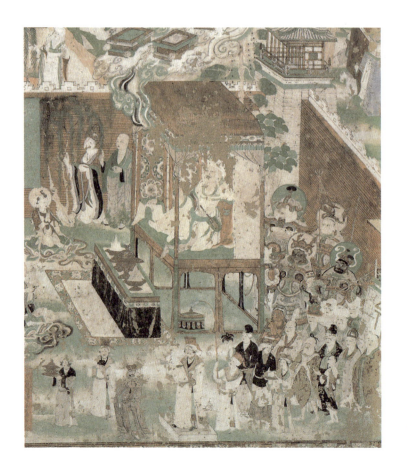

图42 莫高窟第159窟《维摩变》(局部) 中唐

图 43　莫高窟第 159 窟《维摩变》（局部）　中唐

图 44　莫高窟第 12 窟主室东壁《维摩变》（局部）　晚唐

图 45 莫高窟第 9 窟主室北壁《维摩变》（局部） 晚唐

第五章 莫高窟唐代坐帐维摩画像

于胡床传入以及跪坐礼俗式微，隐几已不常见，且用法也由早期的前凭转为后凭，吐蕃统治敦煌时期的工匠已不知隐几为何物，更不解其用法，因此在将维摩描绘为后倾体势时，照搬了初盛唐维摩身前的隐几。吐蕃时期这一坐帐维摩样式在张议潮收复敦煌以后的归义军时代续有描绘，并一直延续至五代。

张议潮在大中二年（848年）收复瓜、沙后，于大中五年（851年）十一月受封归义军节度使，兼瓜、沙等十一州观察使[27]，议潮之后，张淮深、张承奉等相继统治敦煌，直至唐亡。张氏信奉佛教，在统治敦煌五十九年间，共营建洞窟约71个[28]，《维摩变》遗存约11铺，分别描绘在18、132、369窟东壁，12（图44）、85、138、139、143、156窟东壁北侧，9窟北壁（图45），150窟南壁。138窟是其中极具代表性的洞窟，该窟《维摩变》绘于东壁北侧，图像格局没有较大变化，但其中坐帐维摩的人物形象与初盛唐维摩相比则大相径庭，是在吐蕃坐帐维摩基础上的又一次新变。维摩身前隐几曲足极细，明显装饰化。后梁乾化四年（914年），曹议金取代张承奉主政瓜沙[29]，敦煌遂为曹氏统治，莫高窟现存这一时期洞窟计约24个，其中，5、6、22、53、61、98、100、108、121、146、261、334、335、342等窟遗存有《维摩变》。这时的坐帐维摩基本延续晚唐模式，除高足床大小有异，帐构装饰互有区别外，隐几描绘出现新变，第61窟是归义军曹氏第四任节度使曹元忠与夫人浔阳翟氏的功德窟，该窟维摩隐几仍为前凭，146窟亦可见前凭隐几，但在第98窟、108窟《维摩变》中，隐几则为后凭，其维摩形象与61窟等沿袭晚唐样式的维摩形象有所不同，前后相沿几百年的前凭隐几的坐帐维摩形象至此终了。

第四节　顾恺之与莫高窟唐代维摩画像的重构

顾恺之（图46）在中国绘画史中具有极为显赫的历史地位，东晋以后，虽然历朝画坛代有名家，但至今仍无几人可出其右。顾恺之所具有的这种神话般的独特身份，固然与其艺术成就有关，但这一"半人半仙"[30]的身份建构与确立"实际上比'顾恺之'创造艺术品的过程更加复杂"[31]。当代知识系统中的顾恺之"是由三个文本的'顾恺之'和三个卷轴画的'顾恺之'在历史过程中合成的结果"[32]。"关于顾恺之的文学性的写作是由南朝的刘义庆完成的，历史性的写作是由唐朝的房玄龄等历史写作者完成的，关于他的艺术史的写作则是由唐朝的艺术史家张彦远完成的。"[33]这个渐次合成的历程漫长而复杂，从《世说新语》到《晋书》，再到《历代名画记》，顾恺之在晋唐间经历数次身份转换。

刘义庆在《世说新语》中之《言语》、《文学》、《巧艺》、《排调》、《轻诋》中分门别

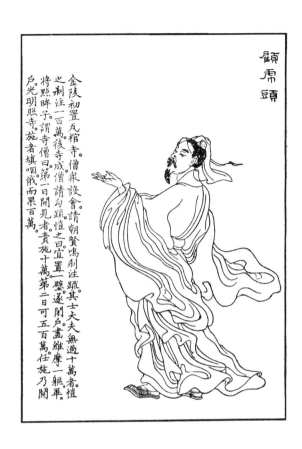

图 46　顾恺之像　清·上官周 绘

类记述顾恺之逸闻轶事[34]，材料分散使"顾恺之"显得极不整体。在唐代国修史书《晋书》中，《世说新语》有关顾恺之的材料得到整合，一个栩栩如生的顾恺之形象跃然纸上，《晋书·顾恺之》：

> 顾恺之字长康，晋陵无锡人也。父悦之，尚书左丞。恺之博学有才气，尝为《筝赋》成，谓人曰："吾赋之比嵇康琴，不赏者必以后出相遗，深识者亦当以高奇见贵。"
>
> 桓温引为大司马参军，甚见亲昵。温薨后，恺之拜温墓，赋诗云："山崩溟海竭，鱼鸟将何依！"或问之曰："卿凭重桓公乃尔，哭状其可见乎？"答曰："声如震雷破山，泪如倾河注海。"
>
> 恺之好谐谑，人多爱狎之。后为殷仲堪参军，亦深被眷接。仲堪在荆州，恺之尝因假还，仲堪特以布帆借之，至破冢，遭风大败。恺之与仲堪笺曰："地名破冢，真破冢而出，行人安稳，布帆无恙。"还至荆州，人问以会稽山川之状。恺之云："千岩竞秀，万壑争流。草木蒙笼，若云兴霞蔚。"桓玄时与恺之同在仲堪坐，共作了语。恺之先曰："火烧平原无遗燎。"玄曰："白布缠根树旒旐。"仲堪曰："投

鱼深泉放飞鸟。"复作危语。玄曰："矛头淅米剑头炊。"仲堪曰："百岁老翁攀枯枝。"有一参军云："盲人骑瞎马临深池。"仲堪眇目，惊曰："此太逼人！"因罢。恺之每食甘蔗，恒自尾至本。人或怪之，云："渐入佳境。"

尤善丹青，图写特妙，谢安深重之，以为有苍生以来未之有也。恺之每画人成，或数年不点目精，人问其故，答曰："四体妍媸，本无阙少于妙处，传神写照，正在阿睹中。"尝悦一邻女，挑之弗从，乃图写其形于壁，以棘针钉其心，女遂患心痛。恺之因致其情，女从之，遂密去针而愈。恺之每重嵇康四言诗，因为之图，恒云："手挥五弦易，目送归鸿难。"每写起人形，妙绝于时，尝图裴楷像，颊上加三毛，观者觉神明殊胜。又为谢鲲像，在石岩里，云："此子宜置丘壑中。"欲图殷仲堪，仲堪有目病，固辞。恺之曰："明府正为眼尔，但明点瞳子，飞白拂上，使如轻云之蔽月，岂不美乎！"仲堪乃从之。恺之尝以一厨画糊题其前，寄桓玄，皆其深所珍惜者。玄乃发其厨后，窃取画，而缄闭如旧以还之，绐云未开。恺之见封题如初，但失其画，直云妙画通灵，变化而去，亦犹人之登仙，了无怪色。

恺之矜伐过实，少年因相称誉以为戏弄。又为吟咏，自谓得先贤风制。或请其作洛生咏，答曰："何至作老婢声！"义熙初，为散骑常侍，与谢瞻连省，夜于月下长咏，瞻每遥赞之，恺之弥自力忘倦。瞻将眠，令人代己，恺之不觉有异，遂申旦而止。尤信小术，以为求之必得。桓玄尝以一柳叶绐之曰："此蝉所翳叶也，取以自蔽，人不见己。"恺之喜，引叶自蔽，玄就溺焉，恺之信其不见己也，甚以珍之。

初，恺之在桓温府，常云："恺之体中痴黠各半，合而论之，正得平耳。"故俗传恺之有三绝：才绝，画绝，痴绝。年六十二，卒于官，所著文集及《启蒙记》行于世。[35]

《晋书》完全收录《世说新语》中关于顾恺之的史料，但略有增补，显然又参考了其他相关书籍。我们注意到，文学史中的顾恺之与历史学中的顾恺之实际上基本重合，无论是两种文本的描述，还是两种文本的评价，并无明显差别。《世说新语》与《晋书》均引用谢安"有苍生以来所无"的评价，褒赞有加，未见贬抑之语，这表明顾恺之在文学史与历史学叙述中保持了身份的稳定性。然而，在绘画史中，顾恺之"神话"般的身份建构并非一路平坦，其画史地位的确立实际上经历了一番起伏。

据现存史料，顾恺之在东晋可谓擅美画坛，"魏晋绘画之代表作家，以严格论，得二人焉：前为曹不兴，后为顾恺之。"[36] 但进入南朝以后，社会上出现不同的声音，南齐谢

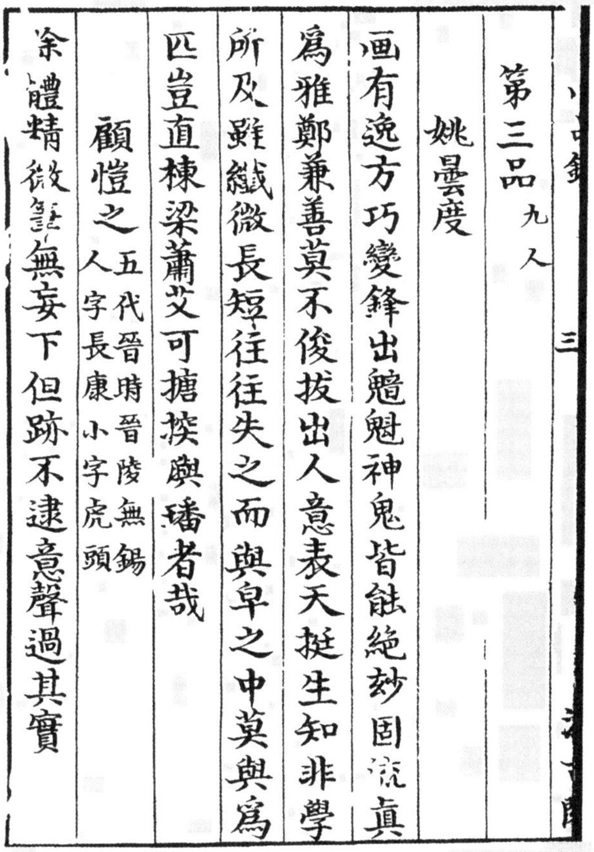
第三品 九人

姚曇度

畫有逸方巧變鋒出魑魅神鬼皆能絕妙同流真爲雅鄭兼善莫不俊拔出人意表天挺生知非學所及雖纖微長短往往失之而與皁之中莫與爲匹豈直棟梁蕭艾可搪揬與璠者哉

顧愷之 五代晉時晉陵無錫人字長康小字虎頭

深體精微筆無妄下但跡不逮意聲過其實

图 47 《画品》 南齐 · 谢赫
明崇祯间虞山毛氏汲古阁刻本

赫《画品》将顾恺之列为第三品第二人（图 47），谓之：“迹不迨意，声过其实。”[37] 姚最（537—603）[38] 对谢赫观点不以为然，其于《续画品》中曰：“至如长康之美，擅高往策，矫然独步，始终无双。有若神明，非庸识之所能效；如负日月，岂末学之所能窥？”[39] 谢赫、姚最观点的差异，折射出顾恺之在早期画史中不平坦的发展道路，同时也透露出南北朝画坛对顾恺之绘画成就尚未达成普遍共识。

这一情况在入唐以后发生改变。“从姚最（6 世纪后期）开始，经李嗣真（606 年死）到张怀瓘（8 世纪早期），论画者俱以顾画为上古极品。”[40] 李嗣真（约 643—696）提出：“顾生天才杰出，独立无偶，何区区荀、卫，而可滥居篇首，不兴又处顾上，谢评甚不当也。”[41] 张怀瓘在《画断》中秉承姚最、李嗣真观点，他认为：

> 顾公运思精微，襟灵莫测，虽寄迹翰墨，其神气飘然在烟霄之上，不可以图画间求。象人之美，张得其肉，陆得其骨，顾得其神。神妙无方，以顾为最。[42]

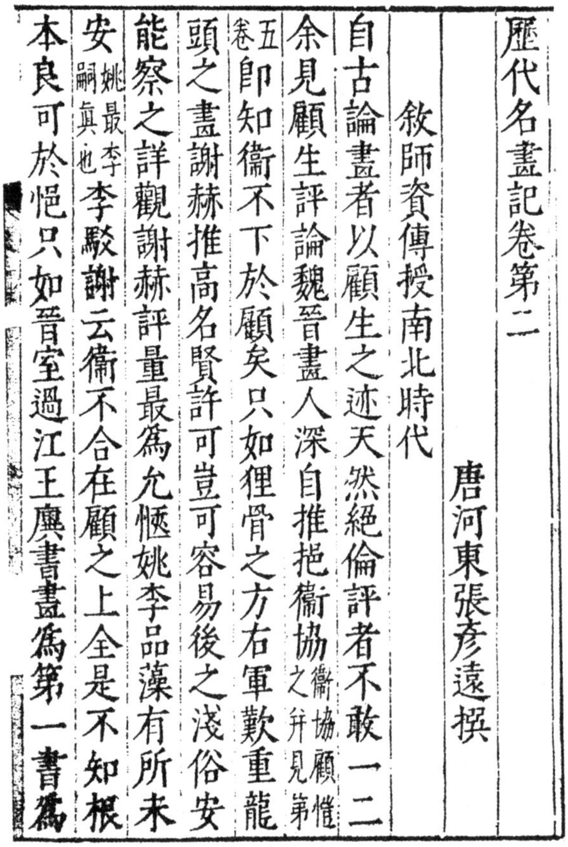
歷代名畫記卷第二

唐河東張彥遠撰

敘師資傳授南北時代

自古論畫者以顧生之迹天然絕倫評者不敢一二余見顧生評論魏晉畫人深自推挹衛協衛協顧愷之并見第五卷即知衛不下於顧矣只如狸骨之方右軍歎重龍頭之畫謝赫推高名賢許可豈可容易後之淺俗安能察之詳觀謝赫評量最爲允愜姚李品藻有所未安姚最李嗣真也李駁謝云衛不合在顧之上全是不知根本良可於悒只如晉室過江王廙書畫爲第一書爲

图 48 《历代名画记》 唐・张彦远
明崇祯间虞山毛氏汲古阁刻本

画史中的顾恺之在经过南北朝时期的短暂争论后，至唐时，地位稳固，再难撼动。此时的“顾生之迹，天然绝伦，评者不敢一二”[43]。（图 48）大中七年（853 年）宣宗诏寿州刺史卢简辞进瓦官寺维摩画壁，赐之金帛，并以画示百寮的做法，透露出唐代权力中心对顾恺之的尊崇，顾恺之“矫然独步”的画史地位在唐代得到最终确立。唐代以后，世人对顾恺之绘画更是盛赞，《宣和画谱・道释叙论》：“晋宋则顾陆，梁隋则张展辈，盖一时出乎其类，拔乎其萃者矣。”[44] 元汤垕《古今画鉴》：“顾恺之画如春蚕吐丝，初见甚平易，且形似时或有失，细视之，六法兼备，有不可以语言文字形容者。”[45]

顾恺之独步唐代的卓越声誉为其绘画作品所具社会影响力的不断延展奠立重要前提。瓦官寺维摩画像本身已臻精妙，加之世人对顾恺之无限仰慕，以及顾恺之在画家心中的神圣地位，使瓦官寺维摩成为寺观画壁竞相模仿的典范。而史载瓦官寺维摩壁画近于传奇的经历，则令世人更增顶礼膜拜之情。

关于顾恺之在瓦官寺首创维摩像史实，谢赫《画品》[46]、许嵩《建康实录》[47]、张彦远《历代名画记》[48]均有记述,三本所记均出自刘宋灵味寺僧昙宗《京师塔寺记》[49],顾恺之于瓦官寺首创维摩之所以不见于《世说新语》,也不见于《晋书》,主要缘于该事发生于寺院之中,当时虽轰动一时,但由于时代变迁,又多为寺院僧众口口相传,而无专门记载,故未被刘义庆采入《世说新语》,而《晋书·顾恺之》在编纂时又主要参考刘氏《世说新语》,故未收录。这实际上也从侧面表明,瓦官寺维摩壁画在经历东晋的无限风光之后,旋即进入一段沉寂的时期,这段时期虽并非乏人问津,但至少没有达到其在唐代所具有的卓越声誉,这与顾恺之在南朝画坛遭遇的质疑基本一致。藏经洞遗书《出家人受菩萨戒法卷第一》(P2196)尾题:"大梁天监十八年(519年)岁次己亥夏五月敕写,用纸二十三枚。戴萌桐书,翟仚之读,瓦官寺释慧明奉持。"[50]此卷题记表明萧梁之时瓦官寺与敦煌已有往还,但从莫高窟隋代《维摩变》遗存来看,并无迹象表明瓦官寺维摩图样在这种南北交往中传至敦煌。

莫高窟第220窟维摩画像的出现极为突兀,其图像样式及个体形象高度成熟绝非隋代《维摩变》可比,马化龙注意到:

> 220窟这幅《维摩诘经变》中的帝王图与传为阎立本的《历代帝王图》(又说为郎余令作)比较,可以看出,对于帝王形象动态的描绘格式,壁画中的帝王与《历代帝王图》中晋武帝司马炎的形象,几乎完全相似,敦煌与长安二地画风,如出一辙。[51]

敦煌为丝绸之路东西往来要冲,是商旅与求法僧众西行必经之路,长安、洛阳等地文化多借此传至敦煌,第220窟《维摩变》祖本当系初唐画家绘制,并由此传来。

据《历代名画记》记载,杨契丹于宝刹寺、吴道子于荐福寺和安国寺、孙尚子于定水寺、刘行臣于敬爱寺、杨廷光于圣慈寺,均画过维摩像[52]。另《图画见闻志》记左全"妙工佛道人物,宝历中,声弛宇内,成都长安画壁甚广,多效吴生之迹,颇得其要"[53]。其曾于大圣慈寺、圣寿寺各画维摩诘变相一堵[54]。《宣和画谱》记隋展子虔、唐阎立本、吴道玄、范琼、孙位、五代朱繇、贯休等亦绘维摩诘像[55]。顾恺之于瓦官寺首创维摩像后,后世如此众多的画家竞相描绘维摩(表5-2),既反映了维摩信仰在中古时代的持续盛传,也反映了顾恺之维摩画像在后世画家心中的崇高地位[56]。在这些画家中,不乏初唐绘画名手,220窟《维摩变》所据图样甚有可能是初唐绘于京师寺院中的壁画,尤其是莫高窟第335窟、第103窟等初盛唐《维摩变》于屏风"临古迹帖"[57]做法与长安甚有渊源。

从文学史、画史以及历史典籍记载来看,顾恺之的神话在南北朝末期至唐代初年业

表 5-2　中古画史所见维摩画迹

画　家	时　代	维摩画迹
顾恺之	东晋	江宁瓦官寺北小殿维摩诘像（《历代名画记》卷五）
张墨	晋	《维摩诘像》（《历代名画记》卷五）
袁倩	刘宋	《维摩诘变》（《历代名画记》卷六）
陆探微	刘宋	《阿难维摩图》（《历代名画记》卷六）
张僧繇	梁	《维摩诘像》（《历代名画记》卷七）
杨契丹	隋	宝刹寺维摩壁画（《历代名画记》卷八）
展子虔	隋	《维摩像》（《宣和画谱》卷一）
杨廷光	唐	圣慈寺维摩壁画（《历代名画记》卷三）
孙尚子	唐	定水寺维摩壁画（《历代名画记》卷三）
阎立本	唐	《维摩像》（《宣和画谱》卷一）
吴道子	唐	安国寺《维摩变》、荐福寺维摩诘本行变（《历代名画记》卷三）
范琼	唐	《维摩像》（《宣和画谱》卷二）
孙位	唐	《维摩图》（《宣和画谱》卷二）
朱繇	唐	《维摩像》（《宣和画谱》卷三）
王维	唐	《维摩诘图》（《宣和画谱》卷十）
贯休	唐	《维摩像》（《宣和画谱》卷三）
刘行臣	唐	敬爱寺维摩诘（《历代名画记》卷三）
杜龃龟	五代	《净名居士图》（《宣和画谱》卷三）
左全	五代	大圣慈寺维摩变相、圣寿寺维摩诘变相（《益州名画录·妙格中品》）
孙知微	北宋	《维摩像》（《宣和画谱》卷四）
侯翌	北宋	《维摩文殊像》、《问病维摩图》、《净名居士像》（《宣和画谱》卷四）
丘文播	北宋	《维摩化身图》、《维摩示疾图》（《宣和画谱》卷六）
李公麟	北宋	《维摩居士像》（《宣和画谱》卷七）

已形成，杜甫"虎头金粟影，神妙独难忘"实际上是整个时代的咏赞。唐代初年，维摩信仰继续盛行，在这一信仰的大背景下，《维摩变》仍为寺观壁画描绘主题，而唐代一统，则为顾生维摩图样广泛流传开辟了道路。莫高窟第 220 窟主室东壁《维摩变》确立了此后敦煌地区《维摩变》表现新格局，其中，绘于贞观十六年（642 年）的坐帐维摩画像完全取代此前流行于隋代洞窟中的坐榻维摩，成为此后三百余年间莫高窟维摩形象主流样式。回望中古时代维摩信仰的流传与维摩画像的描绘，我们发现，在绵延几百年的中古

石窟（寺院）壁画系统中，隐含一个渊源甚久的图像传统——坐帐维摩，该画像在北魏之后虽历经演绎，但基本形式几无变化，尤其在入唐以后，殆成格套。这一图像样式得以保持如此久远的历史稳定性，固然与其较为完善的形式有关，但若深究其内因，或与该像承载的偶像崇拜有关。这令我们很自然地想到在瓦官寺首创维摩之像的东晋画家——顾恺之，顾恺之青年时代即享誉画坛，东晋以后，声誉更见盛著，其间虽有南齐谢赫"迹不迨意，声过其实"的黜顾之言，但姚最、李嗣真、张怀瓘以及张彦远的相继盛赞，成就了顾恺之独步古今画坛的显赫地位，同时也塑造了顾恺之神话般的历史身份。出于对顾恺之的无限仰慕，东晋以后，代有画家仿其维摩画像，这种模仿，在广泛传播顾恺之维摩影迹的同时，也建构了一个源自瓦官寺的正统的维摩画壁的图像传统。

1　敦煌文物研究所：《莫高窟第220窟新发现的复壁壁画》，《文物》1978年第12期，第43～44页。
2　关于翟奉达，生平参见吕钟：《重修敦煌县志》，兰州：甘肃人民出版社，2001年，第367页。
3　贺世哲：《敦煌石窟全集》（7），香港：商务印书馆，1999年，第251页。
4　贺世哲：《敦煌莫高窟壁画中的〈维摩诘经变〉》，《敦煌研究》1982年第2期，第66页。《维摩诘经》译出以后的广泛注疏与莫高窟唐初《维摩变》描绘品数的增多关系甚密。维摩诘变相诞生于《维摩诘经》，而其随后的发展与衰落也与《维摩诘经》的书写、流传、衍变有着基本平行的发展脉络。关于早期《维摩诘经》的注疏情况，释果朴认为："若依经录、僧传、藏经等记，支谦译的《维摩诘经》并没有任何注疏。但在敦煌、吐鲁番文书里，则有支谦本《维摩诘经》的注解。这个讯息透露出所谓最早的《维摩诘经》注解可能不是开始于罗什师生。"见《敦煌写卷P3006"支谦"本〈维摩诘经〉注解考》，第55页。《维摩诘经》初译于东汉中平五年（188年），支谦本《佛说维摩诘经》译于吴黄武年间（222—229年），即在《维摩诘经》初传中土不久，已有维摩注疏行世。鸠摩罗什于后秦弘始八年（406年）重译《维摩诘经》后，维摩注疏更见盛行，其门下弟子多有疏释，"此后注《维摩》者甚多，见于僧史、僧传的，如晋慧远弟子昙诜、宋河东释慧静、宋下定林寺僧镜、齐京师中寺释法安、齐释道辩、齐释僧范、齐释慧顺、齐释灵询、梁宝琼、隋灵裕、隋智脱、隋慧觉、隋释法常、隋释灵润、唐义忠、神楷、澄观等，均有注疏"。《中国文学中的维摩与观音》，第39～40页。在藏经洞维摩写卷中，可见数量可观的中古维摩注疏（附录一）。《维摩诘经》持续广泛的注疏与体裁的衍生是中古文学史上的重要现象，同时也是中古《维摩变》图像演绎中的重要现象，其在《维摩变》的图像发展中具有举足轻重的历史意义。
5　敦煌研究院：《敦煌石窟内容总录》，北京：文物出版社，1996年，第87页。
6　《敦煌石窟内容总录》辑录隋窟95个，详见敦煌研究院：《敦煌石窟内容总录》，北京：文物出版社，1996年。贺世哲认为有99个，见《敦煌研究》1982年第2期，第63页。
7　《敦煌研究》1982年第2期，第64页。
8　《文物》2008年第6期，第14～35页。
9　《文物》1981年第4期，第28～32页。
10　药方洞此幅维摩像属永安至永熙年间（528—534年）的北魏晚期。关于此洞开凿情况，参见常青：《龙门药方洞的初创和续凿年代》，《敦煌研究》1989年第1期，第38～44页。
11　王树村：《中国美术全集》（20），上海：上海人民美术出版社，2006年，第18页，图13。
12　《敦煌学辑刊》1998年第2期，第94～102页。
13　《文物世界》2006年第2期，第27～28页。
14　虽然莫高窟部分石窟已毁，并有后代覆盖重绘现象，但从隋窟现存维摩诘变相图像特征以及隋代统治时间不长等方面综合考量，隋代坐帐维摩出现之可能甚微。
15　该窟前室南侧原立《大周李君□佛之碑》一方，是修建莫高窟第332窟的功德记，碑文中见有"维大周圣历元年岁次戊戌伍月庚申朔拾肆日癸酉敬造"铭文，为判断该窟营建年代的主要依据。该碑后在1921年为白俄部队所毁，今存残石藏于敦煌研究院。徐松《西域水道记》、罗振玉《西陲石刻录》、张维《陇右金石录补》、唐耕耦《敦煌社会经济文献真迹释录》、宿白《李君莫高窟佛龛碑合校》、郑炳林《敦煌碑铭赞辑释》等对该窟碑文均有著录，郑炳林在《敦煌碑铭赞辑释》中，以宿白合校本为底本，参酌李永宁、陈祚龙录文，对个别讹误之处作了订正，详见郑炳林：《敦煌碑铭赞辑释》，兰州：甘肃教育出版社，1992年，第9～15页。
16　此窟北壁有圣历年间张思艺题记，详见敦煌研究院：《敦煌莫高窟供养人题记》，北京：文物出版社，1986年，第137页。但其中未有"圣历"二字，据向达《唐代长安与西域文明》所记："张思艺姓名上尚隐约可见圣历二字"（第361页）判断，"圣历"二字在莫高窟发现之初已漫漶，不存。
17　王逊：《敦煌壁画中表现的中古绘画》，《文物参考资料》1951年第2卷第4期，第80页。
18　贺世哲认为盛唐《维摩变》遗存有68、103、194，计3铺，详见《敦煌研究》1982年第2期，第66页。《敦煌石窟内容总录》定第68为初唐窟，见《敦煌石窟内容总录》，第29页。
19　《敦煌石窟内容总录》，第40页。

20 史苇湘曾以《书仪》（S1438v）残卷为线索，对沙州陷蕃的历史情况作过研究，认为敦煌军民与吐蕃的斗争此起彼伏，其间，"陷落"、"降下"、"蕃和"相继，但唐蕃两朝在沙州管辖权的易手只能是在建中二年（781年），详见史苇湘：《吐蕃王朝管辖沙州前后——敦煌遗书S1438v〈书仪〉残卷的研究》，《敦煌研究》1983年第3期，第131～141页。

21 樊锦诗与赵青兰统计约有57个，详见樊锦诗、赵青兰：《吐蕃占领时期莫高窟洞窟的分期研究》，《敦煌研究》1994年第4期，第76～94页。敦煌研究院统计有54个，见《敦煌石窟内容总录》。

22 《敦煌研究》1982年第2期，第74页。

23 《敦煌研究》1982年第2期，第74页。

24 阎文儒：《中晚唐的石窟艺术》，《敦煌研究》1983年第3期，第24页。

25 藤枝晃认为第159窟为吐蕃时期张家窟，详见［日］藤枝晃：《敦煌千佛洞の中兴——张氏诸窟を中心とした九世纪の佛窟造营》，《东方学报》1964年第35卷，第39～41页。

26 第159窟维摩诘变相中，吐蕃赞普表现的可能是可黎可足（815—841年），见金维诺，罗世平：《中国宗教美术史》，南昌：江西美术出版社，1995年，第166页。

27 荣新江：《沙州张淮深与唐中央朝廷之关系》，《敦煌学辑刊》1990年第2期，第8页。

28 《东方学报》1964年第35卷，第9～139页。

29 李正宇：《曹仁贵名实论——曹氏归义军创始及归奉后梁史探》，汉学研究中心：《第二届敦煌学国际研讨会论文集》，台北：汉学研究中心，1991年，第551～569页。

30 ［美］巫鸿等：《中国绘画三千年》，北京：外文出版社，1997年，第47页。

31 《文物》2002年第7期，第86页。

32 《文物》2002年第7期，第92页。

33 《文物》2002年第7期，第86页。

34 《世说新语校笺》，第83～84页、148页、386页、387页、388页、438页、439页、440页。

35 唐·房玄龄等：《晋书》第92卷，北京：中华书局，1974年，第2404～2406页。

36 郑午昌：《中国画学全史》，北京：东方出版社，2008年，第49页。

37 《历代名画记》（第5卷），第114页。

38 姚最，字士会，吴兴武康（今浙江德清县武康镇）人，梁大同三年（537年）生，仁寿三年（603年）卒。梁太医正姚僧垣次子，兄姚察。梁灭时，姚最随父迁居长安，历仕北周与隋，后因事坐诛。关于姚最生平，详见谢巍：《中国画学著作考录》，上海：上海书画出版社，1998年，第43页。

39 《历代论画名著汇编》，第22页。

40 ［美］方闻：《传顾恺之〈女史箴图〉与中国艺术史》，《美术史研究集刊》2002年第12期，第3页。

41 《历代名画记》第5卷，第114～115页。

42 《历代名画记》第5卷，第115页。

43 《历代名画记》第2卷，第18页。

44 卢辅圣：《中国书画全书》（2），上海：上海书画出版社，1993年，第63页。

45 《中国书画全书》（2），第894页。

46 《历代名画记》第5卷，第113页。

47 《建康实录》，第242页。

48 《历代名画记》第5卷，第113～114页。

49 《高僧传》第13卷，第513页。

50 《敦煌遗书总目索引新编》，第228页。

51 《敦煌吐鲁番学研究论集》，第512页。

52 《历代名画记》第3卷，第49～79页。

53 宋·郭若虚：《图画见闻志》第2卷，北京：人民美术出版社，2003年，第29页。

54 潘运告：《宋人画评》，长沙：湖南美术出版社，2010年，第136页。

55 《中国书画全书》（2），第64页、65页、66页、67页、68页、70页、72页。

56 上海博物馆藏唐开元二十八年（740年）老君石像身前凭有三足隐几。此外，美国波士顿美术馆藏唐麟德二年（665年）田客奴造石道像、山西省博物馆藏唐开元七年（719年）赵思礼造天尊坐像、现流失海外的唐开元七年（719年）李弘嗣造天尊坐像等亦见前凭三足隐几。这一做法间接反映出顾恺之维摩画像在唐代的广泛影响。

57 《冈村繁全集·历代名画记译注》（第6卷），第182页。

第六章 莫高窟第六十一窟《维摩变》

东汉中平五年（188 年）严佛调初译《维摩诘经》以来，伴随着《维摩诘经》的译传，维摩信仰蔓延大江南北，产生广泛宗教影响，尤其在北魏中晚期，更见盛行。北朝以后，尽管唐代有"少列陈峃进注《维摩经》，得濠州刺史"[1]一事，但维摩信仰实际已呈式微之势。唐宋之际的五代十国时期，宗教信仰日趋多样化，在归义军曹氏治下的敦煌地区，维摩信仰、华严信仰、文殊信仰、五台山信仰、毗沙门信仰、十王信仰、海龙王信仰、宾头卢信仰等宗教信仰彼此交错，并有祆教、伊兰文化等杂陈其间，共同形成极为复杂的地域宗教文化语境。

从后梁乾化四年（914 年）至宋景祐三年（1036 年）的一百二十余年间，敦煌一直为归义军曹氏统治，这是敦煌宗教文明与视觉文化晚期发展的重要历史阶段。归义军曹氏极重佛教，据统计，"莫高窟现存五代窟三十个左右，宋代窟四十个左右，合计七十个左右"[2]。归义军曹氏时期的石窟，从曹议金时代（914—935 年）即呈现出迥异前代的趋向，其后，洞窟规制、壁画格局、图像题材、艺术风格等的时代特点更为明显。仅就图像而言，归义军曹氏时期的壁画虽然继续沿用前代题材，但这些绵延甚久的传统图像却因宗教语境的改变，而在新的空间逻辑中呈现出迥然不同的视觉意味，莫高窟第 61 窟东壁《维摩变》正是这样一幅壁画。

第一节　归义军曹氏时期的《维摩变》

在归义军曹氏统治敦煌的一百二十余年间，曹议金、曹元德、曹元深、曹元忠、曹延恭、曹延禄等历任节度使均信奉佛教，经营莫高窟不遗余力，敦煌当地仕宦望族亦随风而动，令归义军曹氏时期莫高窟的营建呈现一派盛景。据研究，归义军曹氏洞窟遗存中，第"98、100、108、5、6、22、61、146、53、121、261、342、44、334、335（以上系五代窟）、25、454、7、172、203、437、264、202（以上系宋代窟）等 23 个窟里画有《维摩诘经变》。这些经变大部分画在主室东壁（98、100、108、5、6、22、61、146、121、454、7 等窟），少数画在主室北壁（53、342、25 等窟）。曹氏时期对许多前代洞窟的前室重修过。重修时，在一些洞窟前室西壁画《维摩诘经变》（334、335、261、172、203、264、437 等窟），也有少数画在前室南北壁（44、202 窟）"[3]。（表 6-1）曹氏时期《维摩变》的表现，基本延续隋唐既定格套，一般图绘在洞窟主室或前室，文殊菩萨和维摩居士一般分居主（前）

表 6-1　莫高窟五代宋《维摩变》

窟 号	时 代	位　　置
5 窟	五代	主室东壁，门南文殊菩萨，门北维摩诘居士。
6 窟	五代	主室东壁，门南文殊菩萨，门北维摩诘居士。
22 窟	五代	主室东壁，门北维摩诘居士，门南文殊菩萨（残）。
53 窟	中唐	主室北壁，上维摩诘居士变〔五代〕。
61 窟	五代	主室东壁，门上佛国品，门南文殊菩萨，门北维摩诘居士。
98 窟	五代	主室东壁，门上方便品，门南文殊菩萨，门北维摩诘居士。
100 窟	五代	主室东壁，门南文殊菩萨，门北维摩诘居士。
108 窟	五代	主室东壁，门上佛国品，门南文殊菩萨，门北维摩诘居士。
132 窟	晚唐	主室东壁，门南文殊菩萨，门北维摩诘居士。〔五代〕
146 窟	五代	主室东壁，门上佛国品，门南文殊菩萨，门北维摩诘居士。
261 窟	五代	前室西壁，门南文殊菩萨（残），门北维摩诘居士（残）。
288 窟	西魏	前室南壁，表层维摩诘居士变（残）。〔五代〕
334 窟	初唐	前室西壁，门南文殊菩萨，门北维摩诘居士。〔五代〕
369 窟	中唐	主室东壁，门上佛国品，门南文殊菩萨，门北维摩诘居士。〔五代〕
25 窟	宋	主室北壁，维摩诘居士变一铺。
172 窟	盛唐	前室西壁，门南文殊菩萨，门北维摩诘居士。〔北宋〕
202 窟	初唐	前室南北壁，南壁文殊菩萨，北壁维摩诘居士（漫漶）。〔宋〕
203 窟	初唐	前室西壁，门南文殊菩萨，门北维摩诘居士。〔宋〕
335 窟	初唐	前室西壁，门南北维摩诘居士变一铺（漫漶）。〔宋〕
437 窟	北魏	前室西壁，门南文殊菩萨，门北维摩诘居士。〔宋〕
454 窟	宋	主室东壁，门上佛国品，门南文殊菩萨，门北维摩诘居士。

室门南北两侧，门上绘《佛国品》，周绘《方便品》、《弟子品》、《菩萨品》、《不思议品》等其他各品。这与隋唐时期，尤其是唐代莫高窟《维摩变》的视觉传统基本一致。但作为"被物化在确定的时代和地区"[4]的视觉形象，归义军曹氏时期的《维摩变》仍然展现了其独有的时代精神。

首先，规模宏大。曹氏时期《维摩变》在延承晚唐余绪同时，"出现一些规模空前巨大的作品"[5]，第 98 窟与第 61 窟东壁《维摩变》均为鸿篇巨制，第 98 窟为曹议金功德窟，建于后唐同光（923—925 年）前后，该窟东壁《维摩变》（图 49），高 2.95 米，宽 12.65 米，在曹氏统治敦煌初期，即奠立此后《维摩变》描绘的宏大格局。

图49　莫高窟第98窟主室东壁《维摩变》（局部）　五代

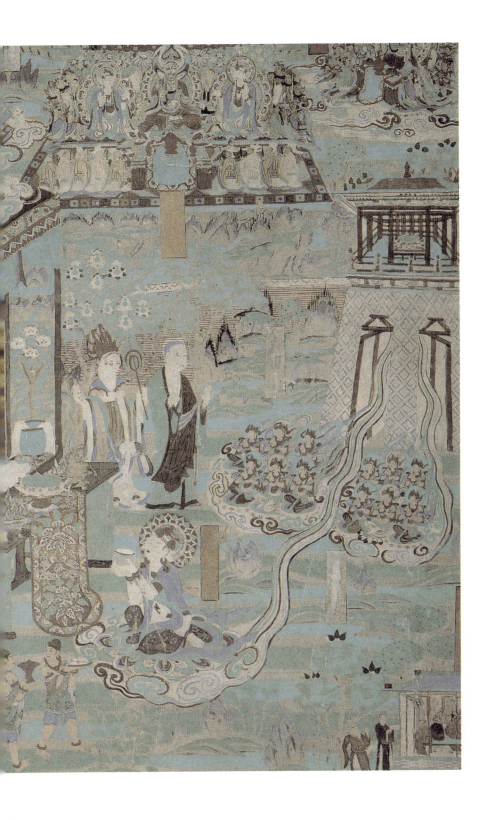

第六章 莫高窟第六十一窟《维摩变》

图 50　莫高窟第 61 窟主室东壁《维摩变》（局部）　五代

第六章 莫高窟第六十一窟《维摩变》

其次,榜题数量骤增。第61窟主室东壁《维摩变》榜题约存一千六百九十五字[6](图50),冠居莫高窟历代《维摩变》遗存之首。这些榜题分为红地墨书、绿地墨书、白地墨书以及墨书四种,繁简不一,多则一百九十余字,少则几字,涉及《维摩经》之《佛国品》、《方便品》、《弟子品》、《菩萨品》、《文殊师利问疾品》、《观众生品》、《佛道品》、《不思议品》、《香积佛品》、《见阿閦佛品》、《法供养品》、《不思议品》、《入不二法门品》以及《嘱累品》全部十四品。

再次,诸品兼有顾及。莫高窟隋唐时代的《维摩变》,皆以《文殊师利问疾品》为中心,旁涉《佛国品》、《方便品》、《弟子品》、《不思议品》诸品,考察第61窟《维摩变》榜题,曹氏时期《维摩变》涉及《维摩经》全部品次,而且,对《文殊师利问疾品》以外其他诸品文本意象的描绘更为生动,这些描绘学堂、酒肆等日常生活的画面(图51),皆以"动人意匠再现了生活"[7],赋予"力虽不胜,尚思奋飞"[8]的曹氏《维摩变》以浓郁的生活气息。

最后,维摩样式改变。自顾恺之于东晋兴宁二年(364年)在江宁瓦官寺北小殿首创维摩像以来[9],维摩居士一直是历代《维摩变》的主体形象,自莫高窟第220窟主室东壁唐贞观十六年(642年)《维摩变》确立坐帐维摩画像样式以后,终有唐一代始终未曾改变[10]。归义军曹氏主政瓜沙后,基于宗教语境的转换与时代精神的嬗变,曹氏洞窟在经营理念、营建规模、图绘格局等方面均有变化。此时,维摩居士的表现,不仅坐床大小有异、帐构装饰有别,维摩也迥异此前传统形象。随着维摩形态改变,隐几描绘出现新变,曹议金功德窟第98窟《维摩变》在曹氏统治伊始,即改相沿甚久的前凭隐几为后凭[11],第108窟《维摩变》亦为后凭,但在曹元忠统治时期营建的第61窟(947—951年)东壁《维摩变》中,维摩居士凭靠之隐几仍为前凭,第146窟亦可见前凭隐几,其图样依据显然有别于第98窟、第108窟《维摩变》。

相对隋唐时代数量众多的描绘,五代《维摩变》明显偏少,但其鸿篇巨帙的图绘规模却远超前代,回溯中古佛教信仰的发展,这与归义军曹氏时期维摩信仰的式微趋势明显相悖。英国美术史家米歇尔·巴克桑德尔(Michael Baxandall)认为,"历史的物事,或许可以通过将它们当作其当时环境条件下解决问题的方式,并通过在问题术语、文化与描述之间重构一种理性的关联,从而得到阐释"[12]。通过米歇尔·巴克桑德尔所谓"时代之眼"(Period Eye)审视作为"永恒理性"的一部分物化于归义军曹氏时期与敦煌莫高窟的《维摩变》,其存在又有其"合理性",这种"合理性"的阐释,显然要依赖于对曹氏时期所独有的宗教语境、"历史性"以及"时代精神"的解读。

图51　莫高窟第 61 窟主室东壁北侧《维摩变·入诸酒肆》　五代

第二节　《文殊变》、《维摩变》与《五台山图》

《文殊变》是莫高窟经变壁画重要题材，遗存约一百三十余铺，最早遗例见于隋代第 408 窟，该窟东壁门南绘《普贤变》，门北绘《文殊变》，入唐以后，主要绘于主室西壁敞口龛外南北两侧，奠立此后《文殊变》图绘基本格局，敦煌落蕃之后，描绘极盛，骤增至二十五铺，晚唐五代更达到六十余铺，此后渐衰，直至宋元。

敦煌《五台山图》的出现与《文殊变》甚有渊源，莫高窟第 222 窟《五台山图》为敦煌最早遗例，该图绘于西壁帐形龛外南北两侧上部，均已漫漶，下各绘毗沙门天王一身，与西壁相对之东壁门南绘《普贤变》，门北绘《文殊变》，《五台山图》与《文殊变》虽未绘于同一壁面,但相互对应的空间格局显现出两幅图像之间基于宗教意涵层面的关联与互动。第222窟为吐蕃统治敦煌初期洞窟,唐德宗建中二年(781年),吐蕃以"城下之盟"占据敦煌后,赤松德赞(755—797年在位)对敦煌佛教极为扶持,尽管《五台山图》在中原早已流行,但其于敦煌落蕃之后初现敦煌,显然是吐蕃文殊信仰广泛盛行所致,吐蕃于唐穆宗长庆四年(824年)遣使求《五台山图》时,灵武节度使李进诚奏称"西戎尚此教,故来求之"[13],藏语文献《拔协》、《贤者喜宴》[14]所见吐蕃使臣前往德乌山(五台山)圣文殊菩萨殿求取寺院图样等相关记载也表明吐蕃文殊信仰之流行,莫高窟吐蕃时期《文殊变》图绘数量由盛唐的三铺骤增至二十五铺则更为直观的表明了这一点。

继第222窟之后,第159、237、361窟相继绘有《五台山图》,但已至吐蕃统治敦煌后期,第159窟与237窟《文殊变》均位于西壁佛龛外北侧,与南侧《普贤变》呈对称形式,《五台山图》绘于《文殊变》下方之联屏中,受唐代六曲画屏风尚影响,吐蕃时期的敦煌大量出现屏风壁画,以屏风的形式表现从属情节,从而起到映衬、拓展与丰富主体形象的图像功能,绘于《文殊变》下方联屏中的《五台山图》即属于这种屏风画,实际上只是《文殊变》的组成部分,与《普贤变》下方联屏中之《普贤事迹》相同,在整个洞窟的宗教语境中,其意涵只因《文殊变》而显现,并不具有独立的图像意义。第361窟西壁佛床西、北壁以屏风二扇绘文殊显现与五台山,西、南壁以屏风二扇绘普贤显现与峨眉山,佛床上南北两侧塑像已失,据其后壁画内容,可推知佛床南侧应为骑象之普贤,北侧应为骑狮之文殊,两者正与其后之壁画相合。因此,第361窟《五台山图》实际上并不是一幅独立的图像,而是与文殊塑像共为一体,其图绘的意义与第159、237窟《五台山图》是一致的。

晚唐时代的敦煌,《文殊变》的描绘有增无减,在三十余铺遗存中,仅第144窟与第9窟绘有《五台山图》,同时,这也是敦煌晚唐时代仅见的两幅《五台山图》。第144窟《五台山图》位于主室西壁佛龛外南侧《文殊变》中,前为文殊骑狮塑像,完全以文殊道场的背景形式出现,与龛外北侧以圣迹山水为背景的《普贤变》彼此对称,为习见之传统格局。第9窟《五台山图》绘于主室中心柱东向面龛内南壁,《文殊变》则绘于东壁门北,两者无明显空间对应关系,第9窟于9世纪末建成后,历经宋、元、清重修,中心柱东向龛内一铺九身造像为清代所塑,而与南壁《五台山图》对应之北壁绘《须达拏太子本生》,西壁则为《施身闻偈》与《萨埵太子本生》,考察莫高窟《文殊变》与《五台山图》演变理路,此龛《五台山图》联屏形式显然延续吐蕃传统,"很可能也可以拼合成一幅完整的五台山图"[15],并较中唐有更一步发展,但晚唐原塑之阙遗,让我们难以确信这幅壁画"是敦煌最后一处以独立屏风画形式出现的五台山图"[16]。此外,"在敦煌一带还有榆林窟第 32、19、3 窟和肃北五个庙第 1 窟也绘有五台山图，这两处的五台山图都是绘于《文殊变》中"[17]。

敦煌落蕃后骤兴的文殊信仰与《文殊变》的描绘，是《五台山图》出现于敦煌的直接诱因，而敦煌石窟《五台山图》的图像发展，亦自始至终贯穿于《文殊变》中，无论是彼此呼应的形式，还是融汇其中的形式，抑或是塑绘结合的形式，始终未有脱离。两者遗存数量的悬殊差异，进一步表明《五台山图》之于《文殊变》的从属地位。

在敦煌石窟《五台山图》遗存洞窟中，莫高窟第 9 窟、第 61 窟、第 159 窟、第 237 窟以及榆林窟第 3 窟、第 32 窟同时绘有《维摩变》，其中，第 159 窟与第 237 窟是在同一洞窟图绘《维摩变》与《五台山图》的最早遗例。两窟《维摩变》均绘于主室东壁，第 159 窟门上《佛国品》，门南维摩诘，下屏风三扇绘《弟子品》，门北文殊，下屏风三扇绘《方便品》，西壁盝顶帐形龛外北侧《文殊变》下方二扇屏风绘《五台山图》。第 237 窟《维摩变》格局与之略同，唯门南维摩诘下方屏风为四扇，绘《方便品》，门北文殊下方四扇屏风亦绘《方便品》，西壁盝顶帐形龛外北侧《文殊变》下方以三扇屏风绘《五台山图》。第 9 窟为晚唐窟，该窟《维摩变》绘于北壁，《五台山图》则位于中心龛柱东向面盝顶帐形龛南壁。第 61 窟《维摩变》绘于主室东壁，《五台山图》绘于与之相对的西壁。榆林窟第 32 窟为五代洞窟，该窟《维摩变》绘于主室北壁，《五台山图》位于东壁门南《文殊变》中。榆林窟第 3 窟为西夏遗构，主室西壁门上绘《维摩变》，门北绘《文殊变》，中有《五台山图》。其中，第 159 窟、第 237 窟、第 61 窟《维摩变》与《五台山图》在图像空间中呈对应格局。（表 6-2）

第 159 窟与第 237 窟均为吐蕃统治敦煌晚期洞窟，两窟主室表现题材与图像格局基本相同，南壁均为《法华经变》、《观无量寿经变》、《弥勒经变》，北壁为《华严经变》、《药师经变》、《天请问经变》，东壁为《维摩诘经变》（图 52），西壁盝顶帐形龛内图像差异

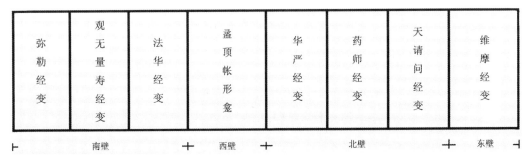

图 52　莫高窟第 159 与 237 窟主室壁画示意　邹清泉 绘

表 6-2　莫高窟第 159、237、61 窟壁画格局

窟　号		壁画格局
159窟	窟顶	缠枝茶花藻井、四披垂幔千佛。
	西壁	盝顶帐形龛龛顶棋格团花，东、西披跌坐佛六身、供养菩萨二身，南、北披跌坐佛三身、化生一身。龛内西壁上卷草垂幔，下屏风四扇，绘九横死、斋僧、十二大愿；南壁上卷草垂幔，下屏风三扇，绘九横死；北侧上卷草垂幔，下屏风三扇，绘十二大愿。龛沿灵鸟卷草。龛上帐顶图。龛下供养人。龛外南侧普贤变，下普贤事迹图；北侧文殊变，下五台山图。
	南壁	法华经变、观无量寿经变、弥勒经变。
	北壁	华严经变、药师经变、天请问经变。
	东壁	维摩诘经变
237窟	窟顶	三兔卷瓣莲花藻井，四披垂幔千佛，千佛中央多宝塔各一铺。
	西壁	盝顶帐形龛龛顶棋格团花，四披瑞像图。龛内西壁上垂幔，下屏风四扇，南二扇善事太子，北二扇菩萨苦行。南壁上垂幔，下屏风三扇，绘转轮圣王、萨埵饲虎、善事入海。北壁上垂幔，下屏风三扇，绘菩萨苦行。龛沿团花。龛上方格千佛帐顶图。龛外南侧普贤变，下普贤事迹；北侧文殊变，下五台山图。
	南壁	法华经变、观无量寿经变、弥勒经变
	北壁	华严经变、药师经变、天请问经变
	东壁	维摩诘经变
61窟	窟顶	团龙鹦鹉藻井，四披上绘十方诸佛，下千佛。西披千佛下飞天六身、供养菩萨二身。南披千佛中央南无天毂音佛，北披千佛中央南无最胜音佛，东披千佛中央南无东方不动佛。 顶东南角东方提头赖吒天王（残），西南角南方毗琉璃天王，西北角西方毗楼博叉天王，东北角北方毗沙门天王。
	西壁	五台山图、下佛传。
	南壁	楞伽经变、弥勒经变、阿弥陀经变、法华经变、报恩经变，下供养人、佛传。
	北壁	密严经变、天请问经变、药师经变、华严经变、思益梵天经变，下供养人、佛传。
	东壁	维摩诘经变
	南壁	曼荼罗、观无量寿经变
	北壁	曼荼罗、净土变
	东壁	中佛传，南侧五十一面千手观音，北侧十一面千手观音。

明显，但龛外南北侧图像则完全一致，南侧均为《普贤变》，下绘《普贤事迹图》；北侧均为《文殊变》，下绘《五台山图》。尽管莫高窟《维摩变》绘于主室东壁已见于初唐第220窟、盛唐第103窟、第121窟等，但在第159窟与第237窟中，西壁《普贤变》与《文殊变》的出现，让洞窟壁画在其与东壁《维摩变》的彼此呼应中，显现出颇具匠心的

图53 莫高窟第220窟西壁佛龛北侧骑狮
文殊像 贞观十六年（642年）

图像程序，尤其是东壁《维摩变》北侧文殊师利菩萨与西壁盝顶帐形龛外北侧《文殊变》中文殊形象的相互对应，令其中隐含之程序设计愈益明显。

在莫高窟中唐《维摩变》遗存中，除第186窟绘于主室南壁、第240窟绘于西壁龛外，余均绘于主室东壁，而其中第159、231、236、237、359、360窟之《文殊变》均绘于主室西壁。在敦煌莫高窟，这种空间布局最早见于初唐第220窟，该窟东壁门上绘三身说法佛以及男女供养人各一身，门南绘维摩诘，门北绘文殊师利，西壁平顶敞口龛外南侧绘《普贤变》，北侧绘《文殊变》（图53），与东壁《维摩变》相对。饶有意味的是，第159、236、237、359、360窟《维摩变》与《文殊变》均作如是布局，第231窟主室东壁门南为《报恩经变》，门北为《维摩变》，虽有变化，但与该窟西壁盝顶帐形龛外北

表 6-3　莫高窟中唐《维摩变》与《文殊变》遗存

经　变	窟号与布局			
	东　壁	南　壁	西　壁	北　壁
维摩变	7、21、133、159、231、236、237、359、360、369	186	240	
文殊变	92、185、222、258、361、366、386		202、205、112、144、159、200、231、235、236、237、238、359、360、361、370、468、474	134、238、360

侧《文殊变》仍然形成对应格局，明显可见《维摩变》与《文殊变》相向而绘的对应格局自初唐至中唐的渊源流变。（表6-3）

在《维摩变》与《文殊变》对应格局的演进历程中，《文殊变》作为与《维摩变》相对应的图像主体贯穿始终，于吐蕃统治敦煌时期出现的《五台山图》，尽管以相对独立的联屏形式出现，但实际上仍为《文殊变》不可或缺的组成部分，这一点与159窟东壁《维摩变》下方以六扇屏风表现《弟子品》、《方便品》是一致的。莫高窟第61窟西壁《五台山图》虽然格局宏大，但真正与东壁《维摩变》相对应的却并非《五台山图》，而是其与中央佛坛骑狮文殊像共同构成之《文殊变》，莫高窟第61窟的设计者基于洞窟的华严语境与文殊主题，采用塑绘结合的方法，表现了《文殊变》这一古老的图像母题。

第三节　莫高窟第61窟《维摩变》的视觉传统与空间逻辑

《维摩变》是我国中古时代图绘最盛的佛教母题之一，在莫高窟、云冈、龙门、巩县、麦积山、炳灵寺等石窟有丰富遗存，造像碑、金铜佛以及宋元明清画卷也有图像表现。东晋画家顾恺之于瓦官寺北小殿所创维摩画像是中古维摩变图像演绎的起点，北魏中后期则是《维摩变》图像发展的转折点，由于帝室推动，维摩信仰弥漫整个北魏社会，维摩画像的表现随之而兴，影响远及唐宋以至明清。[18]

考察莫高窟《维摩变》遗存，隋唐时代是其表现盛期，隋代第206窟、262窟、314窟、380窟、417窟、419窟、420窟、423窟、424窟、425窟、433窟，唐代第7窟、9窟、12窟、18窟、21窟、44窟、68窟、85窟、103窟、121窟、133窟、138窟、139窟、150窟、156窟、159窟、173窟、186窟、194窟、203窟、220窟、231窟、236窟、237窟、240窟、242窟、264窟、322窟、332窟、334窟、335窟、341窟、342窟、359窟以及360窟

均有图绘，隋代《维摩变》，主要绘于主室西壁龛外（206窟）、窟顶后部平顶（262窟）、前室顶部（424窟）、前室顶西披（425窟），唐代《维摩变》主要绘于主室东壁（220窟）、主室西壁龛外（322窟）、主室北壁后部（332窟）、主室西壁（334窟）、主室北壁（335窟）、主室西壁龛口（341窟）、前室南壁（44窟）以及西壁龛外（240窟），维摩与文殊一般分绘南北两侧。

莫高窟第220窟主室东壁唐贞观十六年（642年）《维摩变》是莫高窟《维摩变》发展的分水岭，该图不仅奠立了敦煌此后数百年间《维摩变》的图绘格局，还开启了《维摩变》整铺绘于东壁的空间传统，这种绘于主室东壁的空间格局，从盛唐开始，渐成定式（表6-4），在中唐、晚唐《维摩变》遗存洞窟中，除第186窟、240窟、9窟、150窟外，余均绘于主室东壁。归义军曹氏时期《维摩变》的空间布局明显延续自第220窟奠立的传统，第5窟、第61窟、第98窟、第100窟、第454窟等重要洞窟中的《维摩变》均绘于主室东壁，但它们的宗教主题、空间逻辑、图像内涵以至视觉意味，却有着明显差异。在归义军曹氏时期的洞窟中，第61窟是最为独特的洞窟之一，其独特之处，不仅体现在不同以往的文殊主题，还体现于精心构思的空间逻辑。环视第61窟的空间格局、壁画内容、图像程序，其中以中央佛坛骑狮文殊造像为中心的题材选择与程序设计，极大地展现出曹氏画院工匠蕴含于空间逻辑中的缜密构思。

第61窟四壁由《五台山图》、《楞伽经变》、《弥勒经变》、《阿弥陀经变》、《法华经变》、《报恩经变》、《密严经变》、《天请问经变》、《药师经变》、《华严经变》、《思益梵天经变》、《维摩诘经变》以及《佛传》等十三幅主体性宗教壁画图绘而成，均为流传甚久的传统题材。（图54）其中，绘于第61窟正壁——西壁的《五台山图》，具有极为重要的宗教意义，以其众所周知的文殊道场的图像身份，在衬托中央佛坛骑狮文殊造像的同时，寓

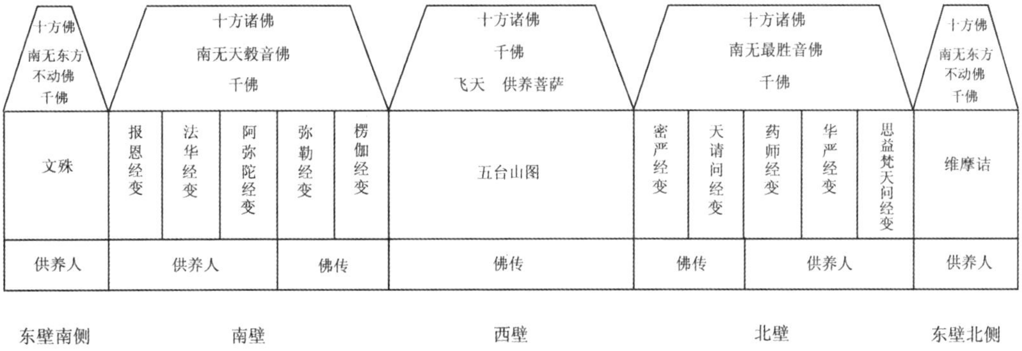

十方佛 南无东方不动佛 千佛	十方诸佛 南无天毂音佛 千佛				十方佛 千佛 飞天 供养菩萨	十方诸佛 南无最胜音佛 千佛				十方佛 南无东方不动佛 千佛
文殊	报恩经变	法华经变	阿弥陀经变	弥勒经变	楞伽经变	五台山图	密严经变	天请问经变	药师经变	华严经变	思益梵天问经变	维摩诘
供养人	供养人			佛传	佛传	佛传	供养人		供养人

| 东壁南侧 | 南壁 | 西壁 | 北壁 | 东壁北侧 |

图54　莫高窟第61窟主室壁画展开示意　邹清泉　绘

表 6-4 莫高窟唐代《维摩变》遗存洞窟图像分布

窟　号	时代	东　壁	南　壁	西　壁	北　壁
68窟	初唐		未详经变（残）	维摩变	未详经变（残）
203窟前室	初唐		宋代密教画（残）	维摩变	说法佛、药师佛、观音等
203窟主室	初唐	七佛、天王等	说法图	维摩变	说法图
220窟主室	初唐	维摩变	阿弥陀经变	说法图、普贤变、文殊变等	药师经变
242窟	初唐		经变	说法图、维摩变	漫漶
322窟	初唐	说法图、药师立佛、坐佛等	千佛、说法图	维摩变、本生	千佛、阿弥陀经变
332窟主室	初唐	珞珈山观音、灵鹫山说法图	赴会佛、涅槃变	菩萨等	赴会佛、维摩变
334室主室	初唐	十一面观音变	净土变	维摩变	阿弥陀经变
335窟主室	初唐	阿弥陀、说法图、药师佛	阿弥陀经变	法华经变、劳度叉斗圣变	维摩变
341窟主室	初唐	说法图	阿弥陀经变	维摩变	弥勒经变
342窟主室	初唐	观音经变	劳度叉斗圣变	维摩变	维摩变
44窟前室	盛唐		维摩变	经变	未详经变（残）
103窟主室	盛唐	维摩变	法华经变	菩萨等	观无量寿经变
121窟主室	盛唐	维摩变	说法图	普贤变、文殊变等	说法图
194窟主室	盛唐	地藏、观音等	维摩变		观无量寿经变
7窟主室	中唐	维摩变	药师经变、弥勒变	坐佛、观音等	观无量寿经变、天请问经变
133窟主室	中唐	维摩变	未详经变、弥勒变		未详经变、金光明经变
159窟主室	中唐	维摩变	法华经变、观无量寿经变、弥勒经变	普贤变、文殊变、九横死、十二大愿等	华严经变、药师经变、天请问经变
186窟	中唐		维摩变		未详密教经变
231窟主室	中唐	报恩经变、维摩变	观无量寿经变、法华经变、天请问经变	瑞像图、本生、普贤变、文殊变等	药师经变、华严经变、弥勒经变

窟　号	时　代	东　壁	南　壁	西　壁	北　壁
236窟主室	中唐	维摩变	观无量寿经变、楞伽经变	瑞像图、本生、普贤变、文殊变、坐佛等	药师经变、金刚经变
237窟主室	中唐	维摩变	法华经变、观无量寿经变、弥勒经变	瑞像图、本生、普贤变、文殊变	华严经变、药师经变、天请问经变
240窟	中唐		观无量寿经变、天请问经变	弥勒经变、弥勒经变、维摩变	药师经变、金刚经变
359窟主室	中唐	维摩变	阿弥陀经变、金刚经变	普贤变、文殊变、九横死等	药师经变、弥勒经变
360窟主室	中唐	维摩变	释迦曼荼罗、观无量寿经变、弥勒经变	普贤变、文殊变等	千手钵文殊、药师经变、天请问经变
9窟主室	晚唐	普贤变、文殊变	劳度叉斗圣变	楞伽经变	维摩变
12窟主室	晚唐	维摩变、报恩经变	法华经变、观无量寿经变、弥勒经变	佛传、普贤变、文殊变等	华严经变、药师经变、天请问经变
18窟主室	晚唐	维摩变	观无量寿经变、弥勒经变	观音普门品、文殊变、普贤变	药师经变、金刚经变
85窟主室	晚唐	金光明经变、维摩变	报恩经变、阿弥陀经变、金刚经变、贤愚经变	劳度叉斗圣变、贤愚经变	密严经变、药师经变、思益梵天问经变、贤愚经变
138窟主室	晚唐	维摩变、报恩经变	楞伽经变、金刚经变、阿弥陀经变、法华经变、天请问经变	药师佛、赴会菩萨等	金光明经变、报恩经变、药师经变、华严经变、弥勒经变
139窟	晚唐	维摩变	不空绢索观音变	天请问经变	七佛等
150窟主室	晚唐	弥勒经变、阿弥陀经变、药师经变	金刚经变、维摩变	药师佛、普贤变、文殊变	密严经变、未知名经变
156窟主室	晚唐	金光明经变、维摩变、张议潮统军出行图、宋国夫人出行图	思益梵天问经变、阿弥陀经变、金刚经变、张议潮统军出行图	千手眼观音变、不空绢索观音变、如意轮观音变、十二大愿、九横死、普贤变、文殊变	报恩经变、药师经变、天请问经变、宋国夫人出行图

图 55　莫高窟第 61 窟主室　五代

示第 61 窟的华严语境与文殊主题。（图 55）南北两壁为对称格局，各自相对描绘五幅经变，南壁西起绘《楞伽经变》、《弥勒经变》、《阿弥陀经变》、《法华经变》及《报恩经变》，北壁西起绘《密严经变》、《天请问经变》、《药师经变》、《华严经变》及《思益梵天经变》，这些经变，既有其绵延甚久的对应传统，亦与文殊师利存在或多或少的关联，或者是佛经内文，或者是图像细节，如南壁《法华经变》中的《文殊赴会》（图 56），以视觉形象将《法华经变》统一于该窟文殊语境之中。南壁、西壁、北壁下部相互贯通之三十三幅《佛传》壁画，系据隋代天竺三藏阇那崛多译《佛本行集经》绘成，该经卷首署"归命大智海毗卢遮那佛"，"开宗明义说明了译经是对华严宗和它的教主毗卢遮那佛的信仰"[19]，毗卢遮那佛（卢舍那如来）为华严宗主尊，而文殊信仰实属华严体系。关于是窟《佛传》壁画描绘之动机，不论是否表现出归义军曹氏政权"挽救末法的决心"[20]，其宗教内涵与文殊主题相吻合是可以确定的。

尽管《维摩变》绘于主室东壁在敦煌已有久远传统，但第 61 窟东壁《维摩变》的描绘，

图 56　莫高窟第 61 窟《法华经变》（局部）　五代

显然并不仅仅是对唐代传统的延续,在第 61 窟的文殊语境中,《维摩变》的图绘别有深意。仅就第 61 窟视觉形象而言,能主题鲜明地与西壁《五台山图》相对应,共同映衬中央佛坛之骑狮文殊造像,从而烘托第 61 窟文殊主题的惟有《维摩变》。虽然《维摩变》最初演绎于《维摩经·文殊师利问疾品》,但《维摩变》的图像格局,尤其是文殊师利在《维摩变》中突出的视觉形象,是其得以绘于第 61 窟的直接动因,而《维摩变》绵延甚久的视觉意味亦因其图绘语境的转换而发生历史性改变。

第四节　文殊语境中《维摩变》视觉意味的转变

陈寅恪先生曾经指出,"唐代之史可分为前后两期,前期结束南北朝相承之旧局面,后期开启赵宋以降之新局面。关于政治社会经济者如此,关于文化学术者亦莫不如此"[21]。唐后期以至五代十国是唐宋之际社会生活、文化习俗、宗教信仰、视觉文明等发生历史转型的重要时期。在这一时期,李唐政权的解体与五代诸国的纷争,导致文化思想由隋唐时代从长安到地方的辐射式传播途径,因五代十国政权的对峙格局,迅速多元化,同时由于权力的频繁更迭,又使这种多元化趋向更加复杂。唐宋之际的宗教信仰与视觉文化正是在这种纷纭复杂的历史语境中实现了历史性的转变。

敦煌虽偏居西陲,但在唐宋代际转换这一大的历史格局中,其社会生活、文化习俗、宗教信仰、视觉文明等也在发生着潜移默化的改变。李唐宗教语境的解构与归义军曹氏宗教文化的确立无不与之有密切关系。与中原王朝不同,归义军曹氏时期的敦煌是回鹘、于阗、吐蕃、粟特等多种族聚居之地,宗教语境复杂,信仰多元,华严信仰、文殊信仰、五台山信仰、维摩信仰、法华信仰、毗沙门信仰、十王信仰、海龙王信仰、宾头卢信仰等杂相交错,信众各取所需,建窟供养。"8—11 世纪,五台山文殊信仰在中原地区臻至极盛,地处西陲的敦煌也深受其影响。"[22] 在归义军曹氏时期达到历史高峰,藏经洞所出归义军曹氏时期《五台山赞》、《五台山曲子》、《辞娘赞文》、《往五台山行记》写本以及数量众多的"大圣文殊师利菩萨"画像,反映了归义军曹氏时期文殊信仰普遍流行的历史事实。

在中国佛教史上,《维摩经》与禅学渊源甚深,其与《楞伽经》、《圆觉经》并称"禅门三经"[23],藏经洞所出《楞伽经》、《金刚经》、《维摩诘经》等与禅学关系甚密的佛典[24],数量庞大,透露出中古时代,尤其是唐五代敦煌地区禅学流行的一般情况。实际上,禅宗的发展虽然及时延缓了维摩信仰的急剧衰落,但归义军曹氏时期敦煌地区维摩信仰与《维摩变》此消彼长的不平衡的发展趋向的深层动因,则是基于文殊信仰的盛行。纵观中

报恩经变	法华经变	阿弥陀经变	弥勒经变	劳度叉斗圣变	天请问经变	药师经变	华严经变	思益梵天问经变	维摩经变

　　　　　南壁　　　　　　　　　　西壁　　　　　　　北壁　　　　　　　东壁

图 57　莫高窟第 98 窟主室壁画示意　邹清泉 绘

图 58　莫高窟第 98 窟《维摩变》（局部）　五代

古《维摩变》的发展，维摩居士与文殊师利的对应结构在北魏时期已见端倪，后经长期发展，遂成格套，并为历代造窟者沿用。在文殊信仰广泛盛行的归义军曹氏时代，《维摩变》的视觉主体已由维摩诘转换为文殊师利，敦煌石窟所见这一时期数量众多且格局宏大的《维摩变》的图绘，实际上是基于其时之文殊语境。在维摩信仰已呈颓势的归义军曹氏时期，《维摩变》逆势而行的图绘与表现，正是这一历史现象的合理显现。

归义军曹氏时期的敦煌，宗教语境的转换，令古老的图像或者遭到摒弃，或者重获新生，具有久远图像传统的《维摩变》正是重获新生的图像之一。维摩信仰在隋唐时期已趋式微，五代时期更显衰落，然而，归义军曹氏时期《维摩变》的图绘显示，《维摩变》并未因维摩信仰的边缘化而衰落，两者间此消彼长的反常现象，实际上是以《维摩变》自身的图式结构与宗教形象为动因。无论是莫高窟第 98 窟、108 窟、146 窟《维摩变》（东壁）与《劳度叉斗圣变》（西壁）的对应格局（图 57），还是第 61 窟、5 窟、6 窟《维摩变》（东壁）与文殊变（西壁）的空间结构，均可看到文殊师利（图 58）、舍利弗等彼此对应的佛教形象。这种空间逻辑与宗教形象的共通之处，无疑是《维摩变》这一古老图像在归义军曹氏复杂宗教语境中焕发新生的重要契机。

1　后晋・刘昫:《旧唐书》第 153 卷,北京:中华书局,1975 年,第 4086 页。
2　贺世哲:《敦煌莫高窟壁画中的〈维摩诘经变〉》,《敦煌研究》1982 年第 2 期,第 76 页。
3　《敦煌研究》1982 年第 2 期,第 76 页。
4　[美]迈克尔・安・霍丽:《帕诺夫斯基与美术史基础》,易英译,长沙:湖南美术出版社,1992 年,第 8 页。
5　贺世哲:《敦煌莫高窟壁画中的〈维摩诘经变〉》,《敦煌研究》1982 年第 2 期,第 76 页。
6　《敦煌研究》1982 年第 2 期,第 77 页。
7　金维诺:《敦煌晚期的维摩变》,《文物》1959 年第 4 期,第 59 页。
8　谢稚柳:《鉴余杂稿》,上海:上海人民美术出版社,1979 年,第 12 页。
9　《历代名画记》第 5 卷,第 113～114 页。
10　邹清泉:《莫高窟唐代坐帐维摩画像考论》,《敦煌研究》2012 年第 1 期,第 33～39 页。
11　邹清泉:《隐几图考》,《文艺研究》2012 年第 2 期,第 130～135 页。
12　Michael Baxandall. *Patterns of Intention: on the Historical Explanation of Pictures* Yale University Press, 1985, P35.
13　宋・王钦若等:《册府元龟・外臣部・请求》第 999 卷,北京:中华书局,1960 年,第 11724 页。《旧唐书・敬宗本纪》亦有记载,但显简略,详见[后晋]刘昫等:《旧唐书・敬宗》第 17 卷,北京:中华书局,1975 年,第 512 页。
14　佟锦华、黄布凡:《拔协译注》,成都:四川民族出版社,1990 年,第 3、22、34～35 页;拔卧・祖拉陈瓦:《贤者喜宴》,北京:民族出版社,1984 年,第 302 页。
15　赵晓星:《吐蕃统治时期传入敦煌的中土图像:以五台山图为例》,《文艺研究》2010 年第 5 期,第 125 页。
16　《文艺研究》2010 年第 5 期,第 125 页。
17　赵声良:《莫高窟第 61 窟五台山图研究》,《敦煌研究》1993 年第 4 期,第 90 页。
18　邹清泉:《虎头金粟影:维摩画像研究献疑》,《故宫博物院院刊》2010 年第 4 期,第 57～67 页;邹清泉:《北魏坐榻维摩画像源流考释》,《敦煌研究》2010 年第 4 期,第 67～73 页。
19　樊锦诗:《敦煌佛传故事画卷》,香港:商务印书馆(香港)有限公司,2004 年,第 116 页。
20　《敦煌佛传故事画卷》,第 12 页。
21　卢向前:《唐宋变革论》,合肥:黄山书社,2006 年,第 6 页。
22　党燕妮:《五台山文殊信仰及其在敦煌的流传》,《敦煌学辑刊》2004 年第 1 期,第 83 页。
23　任继愈:《中国佛教史》(卷一),北京:中国社会科学出版社,1985 年,第 397 页。
24　在藏经洞写卷遗存中,《楞伽经》、《金刚经》、《维摩诘经》遗存数量彼此相距甚远,其中以《金刚经》写卷数量最巨,仅就《金刚般若波罗蜜经》而言,就有约 1575 件之多,《维摩诘经》写本遗存次之,《楞伽经》数量最少。

附 录

藏经洞维摩写卷引得

　　《藏经洞维摩写卷引得》分为维摩写经、维摩注疏、维摩诘经讲经文、维摩诘经押座文、维摩五更转、维摩碎金、维摩赞等，共计1173件，其中，维摩写经977件，维摩注疏180件，维摩诘经讲经文4件，押座文5件，维摩五更转及其他7件，依次收录英藏维摩写卷、俄罗斯科学院东方文献所藏维摩写卷、法藏维摩写卷、日本藏维摩写卷、中国藏维摩写卷以及海内外散藏维摩写卷。其中，S代表英藏维摩写卷；B代表中国国家图书馆藏维摩写卷，为求简约，该部分省略千字文编号；P代表法藏维摩写卷；孟（孟列夫[L.N.Menshikov]编号）、ф 与 Д 代表俄罗斯科学院东方文献所藏维摩写卷。"李木斋旧藏维摩写经"系据《敦煌遗书最新目录》所提供《李氏鉴敦煌写本目录》、《德化李氏出售敦煌写本目录》、《李木斋旧藏敦煌名迹目录》综合而成。

1. 维摩写经

(1) 英藏斯坦因劫维摩写经

写本编号	品次	写本编号	品次
S 0012	问疾品第五~入不二法门品第九	S 0021	入不二法门品第九
S 0030	佛国品第一~菩萨品第四	S 0041	佛国品第一、方便品第二
S 0145	不思议品第六~佛道品第八	S 0148	佛道品第八、入不二法门品第九
S 0159	弟子品第三、菩萨品第四	S 0168	不思议品第六~入不二法门品第九
S 0171	弟子品第三	S 0241	佛道品第八、入不二法门品第九
S 0350	香积佛品第十	S 0471	佛国品第一
S 0624	问疾品第五、不思议品第六	S 0639	香积佛品第十~嘱累品第十四
S 0648	问疾品第五~入不二法门品第九	S 0669	弟子品第三、菩萨品第四
S 0686	香积佛品第十~嘱累品第十四	S 0688	佛国品第一~菩萨品第四
S 0715	问疾品第五~入不二法门品第九	S 0753	方便品第二~菩萨品第四
S 0765	问疾品第五~入不二法门品第九	S 0769	香积佛品第十~嘱累品第十四
S 0774	问疾品第五~入不二法门品第九	S 0780	香积佛品第十~嘱累品第十四
S 0827	问疾品第五~入不二法门品第九	S 0828	菩萨行品第十一、阿閦佛品第十二
S 0845	佛国品第一	S 0866	佛国品第一~菩萨品第四
	问疾品第五	S 0871	方便品第二、弟子品第三
S 0905	不思议品第六~入不二法门品第九	S 0913	香积佛品第十~嘱累品第十四
S 0929	问疾品第五~入不二法门品第九	S 0961	佛道品第八、入不二法门品第九
S 0975	佛国品第一~菩萨品第四	S 0978	菩萨品第四
S 0143	佛道品第八、入不二法门品第九	S 1005	佛国品第一~弟子品第三
S 1013	香积佛品第十~菩萨行品第十一	S 1031	香积佛品第十~嘱累品第十四
S 1036	问疾品第五~入不二法门品第九	S 1046	香积佛品第十~嘱累品第十四
S 1145	佛国品第一	S 1206	问疾品第五
S 1219	佛国品第一~菩萨品第四	S 1239	佛国品第一~菩萨品第四
S 1248	菩萨行品第十一	S 1258	阿閦佛品第十二~嘱累品第十四
S 1266	香积佛品第十	S 1268	佛国品第一
S 1304	弟子品第三、菩萨品第四	S 1328	阿閦佛品第十二~嘱累品第十四
			菩萨行品第十一
			菩萨行品第十一
			香积佛品第十、菩萨行品第十一
S 1373	菩萨品第四	S 1429	阿閦佛品第十二~嘱累品第十四

写本编号	品次	写本编号	品次
S 1463	方便品第二~弟子品第三	S 1471	问疾品第五~入不二法门品第九
S 1531	香积佛品第十~嘱累品第十四	S 1533	不思议品第六~入不二法门品第九
S 1564	香积佛品第十~嘱累品第十四	S 1616	问疾品第五
S 1633	方便品第二	S 1692	入不二法门品第九
S 1694	问疾品第五~入不二法门品第九	S 1709	香积佛品第十
S 1739	佛国品第一	S 1753	问疾品第五~入不二法门品第九
S 1782	佛国品第一	S 1788	方便品第二~菩萨品第四
S 1864	佛国品第一~嘱累品第十四	S 1865	问疾品第五~入不二法门品第九
S 1932	香积佛品第十、菩萨行品第十一	S 1951	佛国品第一~菩萨品第四
S 2024	香积佛品第十~嘱累品第十四	S 2025	问疾品第五~入不二法门品第九
S 2035	香积佛品第十~嘱累品第十四	S 2162	问疾品第五~佛道品第八
S 2206	阿閦佛品第十二~嘱累品第十四	S 2235	弟子品第三
S 2282	问疾品第五~入不二法门品第九	S 2300	佛国品第一
S 2307	香积佛品第十~嘱累品第十四	S 2348	佛国品第一、方便品第二
S 2433	佛国品第一~菩萨品第四	S 2479	佛国品第一~弟子品第三
S 2508	阿閦佛品第十二~嘱累品第十四	S 2523	佛国品第一
S 2572	香积佛品第十~嘱累品第十四	S 2600	佛国品第一
S 2608	观众生品第七~入不二法门品第九	S 2609	问疾品第五~入不二法门品第九
S 2838	香积佛品第十~嘱累品第十四	S 2871	观众生品第七~入不二法门品第九
S 2878	观众生品第七~入不二法门品第九	S 2884	佛道品第八、入不二法门品第九
S 2946	不思议品第六~观众生品第七	S 2991	佛国品第一~菩萨品第四
S 2994	问疾品第五	S 3069	菩萨行品第十一、阿閦佛品第十二
S 3143	弟子品第三	S 3151	佛国品第一
S 3165	佛国品第一~菩萨品第四	S 3168	观众生品第七~入不二法门品第九
S 3187	佛国品第一~菩萨品第四	S 3197	香积佛品第十~嘱累品第十四
S 3211	佛国品第一~方便品第二	S 3256	问疾品第五、不思议品第六
S 3305	问疾品第五~入不二法门品第九	S 3358	佛国品第一
S 3376	佛国品第一	S 3377	观众生品第七~入不二法门品第九
S 3394	观众生品第七~入不二法门品第九	S 3415	问疾品第五~入不二法门品第九
S 3422	香积佛品第十~嘱累品第十四	S 3424	菩萨品第四
S 3434	弟子品第三	S 3437	佛国品第一~菩萨品第四
S 3445	问疾品第五	S 3458	阿閦佛品第十二~嘱累品第十四
S 3471	香积佛品第十~嘱累品第十四	S 3486	佛国品第一~菩萨品第四

写本编号	品次	写本编号	品次
S 3488	香积佛品第十～嘱累品第十四	S 3517	佛国品第一～菩萨品第四
S 3561	佛国品第一	S 3569	佛国品第一～菩萨品第四
S 3578	弟子品第三～菩萨品第四	S 3617	弟子品第三
S 3647	菩萨品第四	S 3650	入不二法门品第九
S 3680	问疾品第五～香积佛品第十	S 3723	问疾品第五～入不二法门品第九
S 3743	问疾品第五～不思议品第六	S 3801	香积佛品第十～嘱累品第十四
S 3806	佛国品第一	S 3822	问疾品第五
S 3828	菩萨行品第十一～嘱累品第十四	S 3856	不思议品第六～入不二法门品第九
S 3888	观众生品第七	S 3928	问疾品第五～入不二法门品第九
S 3963	弟子品第三、菩萨品第四	S 4015	香积佛品第十～嘱累品第十四
S 4045	佛国品第一、方便品第二	S 4148	佛国品第一、方便品第二
S 4154	问疾品第五～入不二法门品第九	S 4153	弟子品第三～嘱累品第十四
S 4246	香积佛品第十～嘱累品第十四	S 4258	方便品第二～菩萨品第四
S 4310	法供养品第十三～嘱累品第十四	S 4317	问疾品第五～入不二法门品第九
S 4321	香积佛品第十～嘱累品第十四	S 4350	方便品第二、弟子品第三
S 4386	佛道品第八、入不二法门品第九	S 4387	香积佛品第十～嘱累品第十四
S 4519	观众生品第七	S 4550	香积佛品第十、菩萨行品第十一
S 4602	问疾品第五	S 4719	香积佛品第十
S 4771	问疾品第五～入不二法门品第九	S 4780	佛国品第一
S 4789	方便品第二	S 4796	菩萨品第四～入不二法门品第九
S 4837	弟子品第三	S 4856	方便品第二
S 4859	佛国品第一～菩萨品第四	S 4879	香积佛品第十
S 4951	佛国品第一～菩萨品第四	S 4957	佛国品第一～香积佛品第十
S 4983	阿閦佛品第十二～嘱累品第十四	S 5000	问疾品第五～入不二法门品第九
S 5001	问疾品第五	S 5004	香积佛品第十
	问疾品第五	S 5030	香积佛品第十、菩萨行品第十一
	问疾品第五～入不二法门品第九	S 5031	香积佛品第十～嘱累品第十四
S 5056	问疾品第五～入不二法门品第九	S 5057	观众生品第七～入不二法门品第九
S 5105	方便品第二～嘱累品第十四	S 5112	方便品第二～菩萨品第四
S 5133	问疾品第五～入不二法门品第九	S 5147	问疾品第五～入不二法门品第九
S 5184	香积佛品第十	S 5246	菩萨行品第十一～嘱累品第十四
S 5254	观众生品第七～入不二法门品第九	S 5255	问疾品第五～入不二法门品第九
S 5306	佛国品第一	S 5340	问疾品第五～入不二法门品第九

写本编号	品次	写本编号	品次
S 5353	问疾品第五～观众生品第七	S 5368	佛国品第一
S 5371	佛国品第一～菩萨品第四	S 5395	香积佛品第十～法供养品第十三
S 5635	佛国品第一	S 5661	佛国品第一～嘱累品十四
S 5665	佛国品第一～弟子品第三	S 5749	问疾品第五～不思议品第六
	佛国品第一	S 5963	菩萨品第四
S 6231	阿閦佛品第十二、法供养品第十三	S 6350	佛国品第一～菩萨品第四
S 6358	香积佛品第十～嘱累品第十四	S 6370	问疾品第五～入不二法门品第九
S 6392	佛国品第一～菩萨品第四	S 6398	香积佛品第十～嘱累品第十四
S 6409	问疾品第五～入不二法门品第九	S 6420	菩萨行品第十一～嘱累品十四
S 6425	观众生品第七～入不二法门品第九	S 6426	佛国品第一～菩萨品第四
S 6449	香积佛品第十～嘱累品第十四	S 6472	问疾品第五～入不二法门品第九
S 6473	不思议品第六～入不二法门品第九	S 6507	菩萨行品第十一、阿閦佛品第十二
S 6508	菩萨品四～不思议品第六	S 6516	佛国品第一～菩萨品第四
S 6529	香积佛品第十～阿閦佛品第十二	S 6532	佛国品第一～菩萨品第四
S 6539	香积佛品第十～嘱累品第十四	S 6548	佛国品第一～弟子品三
S 6575	问疾品第五～入不二法门品第九	S 6586	佛国品第一～菩萨品第四
S 6587	入不二法门品第九～嘱累品第十四	S 6595	问疾品第五～入不二法门品第九
S 6596	佛国品第一～菩萨品第四	S 6603	不思议品第六～入不二法门品第九
S 6620	佛国品第一	S 6665	问疾品第五～入不二法门品第九
S 6689	佛国品第一～菩萨品第四	S 6690	问疾品第五～入不二法门品第九
S 6740	观众生品第七～入不二法门品第九	S 6772	佛国品第一～问疾品第五
S 6780	问疾品第五～入不二法门品第九	S 6847	问疾品第五～入不二法门品第九
S 6864	香积佛品第十～嘱累品第十四	S 6865	问疾品第五～入不二法门品第九
S 6869	观众生品第七～入不二法门品第九	S 6875	香积佛品第十～嘱累品第十四
S 6890	问疾品第五～入不二法门品第九	S 6906	问疾品第五～入不二法门品第九
S 6918	佛国品第一～菩萨品第四	S 6922	香积佛品第十～嘱累品十四
S 6991	香积佛品第十	S 7051	佛国品第一
S 7123	佛国品第一、方便品第二	S 7149	法供养品第十三
S 7158	菩萨行品第十一	S 7206	香积佛品第十
S 7235	不思议品第六	S 7245	方便品第二

写本编号	品次	写本编号	品次
S 7264	佛国品第一	S 7265	菩萨品第四
S 7271	佛国品第一	S 7280	香积佛品第十
S 7286	观众生品第七	S 7349	不思议品第六
S 7355	观众生品第七	S 7385	问疾品第五
S 7388	佛国品第一	S 7410	佛国品第一
S 7469	香积佛品第十	S 7544	问疾品第五

（2）俄罗斯科学院东方文献所藏维摩写经

写本编号	品次	写本编号	品次
孟 00685	观众生品第七	孟 00686	佛国品第一
孟 00687	佛国品第一	孟 00688	佛国品第一
孟 00689	佛国品第一	孟 00690	佛国品第一
孟 00691	佛国品第一	孟 00692	佛国品第一
孟 00693	佛国品第一	孟 00694	佛国品第一
孟 00695	佛国品第一	孟 00695A	佛国品第一～菩萨品第四
孟 00696	佛国品第一	孟 00697	佛国品第一、方便品第二
孟 00698	方便品第二、弟子品第三	孟 00699	弟子品第三
孟 00700	弟子品第三	孟 00701	弟子品第三
孟 00702	菩萨品第四	孟 00703	菩萨品第四
孟 00704	问疾品第五	孟 00705	问疾品第五～入不二法门品第九
孟 00706	问疾品第五	孟 00707	问疾品第五
孟 00708	问疾品第五	孟 00709	问疾品第五
孟 00710	问疾品第五	孟 00711	问疾品第五
孟 00712	问疾品第五	孟 00713	问疾品第五
孟 00714	不思议品第六	孟 00715	不思议品第六
孟 00716	不思议品第六	孟 00717	观众生品第七
孟 00718	佛道品第八	孟 00719	入不二法门品第九
孟 00720	香积佛品第十～嘱累品第十四	孟 00721	香积佛品第十
孟 00722	香积佛品第十	孟 00723	法供养品第十三
孟 02275	诸法言品第五	孟 02276	佛国品第一
孟 02277	佛国品第一	孟 02278	佛国品第一
孟 02279	佛国品第一	孟 02280	佛国品第一
孟 02281	佛国品第一	孟 02282	佛国品第一

写本编号	品次	写本编号	品次
孟 02283	佛国品第一	孟 02284	佛国品第一
孟 02285	佛国品第一	孟 02286	佛国品第一、方便品第二
孟 02287	佛国品第一、方便品第二	孟 02288	方便品第二
孟 02289	方便品第二、弟子品第三	孟 02290	弟子品第三
孟 02291	弟子品第三	孟 02292	菩萨品第四
孟 02293	菩萨品第四	孟 02294	问疾品第五
孟 02295	问疾品第五	孟 02296	问疾品第五
孟 02297	问疾品第五	孟 02298	问疾品第五
孟 02299	问疾品第五	孟 02300	不思议品第六
孟 02301	不思议品第六	孟 02302	观众生品第七
孟 02303	香积佛品第十	孟 02304	香积佛品第十
孟 02305	香积佛品第十	孟 02306	香积佛品第十
孟 02307	香积佛品第十	孟 02308	香积佛品第十
孟 02309	菩萨行品第十一	孟 02310	菩萨行品第十一
孟 02311	阿閦佛品第十二	孟 02312	阿閦佛品第十二
孟 02313	维摩诘所说经卷中	孟 02314	说无垢称经卷一序品第一
孟 02315	说无垢称经卷一显不思议方便善巧品第二	孟 02316	说无垢称经卷三问疾品第五
孟 02317	说无垢称经卷三		
φ098	维摩诘经卷第一	φ099	维摩诘所说经卷中
φ100	维摩诘所说经文殊师利问疾品第五	φ118	维摩诘经卷下
φ282	维摩诘所说经卷上佛国品第一	φ292	维摩诘所说经卷上佛国品第一
φ298	维摩诘所说经卷中佛道品第八	φ300	维摩诘所说经卷下法供养品第十三
俄 Дx00034	维摩诘所说经卷上佛国品第一	俄 Дx00069	维摩诘所说经卷中观众生品第七
俄 Дx00113	维摩诘所说经卷上佛国品第一	俄 Дx00124	维摩诘所说经文殊师利问疾品第五
俄 Дx00167	维摩诘所说经文殊师利问疾品第五	俄 Дx00193B	维摩诘经观众生品第七
俄 Дx00286	维摩诘所说经不思议品第六	俄 Дx00371	维摩诘经卷上
俄 Дx00475	维摩诘所说经文殊师利问疾品第五	俄 Дx00511	维摩诘所说经卷上佛国品第一
俄 Дx00596	维摩诘所说经文殊师利问疾品第五	俄 Дx00622	维摩诘所说经不思议品第六
俄 Дx00648	维摩诘所说经佛国品第一	俄 Дx00683	维摩诘所说经卷上
俄 Дx00711	维摩诘所说经弟子品第三	俄 Дx00724	维摩诘所说经佛国品第一
俄 Дx00751	维摩诘所说经佛国品第一	俄 Дx00799	维摩诘所说经菩萨品第四

写本编号	品次	写本编号	品次
俄 Д x 00800	维摩诘所说经菩萨品第四	俄 Д x 00802	维摩诘所说经佛国品第一
俄 Д x 00816	维摩诘所说经弟子品第三	俄 Д x 00832	维摩诘所说经卷上
俄 Д x 00851	维摩诘所说经卷上	俄 Д x 10799	维摩诘所说经卷上
俄 Д x 00859	维摩诘所说经文殊师利问疾品第五	俄 Д x 00879	维摩诘所说经菩萨行品第十一
俄 Д x 00880	维摩诘所说经菩萨行品第十一	俄 Д x 00912	维摩诘所说经文殊师利问疾品第五
俄 Д x 00916	维摩诘所说经入不二法门品第九	俄 Д x 01094	维摩诘所说经佛国品第一
俄 Д x 01096	维摩诘所说经文殊师利问疾品第五	俄 Д x 01112	维摩诘所说经香积佛品第十
俄 Д x 01137	维摩诘所说经文殊师利问疾品第五	俄 Д x 02228	维摩诘所说经文殊师利问疾品第五
俄 Д x 01139A	维摩诘所说经佛国品第一	俄 Д x 01167A	维摩诘所说经不思议品第六
俄 Д x 01212	维摩诘所说经佛国品第一	俄 Д x 01241	维摩诘所说经香积佛品第十
俄 Д x 01242	维摩诘所说经香积佛品第十	俄 Д x 01546	维摩诘所说经菩萨品第四
俄 Д x 01636	维摩诘经香积佛品第十	俄 Д x 01637	维摩诘经香积佛品第十
俄 Д x 01641	维摩诘所说经香积佛品第十	俄 Д x 01644	维摩诘所说经文殊师利问疾品第五
俄 Д x 01645	维摩诘所说经文殊师利问疾品第五	俄 Д x 01667	维摩诘所说经卷上
俄 Д x 01707	维摩诘所说经佛国品第一	俄 Д x 01709	维摩诘所说经方便品第二
俄 Д x 01720	维摩诘所说经不思议品第六	俄 Д x 01740	维摩诘所说经香积佛品第十
俄 Д x 01812	维摩诘所说经观众生品第七	俄 Д x 01922	维摩诘所说经卷上
俄 Д x 01923	维摩诘所说经卷上	俄 Д x 01926	维摩诘所说经菩萨行品第十一
俄 Д x 01927	维摩诘所说经菩萨行品第十一	俄 Д x 01934	维摩诘所说经卷中
俄 Д x 01947	维摩诘所说经文殊师利问疾品第五	俄 Д x 02044	维摩诘所说经文殊师利问疾品第五
俄 Д x 02029	维摩诘所说经佛国品第一	俄 Д x 02050	维摩诘所说经菩萨品第四
俄 Д x 02053	维摩诘所说经香积佛品第十	俄 Д x 02066	维摩诘所说经香积佛品第十
俄 Д x 02111	维摩诘经诸法言品第五	俄 Д x 02180	维摩诘所说经弟子品第三
俄 Д x 02187	维摩诘所说经不思议品第六	俄 Д x 02518	维摩诘所说经不思议品第六
俄 Д x 02198	维摩诘所说经佛国品第一	俄 Д x 02228	维摩诘所说经文殊师利问疾品第五
俄 Д x 02289	维摩诘所说经见阿閦佛品第十二	俄 Д x 02291	维摩诘所说经文殊师利问疾品第五
俄 Д x 02350B	维摩诘所说经卷上	俄 Д x 02372	维摩诘所说经佛国品第一
俄 Д x 02380	维摩诘所说经佛国品第一	俄 Д x 02426	维摩诘所说经佛国品第一
俄 Д x 02433	维摩诘所说经文殊师利问疾品第五	俄 Д x 02446	维摩诘所说经卷上
俄 Д x 02491	维摩诘所说经卷上	俄 Д x 02500	维摩诘所说经见阿閦佛品第十二
俄 Д x 02508	维摩诘所说经卷上	俄 Д x 02518	维摩诘所说经不思议品第六
俄 Д x 02535	维摩诘所说经文殊师利问疾品第五	俄 Д x 02616	维摩诘所说经佛国品第一
俄 Д x 02641	维摩诘所说经佛国品第一	俄 Д x 02645	维摩诘所说经香积佛品第十

写本编号	品次	写本编号	品次
俄 Д x 02646	维摩诘所说经佛国品第一	俄 Д x 02671	说无垢称经显不思议方便善巧品第二
俄 Д x 02757	维摩诘所说经卷上	俄 Д x 02775	维摩诘所说经菩萨行品第十一
俄 Д x 02789	维摩诘所说经弟子品第三	俄 Д x 02793	说无垢称经序品第一
俄 Д x 02797B	说无垢称经问疾品第五	俄 Д x 02798	维摩诘所说经佛国品第一
俄 Д x 02799	维摩诘所说经佛国品第一	俄 Д x 02803	维摩诘经诸法言品第五
俄 Д x 02806	维摩诘经诸法言品第五	俄 Д x 02807A	维摩诘经诸法言品第五
俄 Д x 02808	维摩诘所说经菩萨行品第十一	俄 Д x 02861	维摩诘所说经观众生品第七
俄 Д x 02893	维摩诘所说经佛国品第一	俄 Д x 02925	维摩诘所说经文殊师利问疾品第五
俄 Д x 02952	维摩诘所说经入不二法门品第九	俄 Д x 02983	维摩诘所说经不思议品第六
俄 Д x 02988	维摩诘所说经文殊师利问疾品第五	俄 Д x 02998	维摩诘所说经卷上
俄 Д x 03006	维摩诘所说经菩萨品第四	俄 Д x 03059	维摩诘所说经文殊师利问疾品第五
俄 Д x 03171	维摩诘所说经佛国品第一	俄 Д x 03289	维摩诘所说经佛道品第八
俄 Д x 03290	维摩诘所说经入不二法门品第九	俄 Д x 03389	维摩诘所说经佛道品第八
俄 Д x 03393	维摩诘所说经卷上	俄 Д x 03426	维摩诘所说经菩萨品第四
俄 Д x 03449	维摩诘所说经不思议品第六	俄 Д x 03489	维摩诘所说经文殊师利问疾品第五
俄 Д x 03570	维摩诘所说经观众生品第七	俄 Д x 03822	维摩诘所说经佛国品第一
俄 Д x 03827A	维摩诘所说经佛国品第一	俄 Д x 03831	维摩诘所说经佛国品第一
俄 Д x 03841	维摩诘所说经佛国品第一	俄 Д x 03846	维摩诘所说经佛国品第一
俄 Д x 03847	维摩诘所说经佛国品第一	俄 Д x 03884	维摩诘所说经佛国品第一
俄 Д x 03891	维摩诘所说经佛国品第一	俄 Д x 03892	维摩诘所说经佛国品第一
俄 Д x 03893A	维摩诘所说经佛国品第一	俄 Д x 03924	维摩诘所说经佛国品第一
俄 Д x 04252	维摩诘所说经佛国品第一	俄 Д x 10808	维摩诘所说经卷上

（3）法藏伯希和劫维摩写经

写本编号	品次	写本编号	品次
P 2088	佛国品第一～嘱累品第十四	P 2786	香积佛品第十～嘱累品第十四
P 3324	观众生品第七	P 4573	佛国品第一
			佛国品第一
P 4603	问疾品第五～香积佛品第十	P 4646	佛国品第一～嘱累品第十四
P 4755	香积佛品第十	P 4849	佛国品第一
P 4859	问疾品第五	P 4866	香积佛品第十
P 4932	观众生品第七	P 5588	佛国品第一

写本编号	品次	写本编号	品次
P 6036	问疾品第五		

(4) 日本藏维摩写经

写本编号	品次	写本编号	品次
日本大谷大学图书馆藏维摩写经			
日 0024/余乙 29	维摩诘经卷第四		
中村不折藏维摩写经			
0800	维摩诘经		
《昭和法宝目录》所见日本私藏维摩写经			
0938	维摩诘经卷中（松本文三郎藏）	1012	维摩诘经第二（三井源右卫门藏）
1029	维摩诘经不思议品第六（三井源右卫门藏）	1090	维摩诘经卷上（清野谦次藏）
1138	维摩诘经第二（藏者未详）		

(5) 中国藏维摩写经

写本编号	品次	写本编号	品次
中国国家图书馆藏			
B 0856	佛国品第一~嘱累品第十四	B 0857	佛国品第一~嘱累品第十四
B 0858	佛国品第一~不思议品第六	B 0859	佛国品第一~问疾品第五
B 0860	佛国品第一~菩萨品第四	B 0861	佛国品第一~菩萨品第四
B 0862	佛国品第一~菩萨品第四	B 0863	佛国品第一~菩萨品第四
B 0864	佛国品第一~菩萨品第四	B 0865	佛国品第一~菩萨品第四
B 0866	佛国品第一~菩萨品第四	B 0867	佛国品第一~菩萨品第四
B 0868	佛国品第一~菩萨品第四	B 0869	佛国品第一~菩萨品第四
B 0870	佛国品第一~菩萨品第四	B 0871	佛国品第一~菩萨品第四
B 0872	佛国品第一~菩萨品第四	B 0873	佛国品第一~菩萨品第四
B 0874	佛国品第一~菩萨品第四	B 0875	佛国品第一~菩萨品第四
B 0876	佛国品第一~菩萨品第四	B 0877	佛国品第一~菩萨品第四
B 0878	佛国品第一~菩萨品第四	B 0879	佛国品第一~菩萨品第四
B 0880	佛国品第一~菩萨品第四	B 0881	佛国品第一~菩萨品第四
B 0882	佛国品第一~菩萨品第四	B 0883	佛国品第一~菩萨品第四
B 0884	佛国品第一~菩萨品第四	B 0885	佛国品第一~菩萨品第四
B 0886	佛国品第一~菩萨品第四	B 0887	佛国品第一~菩萨品第四

写本编号	品次	写本编号	品次
B 0888	佛国品第一～菩萨品第四	B 0889	佛国品第一～菩萨品第四
B 0890	佛国品第一～菩萨品第四	B 0891	佛国品第一～菩萨品第四
B 0892	佛国品第一～菩萨品第四	B 0893	佛国品第一～菩萨品第四
B 0894	佛国品第一～菩萨品第四	B 0895	佛国品第一～菩萨品第四
B 0896	佛国品第一～弟子品第三	B 0897	佛国品第一～弟子品第三
B 0898	佛国品第一～弟子品第三	B 0899	佛国品第一～弟子品第三
B 0900	佛国品第一～弟子品第三	B 0901	佛国品第一～弟子品第三
B 0902	佛国品第一～弟子品第三	B 0903	佛国品第一～弟子品第三
B 0904	佛国品第一、方便品第二	B 0905	佛国品第一、方便品第二
B 0906	佛国品第一、方便品第二	B 0907	佛国品第一、方便品第二
B 0908	佛国品第一、方便品第二	B 0909	佛国品第一、方便品第二
B 0910	佛国品第一、方便品第二	B 0911	佛国品第一、方便品第二
B 0912	佛国品第一、方便品第二	B 0913	佛国品第一、方便品第二
B 0914	佛国品第一、方便品第二	B 0915	佛国品第一、方便品第二
B 0916	佛国品第一、方便品第二	B 0917	佛国品第一、方便品第二
B 0918	佛国品第一、方便品第二	B 0919	佛国品第一、方便品第二
B 0920	佛国品第一、方便品第二	B 0921	佛国品第一
B 0922	佛国品第一	B 0923	佛国品第一
B 0924	佛国品第一	B 0925	佛国品第一
B 0926	佛国品第一	B 0927	佛国品第一
B 0928	佛国品第一	B 0929	佛国品第一
B 0930	佛国品第一	B 0931	佛国品第一
B 0932	佛国品第一	B 0933	佛国品第一
B 0934	佛国品第一	B 0935	佛国品第一
B 0936	佛国品第一	B 0937	佛国品第一
B 0938	佛国品第一	B 0939	佛国品第一
B 0940	佛国品第一	B 0941	佛国品第一
B 0942	佛国品第一	B 0943	佛国品第一
B 0944	佛国品第一	B 0945	佛国品第一
B 0946	佛国品第一	B 0947	方便品第二～菩萨品第四
B 0948	方便品第二～菩萨品第四	B 0949	方便品第二～菩萨品第四
B 0950	方便品第二～菩萨品第四	B 0951	方便品第二～菩萨品第四
B 0952	方便品第二～菩萨品第四	B 0953	方便品第二～菩萨品第四

写本编号	品次	写本编号	品次
B 0954	方便品第二~菩萨品第四	B 0955	方便品第二~菩萨品第四
B 0956	方便品第二、弟子品第三	B 0957	方便品第二、弟子品第三
B 0958	方便品第二、弟子品第三	B 0959	方便品第二、弟子品第三
B 0960	方便品第二、弟子品第三	B 0961	方便品第二、弟子品第三
B 0962	方便品第二、弟子品第三	B 0963	方便品第二、弟子品第三
B 0964	方便品第二、弟子品第三	B 0965	方便品第二、弟子品第三
B 0966	方便品第二、弟子品第三	B 0967	方便品第二、弟子品第三
B 0968	方便品第二、弟子品第三	B 0969	方便品第二
B 0970	方便品第二	B 0971	方便品第二
B 0972	弟子品第三~嘱累品第十四	B 0973	弟子品第三~问疾品第五
B 0974	弟子品第三、菩萨品第四	B 0975	弟子品第三、菩萨品第四
B 0976	弟子品第三、菩萨品第四	B 0977	弟子品第三、菩萨品第四
B 0978	弟子品第三、菩萨品第四	B 0979	弟子品第三、菩萨品第四
B 0980	弟子品第三、菩萨品第四	B 0981	弟子品第三、菩萨品第四
B 0982	弟子品第三、菩萨品第四	B 0983	弟子品第三、菩萨品第四
B 0984	弟子品第三、菩萨品第四	B 0985	弟子品第三、菩萨品第四
B 0986	弟子品第三、菩萨品第四	B 0987	弟子品第三、菩萨品第四
B 0988	弟子品第三、菩萨品第四	B 0989	弟子品第三、菩萨品第四
B 0990	弟子品第三、菩萨品第四	B 0991	弟子品第三、菩萨品第四
B 0992	弟子品第三、菩萨品第四	B 0993	弟子品第三、菩萨品第四
B 0994	弟子品第三、菩萨品第四	B 0995	弟子品第三、菩萨品第四
B 0996	弟子品第三、菩萨品第四	B 0997	弟子品第三、菩萨品第四
B 0998	弟子品第三、菩萨品第四	B 0999	弟子品第三、菩萨品第四
B 1000	弟子品第三、菩萨品第四	B 1001	弟子品第三、菩萨品第四
B 1002	弟子品第三、菩萨品第四	B 1003	弟子品第三、菩萨品第四
B 1004	弟子品第三、菩萨品第四	B 1005	弟子品第三、菩萨品第四
B 1006	弟子品第三、菩萨品第四	B 1007	弟子品第三
B 1008	弟子品第三	B 1009	弟子品第三
B 1010	弟子品第三	B 1011	菩萨品第四
B 1012	弟子品第三	B 1013	弟子品第三
B 1014	弟子品第三	B 1015	弟子品第三
B 1016	弟子品第三	B 1017	弟子品第三
B 1018	弟子品第三	B 1019	弟子品第三

写本编号	品次	写本编号	品次
B 1020	弟子品第三	B 1021	弟子品第三
B 1022	弟子品第三	B 1023	弟子品第三
B 1024	弟子品第三	B 1025	弟子品第三
B 1026	弟子品第三	B 1027	弟子品第三
B 1028	弟子品第三	B 1029	弟子品第三
B 1030	弟子品第三	B 1031	弟子品第三
B 1032	弟子品第三	B 1033	菩萨品第四
B 1034	菩萨品第四	B 1035	菩萨品第四
B 1036	菩萨品第四	B 1037	菩萨品第四
B 1038	菩萨品第四	B 1039	菩萨品第四
B 1040	菩萨品第四	B 1041	菩萨行品第十一～嘱累品第十四
B 1042	菩萨品第四	B 1043	菩萨品第四
B 1044	菩萨品第四	B 1045	菩萨品第四
B 1046	菩萨品第四	B 1047	菩萨品第四
B 1048	菩萨品第四	B 1049	菩萨品第四
B 1050	菩萨品第四	B 1051	菩萨品第四
B 1052	菩萨品第四	B 1053	问疾品第五～嘱累品第十四
B 1054	问疾品第五～嘱累品第十四	B 1055	问疾品第五～入不二法门品第九
B 1056	问疾品第五～入不二法门品第九	B 1057	问疾品第五～入不二法门品第九
B 1058	问疾品第五～入不二法门品第九	B 1059	问疾品第五～入不二法门品第九
B 1060	问疾品第五～入不二法门品第九	B 1061	问疾品第五～入不二法门品第九
B 1062	问疾品第五～入不二法门品第九	B 1063	问疾品第五～入不二法门品第九
B 1064	问疾品第五～入不二法门品第九	B 1065	问疾品第五～入不二法门品第九
B 1066	问疾品第五～入不二法门品第九	B 1067	问疾品第五～入不二法门品第九
B 1068	问疾品第五～入不二法门品第九	B 1069	问疾品第五～入不二法门品第九
B 1070	问疾品第五～入不二法门品第九	B 1071	问疾品第五～入不二法门品第九
B 1072	问疾品第五～入不二法门品第九	B 1073	问疾品第五～入不二法门品第九
B 1074	问疾品第五～入不二法门品第九	B 1075	问疾品第五～入不二法门品第九
B 1076	问疾品第五～入不二法门品第九	B 1077	问疾品第五～入不二法门品第九
B 1078	问疾品第五～入不二法门品第九	B 1079	问疾品第五～入不二法门品第九
B 1080	问疾品第五～入不二法门品第九	B 1081	问疾品第五～入不二法门品第九
B 1082	问疾品第五～入不二法门品第九	B 1083	问疾品第五～入不二法门品第九
B 1084	问疾品第五～入不二法门品第九	B 1085	问疾品第五～入不二法门品第九

写本编号	品次	写本编号	品次
B 1086	问疾品第五～入不二法门品第九	B 1087	问疾品第五～不思议品第六
B 1088	问疾品第五～入不二法门品第九	B 1089	问疾品第五～入不二法门品第九
B 1090	问疾品第五～入不二法门品第九	B 1091	问疾品第五～入不二法门品第九
B 1092	问疾品第五～佛道品第八	B 1093	问疾品第五～佛道品第八
B 1094	问疾品第五～观众生品第七	B 1095	问疾品第五～观众生品第七
B 1096	问疾品第五～观众生品第七	B 1097	问疾品第五、不思议品第六
B 1098	问疾品第五、不思议品第六	B 1099	问疾品第五、不思议品第六
B 1100	问疾品第五、不思议品第六	B 1101	问疾品第五、不思议品第六
B 1102	问疾品第五、不思议品第六	B 1103	问疾品第五、不思议品第六
B 1104	问疾品第五、不思议品第六	B 1105	问疾品第五、不思议品第六
B 1106	问疾品第五、不思议品第六	B 1107	问疾品第五、不思议品第六
B 1108	问疾品第五、不思议品第六	B 1109	问疾品第五、不思议品第六
B 1110	问疾品第五、不思议品第六	B 1111	问疾品第五、不思议品第六
B 1112	问疾品第五、不思议品第六	B 1113	问疾品第五、不思议品第六
B 1114	问疾品第五、不思议品第六	B 1115	问疾品第五、不思议品第六
B 1116	问疾品第五	B 1117	问疾品第五
B 1118	问疾品第五	B 1119	问疾品第五
B 1120	问疾品第五	B 1121	问疾品第五
B 1122	问疾品第五	B 1123	问疾品第五
B 1124	问疾品第五	B 1125	问疾品第五
B 1126	问疾品第五	B 1127	问疾品第五
B 1128	问疾品第五	B 1129	问疾品第五
	问疾品第五	B 1130	问疾品第五
B 1131	问疾品第五	B 1132	问疾品第五
B 1133	问疾品第五	B 1134	问疾品第五
B 1135	问疾品第五	B 1136	不思议品第六～嘱累品第十四
B 1137	不思议品第六～入不二法门品第九	B 1138	不思议品第六～入不二法门品第九
B 1139	不思议品第六～入不二法门品第九	B 1140	不思议品第六～入不二法门品第九
B 1141	不思议品第六～佛道品第八	B 1142	不思议品第六～入不二法门品第九
B 1143	不思议品第六、观众生品第七	B 1144	不思议品第六、观众生品第七
B 1145	不思议品第六、观众生品第七	B 1146	不思议品第六、观众生品第七
B 1147	不思议品第六、观众生品第七	B 1148	不思议品第六、观众生品第七
B 1149	不思议品第六、观众生品第七	B 1150	不思议品第六、观众生品第七

写本编号	品次	写本编号	品次
B 1151	不思议品第六、观众生品第七	B 1152	不思议品第六、观众生品第七
B 1153	不思议品第六	B 1154	不思议品第六
B 1155	不思议品第六	B 1156	不思议品第六
B 1157	不思议品第六	B 1158	不思议品第六
B 1159	观众生品第七~入不二法门品第九	B 1160	观众生品第七~入不二法门品第九
B 1161	观众生品第七~入不二法门品第九	B 1162	观众生品第七~入不二法门品第九
B 1163	观众生品第七~入不二法门品第九	B 1164	观众生品第七~入不二法门品第九
B 1165	观众生品第七~入不二法门品第九	B 1166	观众生品第七~入不二法门品第九
B 1167	观众生品第七~入不二法门品第九	B 1168	观众生品第七~入不二法门品第九
B 1169	观众生品第七~入不二法门品第九	B 1170	观众生品第七~入不二法门品第九
B 1171	观众生品第七~入不二法门品第九	B 1172	观众生品第七~入不二法门品第九
B 1173	观众生品第七~入不二法门品第九	B 1174	观众生品第七~入不二法门品第九
B 1175	观众生品第七、佛道品第八	B 1176	观众生品第七、佛道品第八
B 1177	观众生品第七、佛道品第八	B 1178	观众生品第七、佛道品第八
B 1179	观众生品第七	B 1180	观众生品第七
B 1181	观众生品第七	B 1182	观众生品第七
B 1183	观众生品第七	B 1184	观众生品第七
B 1185	观众生品第七	B 1186	观众生品第七
B 1187	观众生品第七	B 1188	观众生品第七
B 1189	观众生品第七	B 1190	观众生品第七
B 1191	佛道品第八、入不二法门品第九	B 1192	佛道品第八、入不二法门品第九
B 1193	佛道品第八、入不二法门品第九	B 1194	佛道品第八、入不二法门品第九
B 1195	佛道品第八、入不二法门品第九	B 1196	佛道品第八、入不二法门品第九
B 1197	佛道品第八	B 1198	佛道品第八
B 1199	佛道品第八	B 1200	观众生品第七、佛道品第八
B 1201	佛道品第八	B 1202	入不二法门品第九~嘱累品第十四
B 1203	入不二法门品第九	B 1204	入不二法门品第九
B 1205	入不二法门品第九	B 1206	入不二法门品第九
B 1207	入不二法门品第九	B 1208	入不二法门品第九
B 1209	入不二法门品第九	B 1210	入不二法门品第九
B 1211	入不二法门品第九	B 1212	入不二法门品第九
B 1213	入不二法门品第九	B 1214	香积佛品第十~嘱累品第十四
B 1215	香积佛品第十~嘱累品第十四	B 1216	香积佛品第十~嘱累品第十四

写本编号	品次	写本编号	品次
B 1217	香积佛品第十~嘱累品第十四	B 1218	香积佛品第十~嘱累品第十四
B 1219	香积佛品第十~嘱累品第十四	B 1220	香积佛品第十~嘱累品第十四
B 1221	香积佛品第十~嘱累品第十四	B 1222	香积佛品第十~嘱累品第十四
B 1223	香积佛品第十~嘱累品第十四	B 1224	香积佛品第十~嘱累品第十四
B 1225	香积佛品第十~嘱累品第十四	B 1226	香积佛品第十~嘱累品第十四
B 1227	香积佛品第十~嘱累品第十四	B 1228	香积佛品第十~嘱累品第十四
B 1229	香积佛品第十~嘱累品第十四	B 1230	香积佛品第十~嘱累品第十四
B 1231	香积佛品第十~嘱累品第十四	B 1232	香积佛品第十~嘱累品第十四
B 1233	香积佛品第十~嘱累品第十四	B 1234	香积佛品第十~嘱累品第十四
B 1235	香积佛品第十~嘱累品第十四	B 1236	香积佛品第十~嘱累品第十四
B 1237	香积佛品第十~嘱累品第十四	B 1238	香积佛品第十~嘱累品第十四
B 1239	香积佛品第十~嘱累品第十四	B 1240	香积佛品第十~嘱累品第十四
B 1241	香积佛品第十~阿閦佛品第十二	B 1242	香积佛品第十~阿閦佛品第十二
B 1243	入不二法门品第九~阿閦佛品第十二	B 1244	香积佛品第十~阿閦佛品第十二
B 1245	香积佛品第十~阿閦佛品第十二	B 1246	香积佛品第十~阿閦佛品第十二
B 1247	香积佛品第十、嘱累品第十一	B 1248	香积佛品第十、菩萨行品第十一
B 1249	香积佛品第十、菩萨行品第十一	B 1250	香积佛品第十、菩萨行品第十一
B 1251	香积佛品第十、菩萨行品第十一	B 1252	香积佛品第十、菩萨行品第十一
B 1253	香积佛品第十、菩萨行品第十一	B 1254	香积佛品第十、菩萨行品第十一
B 1255	香积佛品第十	B 1256	香积佛品第十
B 1257	香积佛品第十	B 1258	香积佛品第十
B 1259	香积佛品第十	B 1260	香积佛品第十
B 1261	香积佛品第十	B 1262	香积佛品第十
B 1263	菩萨行品第十一~嘱累品第十四	B 1264	菩萨行品第十一~嘱累品第十四
B 1265	菩萨行品第十一~嘱累品第十四	B 1266	菩萨品第四
B 1267	菩萨行品第十一~嘱累品第十四	B 1268	菩萨行品第十一~嘱累品第十四
B 1269	菩萨行品第十一~法供养品第十三	B 1270	菩萨行品第十一、阿閦佛品第十二
B 1271	菩萨行品第十一、阿閦佛品第十二	B 1272	菩萨行品第十一、阿閦佛品第十二
B 1273	菩萨行品第十一、阿閦佛品第十二	B 1274	菩萨行品第十一、阿閦佛品第十二
B 1275	菩萨行品第十一	B 1276	菩萨行品第十一

写本编号	品次	写本编号	品次
B 1277	菩萨行品第十一	B 1278	菩萨行品第十一
B 1279	菩萨行品第十一	B 1280	阿閦佛品第十二～嘱累品第十四
B 1281	阿閦佛品第十二～嘱累品第十四	B 1282	阿閦佛品第十二～嘱累品第十四
B 1283	阿閦佛品第十二～嘱累品第十四	B 1284	阿閦佛品第十二～嘱累品第十四
B 1285	阿閦佛品第十二～嘱累品第十四	B 1286	阿閦佛品第十二～嘱累品第十四
B 1287	阿閦佛品第十二～嘱累品第十四	B 1288	阿閦佛品第十二、法供养品第十三
B 1289	阿閦佛品第十二、法供养品第十三	B 1290	阿閦佛品第十二、法供养品第十三
B 1291	阿閦佛品第十二	B 1292	阿閦佛品第十二
B 1293	法供养品第十三、嘱累品第十四	B 1294	法供养品第十三、嘱累品第十四
B 1295	法供养品第十三、嘱累品第十四	B 1296	法供养品第十三、嘱累品第十四
B 1297	法供养品第十三、嘱累品第十四	B 1298	法供养品第十三
B 1299	法供养品第十三	B 1300	法供养品第十三
B 1301	嘱累品第十四	B 1302	嘱累品第十四
B 1303	嘱累品第十四	B 1304	佛国品第一 方便品第二 问疾品第五 观众生品第七 菩萨行品第十一 阿閦佛品第十二
B 8536	嘱累品第十四		
北京故宫博物院藏维摩写经			
新 63334	维摩诘所说经卷第二	新 154415	维摩诘经卷上
台北"中央图书馆藏"维摩写经			
20	弟子品第三～菩萨品第四		
上海博物馆藏维摩写经			
2405	佛说维摩诘经卷上	40794	维摩诘经卷中
51614	维摩诘所说经卷中		
上海图书馆藏维摩写经			
812441	维摩诘经卷上	812517	维摩诘经卷第一
812555/6	维摩诘所说经佛国品第一	812576	维摩诘经卷上
812577	维摩诘经卷中	812604	维摩诘经卷下
822626	维摩诘经卷下	826088	维摩诘经卷下

写本编号	品次	写本编号	品次
《敦煌宝藏》载散藏维摩写经			
Q 0569	维摩诘所说经卷上		
敦煌研究院藏维摩写经			
0002	未详		
旅顺博物馆藏维摩写经			
0085	维摩诘经（上、中、下）		
甘肃省博物馆藏维摩写经			
078	维摩诘经观众生品第七		
李木斋旧藏维摩写经			
0340	维摩诘所说经卷上	0341	维摩诘所说经
0431	维摩诘经卷上、卷中	0432	维摩诘经卷下
0439	维摩诘经卷下	0471	维摩诘所说经卷上
0494	维摩诘经	0513	维摩诘所说经
0568	维摩诘经	0569	维摩诘经菩萨行品
0598	维摩诘所说经卷上	0621	维摩诘经卷上
0622	维摩诘经卷上	0623	维摩诘经卷上

2. 维摩注疏

（1）英藏斯坦因劫维摩注疏

写本编号	品次	写本编号	品次
S0706	维摩诘经疏	S0721vc	维摩诘经疏
S0914	维摩疏释前小序抄	S1347	维摩疏释前小序抄
S1357	净名经关中释抄卷上	S1378	维摩诘经注
S1412	净名经集解关中疏卷上	S1482	净名经集解关中疏卷上
S1513vd	维摩疏释前小序抄	S1813	净名经集解关中疏卷下
S1983	净名经集解关中疏	S1985	净名经集解关中疏
S2106	维摩义记	S2113	净名经集解关中疏卷上
S2432	维摩诘经疏释	S2552b	维摩诘经疏
S2552v	净名经集解关中疏	S2584	净名经集解关中释抄卷上
S2596	净名经集解关中疏	S2661	维摩诘经疏

写本编号	品次	写本编号	品次
S2670v	净名经集解关中疏卷下	S2688	维摩诘经疏
S2701	净名经关中疏卷上	S2702	净名经集解关中疏卷上
S2732	维摩诘经义记卷第四	S2739	净名经关中释抄卷上
S3475	净名经关中疏卷上	S3481	净名经集解关中疏
S3765	净名经集解关中疏	S3770	净名经集解关中疏卷上
S3773	净名经集解关中疏	S3878	维摩诘经义记卷第一
S3920	维摩诘经疏释	S4101	维摩诘经义记卷第三
S4834	净名经集解关中疏卷下	S5972	维摩诘经疏释
S6192	维摩诘经疏弟子品第三	S6381	维摩诘经疏释
S6391	净名经集解关中疏卷上	S6418	净名经集解关中疏卷下
S6458	净名经关中疏卷下	S6462	维摩诘经疏释
S6503	净名经集解关中疏卷上	S6568	净名经疏卷上
S6580	净名经关中疏卷上	S6583	维摩经疏
S6610	净名经关中疏卷下	S6712	净名经关中释抄卷上
S6713	净名经关中疏卷下	S6810	净名经关中疏卷上
S6870	净名经集解关中疏卷下		

（2）法藏伯希和劫维摩注疏

写本编号	品次	写本编号	品次
P2032	维摩疏卷第五	P2040	维摩经疏卷第六
P2049	维摩经疏弟子品第三	P2076	净名经关中释抄卷上
P2079	净名经关中释抄卷上	P2095	维摩经注卷卷第六
P2122vc	维摩诘经疏释	P2149	维摩疏释前小序抄
P2154	净名经关中释抄卷下	P2188	净名经集解关中疏卷上
P2191	净名经关中疏卷下	P2191v	谈广释维摩经佛国品手记
P2202	维摩经疏	P2214	注维摩诘经卷第四
P2218	残维摩经注解	P2222d	净名经关中疏卷上
P2244	净名经关中释抄	P2273	维摩诘义记卷第一
P2275	维摩经抄	P2288	净名经关中释抄卷上
P2339	维摩诘经注	P2344vc	维摩经手记
P2414	维摩诘经注解	P2419v	净名经关中释抄
P2580	净名经关中释抄卷上	P2595v	维摩诘所说经疏释
P2688v	维摩诘经疏释	P3021v	维摩经注解

写本编号	品次	写本编号	品次
P3055a	维摩诘所说经疏	P3198av	维摩经注解
P3198bv	维摩经注解	P3432v	净名经关中释抄残卷
P3488v	维摩疏释前小序抄	P3789v	维摩经疏释
P3876v	维摩诘经疏释	P4088	注维摩诸经
P4684	维摩诘经注残卷	P4695	维摩诘经玄疏

（3）俄藏奥登堡劫维摩注疏

写本编号	品次	写本编号	品次
俄 ф 068	维摩疏卷第三	俄 ф 102	维摩经疏
俄 ф 165	净名经关中释批	俄 ф 299	净名经集解关中疏卷上
俄 Д x 00016	净名经集解关中疏卷上	俄 Д x 00021	维摩诘经疏
俄 Д x 00352	维摩诘所说经注释	俄 Д x 00463	维摩诘所说经注释
俄 Д x 00464	维摩诘所说经注释	俄 Д x 00466	维摩诘所说经注释
俄 Д x 00832	注维摩诘经弟子品第三	俄 Д x 01229	净名经集解关中疏卷上并序
俄 Д x 01626	注维摩诘经卷第三	俄 Д x 01819	注维摩诘经卷第三
俄 Д x 01822	净名经集解关中疏佛国品第一	俄 Д x 01828	注维摩诘经卷第一
俄 Д x 01840	注维摩诘经卷第一	俄 Д x 01861	注维摩诘经卷第三
俄 Д x 01862	净名经集解关中疏佛国品第一	俄 Д x 01863	净名经集解关中疏佛国品第一
俄 Д x 01872	注维摩诘经序	俄 Д x 01903	净名经集解关中疏佛国品第一
俄 Д x 02177	维摩诘所说经注疏佛国品第一	俄 Д x 02177v	维摩诘所说经注疏佛国品补记
俄 Д x 02224	净名经集解关中疏卷下	俄 Д x 03184	净名经集解关中疏卷上
俄 Д x 03266	维摩诘经疏		

（4）中国馆藏维摩注疏

写本编号	品次	写本编号	品次
中国国家图书馆藏			
B 1206	维摩诘经疏	B 1305	维摩诘经义记卷第三
B 1306	维摩诘经义记	B 1307	维摩诘经杂释
B 1308	维摩诘经杂释	B 1309	维摩诘经杂释
B 1311	维摩诘经杂释	B 1312	维摩诘经疏
B 1313	维摩诘经疏	B 1314	维摩诘经疏
B 1315	维摩诘经疏	B 1317	维摩诘经疏
B 1318	维摩诘经疏	B 1319	维摩诘经疏

写本编号	品次	写本编号	品次
B 1320	维摩诘经义疏	B 1321	维摩诘经解
B 1322	维摩诘经解	B 1325	净名经集解关中疏卷下
B 1326	净名经集解关中疏	B 1327	净名经集解关中疏
B 1328	净名经集解关中疏	B 1329	净名经关中疏卷上
B 1330	净名经集解关中疏	B 1331	净名经集解关中疏
B 1332	净名经集解关中疏	B 1333	净名经集解关中疏
B 1334	净名经集解关中疏	B 1335	净名经集解关中疏
B 1336	净名经集解关中疏	B 1337	净名经集解关中疏
B 1338	净名经集解关中疏	B 1339	净名经集解关中疏
B 1340	净名经集解关中疏	B 1341	净名经集解关中疏
B 1342	净名经集解关中疏	B 1343	净名经集解关中疏
B 1344	净名经集解关中疏	B 1345	净名经集解关中疏
B 1346	净名经集解关中疏	B 1347	净名经集解关中疏
B 1348	净名经集解关中疏	B 1349	净名经集解关中疏
B 1350	净名经关中疏卷上	B 1351	净名经关中释抄
B 1352	净名经关中释抄卷上	B 1353	净名经关中释抄卷下
B 1354	净名经关中释抄	B 1355	净名经关中释抄卷上
B 1356	净名经关中释抄	B 1357	净名经关中释抄卷下
B 1358	净名经科要	B 1359	净名经科要
B 7266	维摩疏	B 8537	维摩诘经疏
B 8538	维摩诘经疏	B 8539	净名经集解关中疏
台北"中央图书馆"藏卷			
121	净名经关中疏	122	净名经关中释抄
123	净名经关中释抄	124	净名经关中释抄
126	注维摩诘经		
上海图书馆藏卷			
812443	维摩疏卷第四	812561	维摩疏卷第一
812580	净名经集解关中疏卷下		

3. 维摩诘经讲经文

写本编号	品次	写本编号	品次
S3872	维摩诘经讲经文	S4571	维摩诘经讲经文
P2122	维摩诘经讲经文	P2292	维摩诘经讲经文

写本编号	品次	写本编号	品次
P3079	维摩诘经讲经文	B 8435	维摩诘经讲经文
俄 φ252	维摩诘所说经讲经文		

4. 维摩诘经押座文

写本编号	品次	写本编号	品次
S1441vc	维摩诘经押座文	S2440a	维摩诘经押座文
S2440e	维摩诘经押座文	P2122va	维摩诘经押座文
P3210b	维摩诘经押座文		

5. 维摩五更转及其他

写本编号	品次	写本编号	品次
S2454	维摩五更转	S6631vm	维摩五更转十二时
P3141v	维摩五更转十二时	S4443	维摩赞
P3600b	维摩诘经十四品诗	俄 φ101	维摩碎金

敦煌石窟《维摩变》遗存

《敦煌石窟〈维摩变〉遗存》所辑石窟按敦煌研究院编号排序，另标示张大千（C）与伯希和（P）编号，以资对比查证，除莫高窟外，还收录有榆林窟、五个庙石窟《维摩变》遗存。

1. 莫高窟

窟号	年代	洞窟形制	位置	壁画内容
5[(1)] （C158/P169）	五代 （清重修）	覆斗形顶，西壁开一龛	主室东壁	门南文殊菩萨，下男供养人四身；门北维摩诘居士，下毁。（《敦煌石窟内容总录》第6页）
6 （C157/P168）	五代 （西夏重修）	覆斗形顶，西壁开一龛	主室东壁	门上佛国品；门南文殊菩萨，下西夏供养菩萨二身；门北维摩诘居士，下西夏供养菩萨五身。（《敦煌石窟内容总录》第6~7页）
7 （C156/P167A）	中唐 （宋、元、清重修）	覆斗形顶，西壁开一龛	主室东壁	门南维摩诘居士，下供养比丘三身；门北文殊菩萨，下供养比丘七身。门上元趺坐佛三身。（《敦煌石窟内容总录》第7页）
9 （C155/P167）	晚唐 （宋、元、清重修）	前部覆斗形顶，后部平顶，有中心龛柱，柱东向面开一龛	主室北壁	维摩诘居士变，上卷草边饰，东西两侧团花边饰。（《敦煌石窟内容总录》第8页）

窟号	年代	洞窟形制	位置	壁画内容
12[(2)] （C154/P166）	晚唐 （五代重画，清重修）	覆斗形顶，西壁开龛	主室东壁	门上男女供养人各一身，侍从各二身，门北维摩诘居士变一铺，下屏风三扇，绘方便品等，北侧女供养人二身。门南报恩经变一铺，下屏风三扇，绘恶友品。（《敦煌石窟内容总录》第9页）
18 （C150/P162）	晚唐 （元重修）	覆斗形顶，西壁开一龛	主室东壁	门南维摩诘居士，下屏风二扇，绘方便品（残）。门北文殊菩萨，下屏风二扇，绘方便品（残）。门上男女供养人各二身，后有男女侍从。（《敦煌石窟内容总录》第11～12页）
21[(3)] （C123/P138C）	中唐 （五代、元重修）	覆斗形顶，西壁开一龛	东壁两侧	在入口两侧画维摩变，残。（《文物》1959年第4期，第60页）
22 （C122/P138b）	五代 （清重修）	前部覆斗形顶，后部平顶，有中心龛柱，柱东向面开一龛	主室东壁	门北维摩诘居士，仅存部分，下供养人一排（残）；门南文殊菩萨，仅存部分，下女供养人一排（残）。（《敦煌石窟内容总录》第13页）
25 （C120/P138）	宋 （清重修）	覆斗形顶，西壁开一龛	主室北壁	维摩诘居士变一铺，下残。（《敦煌石窟内容总录》第14页）
44 （C107/P122）	盛唐 （中唐、五代重修）	前部人字披顶，后部平顶，有中心龛柱，柱东向面开一龛，南北壁各开二龛	前室南壁	维摩诘居士变一铺，残存部分。（《敦煌石窟内容总录》第20～21页）
53[(4)] （C107/P122）	中唐 （五代重修）	覆斗形顶，西壁开一龛	主室北壁	上维摩诘居士变（五代）。东部壁里为第469窟，下女供养人一排，残。（《敦煌石窟内容总录》第23～24页）
61[(5)] （C075/P117）	五代 （元重修）	覆斗形顶，设中心佛坛，坛上背屏连接窟顶	主室东壁	门上佛国品；门南文殊菩萨，下回鹘公主等女供养人八身；门北维摩诘居士，下宋供养比丘尼三身及于阗公主等女供养人四身，五代女供养人四身。（《敦煌石窟内容总录》第26～27页）
68 （C072/P112B）	初唐	覆斗形顶，西壁开一龛	西壁龛口内	南北两侧维摩诘居士变，南侧文殊菩萨，北侧维摩诘居士。（《敦煌石窟内容总录》第29页）
85[(6)] （C060/P092）	晚唐 （五代、元、清重修）	覆斗形顶，设中心佛坛	主室东壁	门上、门南金光明经变一铺，门南下存供养比丘尼五身；门北维摩诘经变一铺，下比丘三身，女供养人三身。（《敦煌石窟内容总录》第34页）

窟号	年代	洞窟形制	位置	壁画内容
98(7) （C042/P074）	五代 （清重修）	覆斗形顶，设中心佛坛，坛上背屏连接窟顶	主室东壁	门上方便品；门南文殊菩萨，下于阗国王李圣天等男女供养人十一身；门北维摩诘居士，下回鹘公主等男女供养人七身。（《敦煌石窟内容总录》第38页）
100(8) （C040/P066）	五代 （清重修塑像）	覆斗形顶，西壁开一龛	主室东壁	门南文殊菩萨，下曹议金统军图；门北维摩诘居士，下回鹘公主出行图。（《敦煌石窟内容总录》第39页）
103 （C284/P054）	盛唐 （清重修）	覆斗形顶，西壁开一龛	主室东壁	门上佛国品；门南维摩诘居士，下方便品；门北文殊菩萨，下漫漶。（《敦煌石窟内容总录》第40页）
108(9) （C039/P052）	五代 （清重修）	覆斗形顶，设中心佛坛	主室东壁	门上佛国品；门南文殊菩萨，下曹氏家族女供养人五身（下毁）；门北维摩诘居士，下供养比丘尼四身，女供养人三身（下毁）。（《敦煌石窟内容总录》第41页）
121 （C028/P032）	盛唐 （五代、清重修）	覆斗形顶，西壁开一龛	主室东壁	门上佛国品；门南文殊菩萨，下男供养人五身；门北维摩诘居士，下女供养人四身、从女二身。（五代）（《敦煌石窟内容总录》第46页）
132 （C002/P001A）	晚唐 （五代、清重修）	覆斗形顶（毁），西壁开一龛	主室东壁	门南文殊菩萨，下男供养人五身；门北维摩诘居士，下女供养人三身。（五代）（《敦煌石窟内容总录》第50~51页）
133(10) （C003/P001B）	中唐	覆斗形顶，西壁开一龛	东壁两侧	在入口两侧画维摩变各品，下作条幅。（《文物》1959年第4期，第60页）
138(11) （C005/P001）	晚唐 （五代、元、清重修）	覆斗形顶，设中心佛坛，坛上背屏连接窟顶	主室东壁	门上安国寺尼智惠性等男女供养人共十身；门南维摩诘居士变一铺，下女供养人十五身。门北报恩经变，下女供养人七身、从女二身。（《敦煌石窟内容总录》第52~53页）
139(12) （C005北耳）	晚唐	覆斗形顶，北壁塑像	主室东壁	维摩诘居士变一铺。（《敦煌石窟内容总录》，第53页）
146 （C012/P008）	五代 （宋、元、清重修）	覆斗形顶，设中心佛坛，坛上背屏连接窟顶	主室东壁	门上佛国品；门南文殊菩萨，下宋供养菩萨五身；门北维摩诘居士，下宋供养菩萨五身。（《敦煌石窟内容总录》第56~57页）
150 （C016/P012）	晚唐 （清重修）	覆斗形顶，西壁开一龛	主室南壁	西起金刚经变、维摩诘居士变各一铺，下清道教十二星君七身。（《敦煌石窟内容总录》第58~59页）

窟号	年代	洞窟形制	位置	壁画内容
156（C300/P017Bis）	晚唐	覆斗形顶，西壁开一龛	主室东壁	门上男供养人三身、女供养人一身、侍从二身；门南金光明经变一铺，下张议潮统军出行图（前接南壁）；门北维摩诘居士变一铺，下宋国夫人出行图（前接北壁）。（《敦煌石窟内容总录》第61～62页）
159（C302/P21Bis）	中唐	覆斗形顶，西壁开一龛	主室东壁	门上佛国品；门南维摩诘居士，下屏风三扇画弟子品；门北文殊菩萨，下屏风三扇，绘方便品。（《敦煌石窟内容总录》第62～63页）
172（C292/P033）	盛唐（宋、清重修）	覆斗形顶，西壁开一龛	前室西壁	门南文殊菩萨，门北维摩诘居士。（北宋）门上宋愿文榜题两侧毗沙门天王赴那吒会。（《敦煌石窟内容总录》第68～69页）
173⁽¹³⁾（C292甬道南耳）	晚唐（清重修）	覆斗形顶，南壁开一龛	外室两壁	未详（《文物》1959年第4期，第60页）
186（C286/P051A）	中唐（五代、清重修）	覆斗形顶，西壁开一龛	主室南壁	维摩诘居士变一铺（西侧毁于穿洞）。（《敦煌石窟内容总录》第73页）
194（C282/P051E）	盛唐（晚唐、西夏重修）	覆斗形顶，西壁开一龛	主室南壁	维摩诘居士变一铺（上毁）。西端残存国王出行图一角，下西夏男女供养人十六身。（《敦煌石窟内容总录》第75～76页）
202（C276/P061）	初唐（中唐、宋、清重修）	覆斗形顶，西壁开一龛	前室南北壁	南壁文殊菩萨，北壁维摩诘居士（漫漶）。（宋）（《敦煌石窟内容总录》第80页）
203（C275/P067）	初唐（宋重修）	覆斗形顶，西壁开一龛	前室西壁	门南文殊菩萨，门北维摩诘居士。（宋）门上宋重修愿文榜题（残），两侧毗沙门天王赴那吒会。（《敦煌石窟内容总录》第80页）
			主室西壁龛外	南侧上维摩诘居士，中观音一身，下供养比丘尼一身、女供养人三身；北侧上文殊菩萨，中观音一身，下供养比丘一身、男供养人四身。（《敦煌石窟内容总录》第81页）
206⁽¹⁴⁾（C264/P075A）	隋（初唐、五代、西夏重修）	覆斗形顶，西壁开一龛	主室西壁龛外	南侧文殊菩萨，下隋二菩萨（西夏重涂色）；北侧维摩诘居士，下隋二菩萨（西夏重涂色）。（《敦煌石窟内容总录》第82页）

窟号	年代	洞窟形制	位置	壁画内容
220[15] （C270/P064）	初唐 （中唐、晚唐、五代、宋、清重修）	覆斗形顶，西壁开一龛	主室东壁	门南维摩诘居士,宋男供养人一身（漫漶），门北文殊菩萨，上宋千佛、花卉一部，下比丘尼一身。门上三身说法佛一铺（正中为倚坐佛），男女供养人各一身（贞观十六年愿文榜题一方）。（《敦煌石窟内容总录》第87页）
231[16] （C047/P081）	中唐 （宋、清重修）	覆斗形顶，西壁开一龛	主室东壁	门北维摩诘居士变，下屏风四扇，一扇绘天王，三扇绘方便品等。门上阴处士父母供养像、男女侍从各一身；门南报恩经变一铺，下屏风四扇，一扇绘天王，三扇绘恶友品。（《敦煌石窟内容总录》第91页）
236 （C052/P083B）	中唐 （五代、清重修）	顶毁，西壁开一龛	主室东壁	门南维摩诘居士，门北文殊菩萨。（《敦煌石窟内容总录》第93页）
237 （C053/P084）	中唐 （西夏、清重修）	覆斗形顶，西壁开一龛	主室东壁	门上佛国品；门南维摩诘居士，下屏风四扇，绘方便品；门北文殊菩萨，下屏风四扇，绘方便品。（《敦煌石窟内容总录》第93～94页）
240 （C256/P089）	中唐	覆斗形顶，西壁开一龛	西壁龛外	南侧文殊菩萨，上普贤菩萨乘象赴会；北侧维摩诘居士，上文殊菩萨乘狮赴会。（《敦煌石窟内容总录》第94～95页）
242 （C255/P093）	初唐 （宋、清重修）	覆斗形顶，西壁开一龛	西壁龛内	南壁维摩诘居士变（文殊菩萨，漫漶）。（《敦煌石窟内容总录》第95页）
249 （C250/P101）	西魏 （清重修）	覆斗形顶，西壁开一龛	主室窟顶西披	窟顶西披阿修罗王下方两侧。（《敦煌石窟内容总录》第99页）
261 （C241/P109A）	五代	覆斗形顶，西壁设佛坛	前室西壁	门南文殊菩萨，存一角；门北维摩诘居士，存一部，余剥落。门上愿文榜题（漫漶）。（《敦煌石窟内容总录》第106页）
262[17] （C238A）	隋	前部人字披顶，后部平顶，西壁开一龛	窟顶后部平顶	中阿修罗王，两侧维摩诘居士变，南侧文殊菩萨，北侧维摩诘居士。（《敦煌石窟内容总录》第107页）
264 （C239/P117）	盛唐 （宋重修）	覆斗形顶，西壁开一龛	前室西壁	门上佛国品（残）；门南文殊菩萨（漫漶）。（宋）（《敦煌石窟内容总录》第108页）
276	隋 （西夏重修）	覆斗形顶，西壁开一龛	主室西壁龛外	南侧文殊菩萨；北侧维摩诘居士。（《敦煌石窟内容总录》第111～112页）

窟号	年代	洞窟形制	位置	壁画内容
277[18]	隋（五代重修）	覆斗形顶，西壁开一龛	主室北壁	上千佛；中释迦、多宝佛；西侧存维摩诘居士变（文殊菩萨）；下五代供养菩萨七身与女供养人三身。（《敦煌石窟内容总录》第112页）
288（C084/P120P）	西魏（晚唐、五代重修）	前部人字披顶，后部平棋顶，有中心塔柱，柱东向面开一龛，南、西、北向三面上下各开一龛	前室南壁	表层维摩诘居士变（已残），下男供养人三身（漫漶）。（五代）中层有晚唐画，底层为西魏画天王。（《敦煌石窟内容总录》第116～117页）
314[19]（C102）	隋（西夏、清重修）	覆斗形顶，西壁开一龛	主室西壁龛外	南侧上千佛，中文殊菩萨，下树下思惟菩萨一身；北侧上千佛，中维摩诘居士，下树下授记。（《敦煌石窟内容总录》第130页）
322（C127/P139B）	初唐（五代重修）	覆斗形顶，西壁开一龛	主室西壁龛外	南侧维摩诘居士，下供养菩萨一身；北侧文殊菩萨，下供养菩萨一身。（《敦煌石窟内容总录》第132页）
332[20]（C134/P146）	初唐（五代、元、清重修）	前部人字披顶，后部平顶，有中心方柱，柱东向面与南北壁前部各塑立佛一铺，西壁开一龛	主室北壁	后部维摩诘居士变一铺，下男供养人一排。（《敦煌石窟内容总录》第135～136页）
334（C136/P148）	初唐（五代、清重修）	覆斗形顶，西壁开一龛	前室西壁	门南文殊菩萨，门北维摩诘居士。门上五代愿文榜题（漫漶）。（五代）（《敦煌石窟内容总录》第137页）
			主室西壁龛壁	龛壁浮塑佛光，两侧维摩诘居士变，南侧文殊菩萨，北侧维摩诘居士，后随听法从众。（《敦煌石窟内容总录》第137页）
335（C137/P149）	初唐（中唐、宋、元、清重修）	覆斗形顶，西壁开一龛	前室西壁	门南北维摩诘居士变一铺（漫漶）。（宋）（《敦煌石窟内容总录》第137页）
			主室北壁	维摩诘居士变一铺。（《敦煌石窟内容总录》第138页）
341（C141/P157）	初唐（五代、清重修）	覆斗形顶，西壁开一龛	主室西壁龛口	口内南侧文殊菩萨，北侧维摩诘居士。（《敦煌石窟内容总录》第140页）

窟号	年代	洞窟形制	位置	壁画内容
342 （C142/P157A）	初唐 （五代、清重修）	覆斗形顶，西壁开一龛	主室西壁龛内	南北壁维摩诘居士变，南壁文殊菩萨，北壁维摩诘居士。（《敦煌石窟内容总录》第140~141页）
			主室北壁	维摩诘居士变一铺，下供养菩萨（熏黑）。（《敦煌石窟内容总录》第140~141页）
359 （C169/P166E）	中唐 （五代、清重修）	覆斗形顶，西壁开一龛	主室东壁	门南维摩诘居士，下女供养人一排（漫漶）；门北文殊菩萨，下男供养人一排（漫漶）。门上愿文榜题，男女供养人各一身。（《敦煌石窟内容总录》第145~146页）
360 （C168/P165D）	中唐 （五代、清重修）	覆斗形顶，西壁开一龛	主室东壁	门上佛国品；门南维摩诘居士，下屏风三扇，绘方便品；门北文殊菩萨，下屏风三扇，绘方便品。（《敦煌石窟内容总录》第146~147页）
369[21] （C173/P162E）	中唐 （五代、清重修）	覆斗形顶，西壁开一龛	主室东壁	门上佛国品；门南文殊菩萨，下屏风画，存菩萨一身（残）；门北维摩诘居士，下屏风三扇，画一药师佛、二菩萨。（五代）（《敦煌石窟内容总录》第149~150页）
380 （C182/P158D）	隋 （宋、清重修）	覆斗形顶，西壁开一龛	主室西壁龛外	南侧上文殊菩萨，中观音一身，下供养比丘尼二身。北侧上维摩诘居士，中大势至菩萨一身，下供养比丘尼二身。（《敦煌石窟内容总录》第154页）
417 （C207耳/P136H）	隋	前部人字披顶，后部平顶	主室西壁龛外	南侧文殊菩萨，北侧维摩诘居士。（《敦煌石窟内容总录》第169页）
419 （C208/P136F）	隋 （西夏重修）	前部人字披顶，后部平顶，西壁开一龛	主室西壁龛外	南侧上飞天一身、栏墙一段，下文殊菩萨；下三弟子、三菩萨。北侧上飞天一身、栏墙一段，下维摩诘居士；下三弟子、三菩萨。（《敦煌石窟内容总录》第170页）
420 （C209/P136E）	隋 （宋、西夏重修）	覆斗形顶，西、南、北壁各开一龛	主室西壁龛外	南侧文殊菩萨，北侧维摩诘居士。两侧下各五弟子、四菩萨。（《敦煌石窟内容总录》第170~171页）
423[22] （C210）	隋 （西夏重修）	前部人字披顶，后部平顶，西壁开一龛	窟顶后部	后部平顶维摩诘居士变一铺。北侧帝释天，南侧帝释天妃。南北侧说法图各一铺。（《敦煌石窟内容总录》第172页）

窟号	年代	洞窟形制	位置	壁画内容
424[23]（C211/P136A）	隋	覆斗形顶	前室顶部	分三室表现释迦、维摩、文殊三人，为问疾品或菩萨行品。（《文物》1959年第2期，第9页）
425[24]（C211B）	隋（宋重修）	前部人字披顶，后部平顶，西壁开一龛	前室顶西披	维摩诘居士变一铺（局部残）。（《敦煌石窟内容总录》第172页）
433（C215耳）	隋	前部人字披顶，后部平顶，西壁开一龛	窟顶后部平顶	平顶中弥勒经变一铺。两侧维摩诘居士变一铺。南侧文殊菩萨，北侧维摩诘居士。（《敦煌石窟内容总录》第178～179页）
437（C217/P123A）	北魏（宋重修）	前部人字披顶，后部平顶，有中心塔柱，柱东向面开一龛，柱南、西、北向三面上下层各开一龛	前室西壁	门南文殊菩萨，门北维摩诘居士，上如意轮观音变一铺。（宋）（《敦煌石窟内容总录》第180～181页）
454[25]（C228/P119）	宋（清重修）	覆斗形顶，设中心佛坛	主室东壁	门上佛国品；门南文殊菩萨，下于阗国王等供养像六身；门北维摩诘居士，下回鹘公主等供养像六身、比丘尼二身。（《敦煌石窟内容总录》第186～187页）

2. 安西榆林窟

窟号	年代	洞窟形制	位置	壁画内容
3（C2）	西夏（元、清重修）	浅穹隆顶，设八角形中心佛坛	主室西壁	门上残存维摩诘居士变一铺。门南普贤变，门北文殊变。（《敦煌石窟内容总录》第204～205页）
32（C22）	五代（清重修）	覆斗形顶，设中心佛坛	主室北壁	北壁维摩诘居士变一铺。东侧凿一穿道；下残存十四壶门供宝。（《敦煌石窟内容总录》第216页）

3. 肃北五个庙

窟号	年代	洞窟形制	位置	壁画内容
3	北周（西夏重修）	主室人字披顶，北壁设马蹄形佛坛	主室东壁	维摩诘居士变一铺。（西夏）（《敦煌石窟内容总录》第225页）

（1）该窟窟主为知版筑使杜彦弘。《敦煌石窟内容总录》，第6页。
（2）该窟窟主为沙州释门都法律、金光明寺索义辨，见敦煌遗书P4640、P2021、S0530。《敦煌石窟内容总录》，第9页。
（3）金维诺认为该窟时代应为五代，见《文物》1959年第4期，第60页；金维诺：《中国美术史论集》中卷，哈尔滨：黑龙江美术出版社，2004年，第210页。
（4）该窟主室为五代将一中唐窟扩大而成。《敦煌石窟内容总录》，第24页。
（5）该窟原名文殊堂，曹元忠建于947—951年间。元代在此窟前室建皇庆寺时重绘甬道壁画，皇庆年间（1312—1313年）建成后，西宁王速来蛮又于1351年重修。《敦煌石窟内容总录》，第27页。
（6）据《翟家碑》（P4640），该窟为法荣开于862—867年。《敦煌石窟内容总录》，第34页。
（7）此窟建成于924年，即"大王窟"。东壁门南李圣天及夫人曹氏像为后晋补绘。《敦煌石窟内容总录》，第38页。
（8）该窟为敦煌遗书所称"天公主窟"。《敦煌石窟内容总录》，第39页。据石璋如在《莫高窟形》（二）提供的诸家窟号，该窟张大千编号应为C.040，经笔者校对，《敦煌石窟内容总录》疑有误，此处从石氏版本，参见石璋如：《莫高窟形》（二），台北："中央研究院"历史语言研究所，1996年，第214页。
（9）该窟为敦煌遗书所称"张都衙（淮庆）窟"，敦煌遗书S0192为该窟贤愚经变榜题底稿。《敦煌石窟内容总录》，第41页。
（10）金维诺认为该窟时代应为晚唐，见《文物》1959年第4期，第60页；《中国美术史论集》中卷，第210页。
（11）该窟即敦煌遗书所称"阴家窟"。《敦煌石窟内容总录》，第53页。
（12）该窟位于第138窟前室北壁，坐北朝南，为一影窟。《敦煌石窟内容总录》，第53页。
（13）金维诺认为该窟时代应为宋，见《文物》1959年第4期，第60页；《中国美术史论集》中卷，第211页。
（14）原为隋窟，唐代补塑二力士，五代重修窟门，西夏重绘窟顶、四壁。《敦煌石窟内容总录》，第82页。
（15）该窟底层初唐壁画于1943年剥出，据题记知此窟为初建于唐贞观十六年的翟家窟，中唐、晚唐、五代相继增修。《敦煌石窟内容总录》，第87页。
（16）该窟系唐开成四年（839年）阴嘉政所建（敦煌遗书P4640）。《敦煌石窟内容总录》，第91页。
（17）《敦煌石窟内容总录》未提供张大千编号，此编号采自石璋如《莫高窟形》（二），第236页。
（18）该窟于1947年清理出土。《敦煌石窟内容总录》，第112页。
（19）《敦煌石窟内容总录》未提供张大千编号，此编号采自石璋如《莫高窟形》（二），第221页。
（20）该窟原存武周圣历元年李克让所建《重修莫高窟佛龛碑》。《敦煌石窟内容总录》，第136页。
（21）该窟为吐蕃创建未竟之窟，五代时补绘东西两壁及屏风画。《敦煌石窟内容总录》，第150页。
（22）《敦煌石窟内容总录》未提供张大千编号，此编号采自石璋如《莫高窟形》（二），第233页。
（23）《敦煌石窟内容总录》未提供张大千编号，此编号采自石璋如《莫高窟形》（二），第233页。金维诺认为该窟时代应为魏隋间，见《文物》1959年第2期，第9页；《中国美术史论集》（中卷），第199页。
（24）《敦煌石窟内容总录》提供张大千编号为C.211，伯希和编号为P136A，石璋如《莫高窟形》（二）提供张大千编号为211B，未提供伯希和编号，此处从石氏版本，见《莫高窟形》（二），第233页。
（25）关于该窟窟主仍存争议，有人认为该窟为曹延恭所修，持反对意见者认为此窟始建于五代，为曹元德或曹元深功德窟。《敦煌石窟内容总录》，第187页。

莫高窟《维摩变》遗存洞窟供养人题记

《莫高窟〈维摩变〉遗存洞窟供养人题记》收录莫高窟《维摩变》所绘壁面上的供养人题记,以敦煌研究院编号为序,并标示参考年代。

窟号	位置		色地	尺寸	题记内容
第5窟（五代）	东壁门南侧供养人像列	北向第三身题名	绿地	高59 cm 宽7cm	女婿节度押知□（兼）将务银青光禄大夫检校国子祭酒兼御史中丞上柱国阎子延一心供养
		同列第四身题名	白地	高15 cm 宽3 cm	孙庆……
		同列第五身题名	绿地	高56 cm 宽5.5 cm	……银青光禄大夫检校太子宾客宋保定一心供养
		同列第六身题名	绿地	高13 cm 宽2.5 cm	孙□□（清）一心供养
第9窟（晚唐）	甬道北壁供养人像列	西向第一身题名	绿地	高130 cm 宽14 cm	……光禄大夫检校司徒同中书门下平章事食……实……万户候赐紫金鱼袋南阳郡开国公张承奉一心供养
		同列第二身题名	绿地	高128 cm 宽12 cm	……瓜州刺□（史）……光禄大夫检校左□（散）□（骑）□（常）□（侍）□（兼）□（御）□（史）大夫上柱国□（陇）西郡李弘定一心供养
第12窟（晚唐）	东壁门上中央供养人题名		红地绿边	高55 cm 宽15 cm	窟主沙州释门都法律和尚金光明寺僧索义辩……

窟号	位置		色地	尺寸	题记内容
第18窟（晚唐）	东壁门上中央供养人像题名四则自南至北		土红地	高29 cm 宽5 cm	□□□□一心供养 □□君张冲□（洎）一心供养 □□（心）女四□一心供养 □□母□氏一心供养
第22窟（五代）	东壁门南侧供养人像列	北向第一身题名	白地	高68 cm 宽8 cm	敕受秦国太夫人天公主是北方大□（迴）□（鹘）□（国）圣天……
		同列第二身题名	白地	高68 cm 宽8 cm	□（敕）受广平郡……
第25窟（宋）	甬道北壁供养人像列西向第一身题名		绿地	高15 cm 宽10 cm	故北方……
第44窟（盛唐）	南壁二龛下供养人像列（五代）	东向第七身题名	绿地	高32 cm 宽8.5 cm	释门法律□（兼）临坛大德沙□（门）法□
		同列第九身题名	绿地	高32 cm 宽8.5 cm	……大德□沙门……法师□□庆福
		同列第十一身题名	绿地	高32 cm 宽8.5 cm	释门教□临坛大德兼阐扬□教大法师□□一心供养
		同列第十三身题名	绿地	高32 cm 宽8.5 cm	释门□（法）律临坛大德沙门大□
		同列第十五身题名	绿地	高32 cm 宽8.5 cm	释门法律临坛大德沙门□□□□
		同列第十七身题名	绿地	高32 cm 宽8.5 cm	……论法师沙门□（庆）□（员）
		同列第十九身题名	绿地	高32 cm 宽8.5 cm	释门法律临坛大德沙门神心
		同列第二十一身题名	绿地	高32 cm 宽8.5 cm	释门法律临坛大德兼义学法师沙门法达
		同列第二十三身题名	绿地	高32 cm 宽8.5 cm	释门法律临坛大德兼义学大法师沙门□（法）□（润）一心供养
	同壁中部观音像上端供养人题名		灰地	未详	观世音菩萨……使康秀华一心供养
第53窟（五代）	北壁供养人像列	西向第二身题名	白地	高存76 cm 宽5 cm	……法律尼临坛大德□□□□一心供养
		同列第三身题名	白地	高存59 cm 宽4.3 cm	□□慕容氏一心供养
		同列第七身题名	白地	高存53 cm 宽4.8 cm	新妇慕容氏一心供养
		同列第九身题名	白地	高存25 cm 宽4.8 cm	……一心供养出适慕容□

窟号	位置		色地	尺寸	题记内容
第61窟（五代）	东壁门南侧供养人像列	北向第一身题名	绿地	高128cm 宽10 cm	故母北方大回鹘国圣天的子勅授秦国天公主陇西李……
		北向第二身题名	白地	高55cm 宽7 cm	□甘州圣天可汗天公主一心供养
		北向第三身题名	绿地	高58cm 宽7 cm	□大朝大于阗国大政大明天册全封至孝皇帝天皇后一心供养
		北向第四身题名	绿地	高84cm 宽9 cm	故慈母勅授广平郡君太夫人宋氏一心供养
		北向第五身题名	绿地	高46cm 宽7 cm	故□谯县夫人一心供养出适翟氏
		北向第六身题名	绿地	高46cm 宽7 cm	故□谯县夫人一心供养出适阴氏
		北向第七身题名	红地	高45cm 宽8 cm	□谯县夫人一心供养出适邓氏
		北向第八身题名	绿地	高47cm 宽7.5 cm	故□谯郡夫人一心供养出适翟氏
		南向第一身题名	绿地	高79 cm 宽11 cm	……敕受……
		南向第二身题名	绿地	高51 cm 宽11 cm	故□大□……沙门供养
第61窟（五代）	东壁门北侧供养人像列	南向第三身题名	白地	高51 cm 宽11 cm	故姨安国寺法律尼临坛大德沙门性真供养
		南向第四身题名	绿地	高51 cm 宽11 cm	□甥甘州圣天可汗的子天公主……
		南向第五身题名	白地	高35 cm 宽8 cm	□甥甘州圣天可汗的子天公主供养
		南向第六身题名	绿地	高51 cm 宽9 cm	□甥甘州圣天可汗的子天公主供养
		南向第七身题名	绿地堆金字	高48 cm 宽21 cm	大朝大于阗国天册皇帝弟三女天公主李氏为新受太傅曹延禄姬供养
		南向第八身题名	绿地	高62 cm 宽7 cm	故伯母武威郡夫人阴氏一心供养
		南向第九身题名	绿地	高62 cm 宽7 cm	故母钜鹿郡君夫人索氏一心供养
		南向第十身题名	绿地	高62 cm 宽7 cm	故谯县夫人一心供养出适慕容氏

窟号	位置		色地	尺寸	题记内容
第61窟（五代）	东壁门北侧供养人像列	南向第十一身题名	绿地	高62 cm 宽7 cm	故姑谯县夫人一心供养出适阎氏
	东壁门南北向第一身供养人像前		未详	未详	上座宁□□姚巡礼山寺到天庆五年四月廿日（游人漫题）
第85窟（晚唐）	主室东壁门北侧供养人像列（五代）	南向第一身题名	灰地	高51 cm 宽18 cm	故……敦煌释门僧统沙门日俊
		同列第二身题名	红地	高38.5 cm 宽16 cm	故和尚龙兴寺……
		同列第四身题名	红地	高50 cm 宽16 cm	□□□夫人……河西节度使□□□□（敕）授右神武卫赠太子太保□弟十六姪女一心供养
		同列第五身题名	绿地	高50 cm 宽16 cm	新妇小娘子即□（今）河西节度使谯郡曹尚书长女一心供养
第98窟（五代）	主室东壁门南侧供养人像列	北向第一身题名	绿地	高169 cm 宽13 cm	大朝大宝于阗国大圣大明天子……即是窟主
		同列第二身题名	绿地	高115 cm 宽10 cm	大朝大于阗国大政大明天册全封至孝皇帝天皇后曹氏一心供养
	东壁门北侧供养人像列	南向第一身题名	绿地	高118 cm 宽10 cm	敕受汧国公主是北方大回鹘国圣天可□（汗）……
		同列第三身题名	绿地	高69 cm 宽9 cm	郡君太夫人钜鹿□（故）索氏一心供养
		同列第四身题名	白地	高70 cm 宽9 cm	郡君太夫人广平宋氏一心供养
		同列第五身题名	红地	高43 cm 宽9 cm	故女第十一小娘子一心供□（养）出适翟氏
		同列第六身题名	白地	高45 cm 宽9 cm	女第十二小娘子一心供养出适阴氏
		同列第七身题名	红地	高45 cm 宽9 cm	女第十三小娘子一心供养出适邓氏
	东壁南侧供养人像列北向第一身后		未详	未详	安西府□□县津贤社□闻庙……康社三至□（治）三年七月初一日到此西凉州普寿寺僧森大千计（游人漫题）
第108窟（五代）	主室东壁门南侧供养人像列	北向第二身题名	绿地	高56 cm 宽11 cm	□君□夫人钜鹿郡索氏一心供养
		同列第三身题名	绿地	高64.8 cm 宽10 cm	□君太夫人广平郡宋氏一心供养
		同列第四身题名	红地	高53 cm 宽9.5 cm	□第十一娘子一心供养出适慕容氏

窟号	位置		色地	尺寸	题记内容
第108窟（五代）	主室东壁门南侧供养人像列	同列第五身题名	绿地	高57 cm 宽8.5 cm	□第十四娘子一心供养出适氾氏
	东壁门北侧供养人像列	南向第二身题名	红地	高50.5 cm 宽11.5 cm	故□普光寺法律尼念定一心供养
		同列第四身题名	绿地	高51.5 cm 宽11 cm	故女普光寺法律尼最胜喜
	主室东壁南侧	北向第一身供养像后	未详	未详	至元四年闰八月十五日郭良甫到此烧香
		前题以南	未详	未详	大德拾年十月十三日赵德秀到山寺礼拜
第138窟（晚唐）	东壁门上方供养人题名		未详	未详	女尼安国寺法律智惠性供养
	东壁门南侧供养人像列北向第十身题名		红地	高18.5 cm 宽5 cm	从女
	东壁门北侧供养人像列	北向第一身题名	绿地	高50 cm 宽10 cm	故女四娘子一心供养
		同列第三身题名	红地	高33 cm 宽8.5 cm	故女四娘子一心供养
		同列第六身题名	绿地	高39.5 cm 宽11 cm	新妇小娘子……
第156窟（晚唐）	东壁门上方供养人像列南向第一身题名		白地	高83 cm 宽7.2 cm	亡母赠宋国太夫人陈氏一心供养
第194窟（盛唐）	前室南壁晚唐供养人像列西向第二身题名		红地	高16.2 cm 宽5.3 cm	故亡……清信弟子马□信一心供养
第203窟（初唐）	前室西壁门上方发愿文（宋）		深灰地	高46.5 cm 宽4.5 cm	……□□不違……常……□（天）□（主）……□□□（因）□（此）□
第220窟（初唐）	主室东壁门上方中央发愿文		红地	高16.5 cm 宽28.5 cm	弟子昭武校尉柏堡镇将……工……玄迈敬造释迦……铺□□功毕谨申诵……大师释迦如来弥勒化及……□含识众□□台尊容……福家□三空……□□有情共登净……四月十日……贞观十有六年敬造奉
第231窟（中唐）	东壁门上方中央中唐供养人题名		土红地	高38 cm 宽10 cm	亡考君唐丹州长松府左果毅都尉改亡慈妣唐敦煌录事孙索氏同心供养
	西壁龛下供养人像列（宋）北向第四身题名		绿地	高68 cm 宽5.2 cm	……上柱国……
第237窟（中唐）	东壁门南侧《维摩诘居士变》南下角		未详	未详	嘉庆二十三年五月十四日张成林重苗各国王子（游人漫题）

窟号	位置		色地	尺寸	题记内容
第 322 窟（初唐）	西壁龛下北侧供养人像列（五代）	南向第一身题名	绿地	高 36.5 cm 宽 4.5 cm	……社人队头令狐住子一、□供养
		同列第二身题名	绿地	高 35 cm 宽 6 cm	社人……一心供养
		同列第三身题名	绿地	高 39 cm 宽 5.5 cm	……□（孔）五一心……
		同列第四身题名	绿地	高 30 cm 宽 5.5 cm	社人……
		同列第五身题名	黄地	高 34 cm 宽 4.5 cm	女……供养
		同列第七身题名	绿地	高 30 cm 宽 5.5 cm	社人队头□□令狐□□一心供养
		同列第八身题名	绿地	高 40 cm 宽 5 cm	女……供养
	西壁龛下南侧供养人像列（五代）	北向第一身题名	绿地	高 47 cm 宽 5.5 cm	……临坛大德沙门志……
		同列第三身题名	绿地	高 51 cm 宽 5 cm	……不匆一心□□
		同列第四身题名	绿地	高存 40 cm 宽 6 cm	……节度押衙祭酒市礼银青光……
		同列第五身题名	绿地	高存 26 cm 宽 5.5 cm	社人□（节）□（度）□（押）衙知画匠□（录）□（事）□（潘）□□……
第 332 窟（初唐）	北壁下端供养人像列西向第十六身题名（并书两条）		黑地	高约 19 cm 宽约 7 cm	……一心供养 □男□□一心供养
第 335 窟（初唐）	北壁《维摩变》下端中央功德记		红地	高 33 cm 宽 12 cm	□……六月……□（大）□无 □□具之慈……艺□光久逝永难 □□（托）往修……而钟声隐□□（敬）于兹所尽维……□祖高蹈而□（空）百亿含□□……□□国张思艺敬造
第 342 窟（初唐）	北壁		墨书	未详	雍正五年四月初一日朝上进香 泾阳县弟子王松山沐叩（游人漫题）
	北壁		墨书	未详	雍正四年正月十三日陕西宁夏进香人张自民、李喜、孙万仁、王炯、陈玉福、吴开先、白兆甲、陈普、□（闰）登士、倪□、王摄、朱□□（游人漫题）
第 454 窟（宋）	东壁门北下南向第二身供养像榜题上		墨书	未详	唐瑞 光绪元年四月初八日正乙弟子阎雪方、阎英、安春在（游人漫题）

莫高窟《维摩变》遗存洞窟排年

莫高窟分期与排年始于藏经洞发现以后，1908年，伯希和（Paul Pelliot）来到敦煌，对328个洞窟自南至北作了编号；1922年，敦煌官厅编《敦煌千佛洞、安西万佛峡、安西千佛洞官厅调查表》，将莫高窟编为352号；1935年，高良佐著《千佛洞调查表》，编莫高窟为207号；1943年，何正璜发表《敦煌莫高窟现存佛洞概况之调查》，著录305个洞窟内容；1941—1943年，张大千为莫高窟编号309个；1943年，史岩据张大千编号撰《千佛洞初步踏查记略》与《敦煌石窟群之编号问题》；1944年，李浴调查莫高窟，补128窟，共得437窟，其《莫高窟内容之调查》对此作了记录；1955年，谢稚柳《敦煌艺术叙录》以张大千编号为序次，对洞窟内容作了较详记录；1964年，敦煌研究所复查莫高窟，共著录492窟，此为1982年出版之《敦煌莫高窟内容总录》底本，后在该书基础上，重加校订，并增补西千佛洞、榆林窟、五个庙石窟，于1996年名以《敦煌石窟内容总录》出版。本表"诸家窟号"主要收录伯希和、张大千、史岩以及敦煌研究院编号；"诸家排年"收录张大千、何正璜、谢稚柳、石璋如、敦煌研究院、史岩、金维诺对莫高窟维摩变所作年代判定。窟号以"诸家窟号"第四列敦煌研究院编号为序，"诸家排年"部分仅录开窟年代，不录重修与重塑年代。表中空白部分表示无窟号或年代判定。其中，"诸家窟号"中的P为伯希和、C为张大千、SY为史岩、D为敦煌研究院；"诸家排年"中的张为张大千、何为何正璜、谢为谢稚柳、石为石璋如、录为《敦煌石窟内容总录》、史为史岩、金为金维诺。

诸家窟号				诸家排年						
P	C	SY	D	张	何	谢	石	录	史	金
169	C158	408	D5	晚唐	五代	五代	五代	五代	五代	五代
168	C157	407	D6	五代	新修	五代宋	五代	五代	五代	五代
167a	C156	406	D7	晚唐	五代	晚唐	晚唐	中唐	宋	宋
167	C155	405	D9	晚唐	五代	唐大顺年间	晚唐	晚唐	晚唐	晚唐
166	C154	404	D12	晚唐	五代	晚唐	晚唐	晚唐	晚唐	晚唐
162	C150	349	D18	晚唐	唐	晚唐	晚唐	晚唐	晚唐	晚唐
138c	C123	242	D21				唐	中唐	吐蕃	五代
138b	C122	241	D22	五代	新修	五代	五代	五代	五代	
138	C120	239	D25	五代宋	唐	五代宋（原为唐窟）	宋	宋	宋	五代
122	C107	222	D44	盛唐	唐	盛唐晚唐	盛唐	盛唐	盛唐	五代
			D53					中唐		五代
117	C75	169	D61	五代	唐	宋初	五代	五代	五代	宋
113	C72	161	D68	初唐	唐	初唐	初唐	初唐	初唐	盛唐（650年以后）
092	C60	129	D85	晚唐宋	唐	晚唐宋	晚唐	晚唐	晚唐	五代
074	C42	71	D98	五代	唐	五代	五代	五代	五代	五代
066	C40	69	D100	五代	唐	五代唐	五代	五代	五代	五代
054	C284	78	D103	盛唐	唐	盛唐	晚唐	盛唐	盛唐	盛唐
052	C39	68	D108	五代	唐	五代	五代	五代	五代	五代
032	C28	32	D121	盛唐	唐	盛唐晚唐五代	晚唐	盛唐	盛唐	晚唐
	C2	2	D132	五代	唐	五代	晚唐	晚唐	晚唐	晚唐
	C3	3	D133	晚唐	唐	晚唐	晚唐	中唐	吐蕃	晚唐
001	C5	5	D138	晚唐	唐	晚唐宋	晚唐	晚唐	晚唐	晚唐
	C5A	5.04	D139	晚唐		晚唐	晚唐	晚唐	晚唐	晚唐
008	C12	12	D146	晚唐	唐	晚唐宋	五代	五代	五代	五代
012	C16	16	D150	晚唐	唐	晚唐	晚唐	晚唐	晚唐	晚唐
017bis	C300	63	D156	晚唐大中后	晚唐	晚唐	晚唐	晚唐	晚唐	晚唐

诸家窟号				诸家排年						
021bis（乙）	C302	65	D159	盛唐晚唐	盛唐	盛唐晚唐	晚唐	中唐	吐蕃	晚唐
033	C292	53	D172	盛唐宋		初盛唐间宋	盛唐	盛唐	盛唐	
	292A	52	D173			盛唐	盛唐	晚唐	晚唐	宋
051A	C286	99	D186	盛唐晚唐	唐	晚唐	中唐吐蕃	中唐	吐蕃	中唐
051q	C282	116	D194	晚唐		晚唐	盛唐	盛唐	盛唐	中唐
061	C276	107	D202	初唐盛唐	唐	初唐五代	初唐	初唐中唐	初唐吐蕃	宋
067	C275	108	D203	六朝	唐	魏隋宋	初唐	初唐	初唐	隋唐间
075a	C266	111	D206	隋末唐初	唐	隋末唐初晚唐	隋	隋	隋	隋
064	C270	87	D220	初唐	唐	初唐五代	初唐	初唐	初唐	
081	C47	132	D231	晚唐吐蕃	唐	唐吐蕃	中唐吐蕃	中唐	吐蕃	晚唐
082b	C52	135	D236	唐吐蕃	唐	唐吐蕃	晚唐	中唐	吐蕃	
084	C53	136	D237	唐吐蕃回鹘	唐	唐吐蕃宋回鹘	晚唐于阗	中唐	吐蕃	晚唐
089	C256	139	D240	盛唐	唐	盛唐	中唐吐蕃	中唐	吐蕃	晚唐
093	C255	141	D242	初唐	唐	初唐宋	初唐	初唐	初唐	初唐
101	C250	184	D249	北魏	魏	北魏	西魏	西魏	西魏	
109a	C241	209	D261	晚唐	唐	晚唐	五代	五代	五代	
	238A		D262			北魏	隋	隋	隋	北朝末
117ter	C239	210	D264	晚唐	魏	晚唐宋	盛唐	盛唐	盛唐	
			D276					隋	隋	
			D277					隋		
120P	C84	250	D288	西魏	北魏	西魏五代	西魏	西魏	西魏	

诸家窟号				诸家排年						
1371	C102	275	D314	隋—唐	魏	隋—唐	隋	隋	隋	隋
139b	C127	324	D322	隋末唐初	唐	初唐	初唐	初唐	初唐	初唐
146	C134	332	D332	初唐	唐	初唐五代	初唐	初唐	初唐	圣历元年前
148	C136	334	D334	初唐	唐	初唐	初唐	初唐	初唐	初唐（龛内）/五代（外室）
149	C137	335	D335	初唐	唐	武周垂拱二年	初唐	初唐	初唐	垂拱二年至圣历间（北壁）/五代（外室）
157	C141	339	D341	初唐	唐	初唐垂拱前	初唐	初唐	初唐	初唐
157a	C142	340	D342	晚唐		宋	初唐	初唐	初唐	初唐
	C169	418	D359	晚唐	近修	唐吐蕃	中唐吐蕃	中唐	吐蕃	晚唐
	C168	417	D360	晚唐吐蕃	近修	唐吐蕃	中唐吐蕃	中唐	吐蕃	晚唐
162e	C173	398	D369	宋	五代	宋	中唐吐蕃	中唐	吐蕃	晚唐
158d	C182	387	D380	隋	魏	隋五代	隋	隋		隋
136h	207A	312	D417	隋		隋	隋	隋	隋	隋
136f	C208	310	D419	隋	魏	隋	隋	隋	隋	隋
136e	C209	309	D420	隋	魏	隋晚唐宋	隋	隋	隋	隋
136b	C210	306	D423	隋	魏	隋	隋	隋	隋	北朝末
136a	C211	304	D424	隋	魏	隋宋	隋	隋	隋	魏隋间
	211B	305	D425	隋			隋	隋	隋	
	215A	296	D433	隋		隋	隋	隋	隋	魏隋间
123a	C217	292	D437	北魏	魏	北魏五代	西魏	北魏	西魏	
119	C228	282	D454	宋	唐	宋太平兴国	宋	宋	宋	宋

敦煌写卷经生题识

《敦煌写卷经生题识》收录目前已公布敦煌写卷中书有经生、书手、书吏、写生字样题记,分纪年卷与无纪年卷两部分,纪年卷以其书写年月为先后序次,无纪年卷则以写卷编号为序次。其中,中国国家图书馆藏《大般若波罗蜜多经卷第三百三十一》(阳070〔2898〕)、《佛说无量寿宗要经》(雨098〔7793〕)、《佛说无量寿宗要经》(巨091〔7828〕)、《大般若波罗蜜多经卷第一百零九》(珍009〔2290〕)、《佛说无量寿宗要经》(始071〔8100〕)、《佛说无量寿宗要经》(推068〔8137〕)题记中"王瀚"并无"经生"字样,但《维摩诘所说经卷中》(地018〔1159〕)与《佛说佛名经卷第十二》(宇044〔0739〕)题记中均有"经生王瀚",故而将有王瀚名识题记悉数收录。藏经洞所出《金光明寺写经人名》(S2711)写本,记载有写经生53人,其中,张重润、张英环、安国兴、(张)寺加4人遗存有题记可考写经,亦有收录。此外,敦煌写卷有大量题识表明,这些卷子应出自经生之手,尤其是中国国家图书馆藏《佛说无量寿宗要经》所见令狐晏儿、吕日兴、曹兴朝、索闰、裴文达、李加兴、李义、张赢、马丰、孟郎子、田广谈、张涓子、李曙、宋良金、张小卿等人,均应为经生或书手,但因题记未署经生,亦无旁证可据,故未收录。

纪年卷·北朝

01 大方广佛华严经世界品之二卷第三十五(P2110)兴安二年(454年)

【题记】兴安二年岁次癸巳六月廿三日,敦煌镇经生帅令狐崇哲所写经成讫竟,用纸廿一张。校经道人。

02 成实论卷第十四(S1427)永平四年(511年)

【题记】经生曹法寿所写,用纸廿五张。永平四年岁次辛卯七月廿五日,敦煌镇官经生曹法寿所写论成讫。典经师令狐崇哲。校经道人惠显。

03 成实论卷第十四（S1547）延昌元年（512年）

【题记】用纸廿八张。延昌元年岁次壬辰八月五日，敦煌镇官经生刘广周所写论成讫。典经师令狐崇哲。校经道人洪□。

04 大楼炭经卷第七（S0341）延昌二年（513年）

【题记】延昌二年岁次癸巳六月日，敦煌镇经生张显昌所写经成记，用纸廿。典经师令狐崇哲。校经道人。

05 华严经卷第十六（S2067）延昌三年（514年）

【题记】延昌三年岁次癸巳七月十九日，敦煌镇经生令狐礼太写此经成讫，用纸廿四张。校经道人、典经师令狐崇哲。

06 诚实论卷第八（P2179）延昌三年（514年）

【题记】延昌三年岁次甲午六月十四日，敦煌镇经生帅令狐崇哲于法海寺写此论成讫竟，用纸廿六张。校经道人。

07 大方等陀罗尼经卷第一（S6727）延昌三年（514年）

【题记】一校竟。延昌三年岁次甲午四月十二日，敦煌镇经生张阿胜所写成竟，用纸二十一张。校经道人、典经师令狐崇哲。

08 维摩诘经卷上（上图91）神龟元年（518年）

【题记】神龟元年岁次戊戌七月十三日，经生张凤鸾写。用纸二十九张。

09 十地论初欢喜地卷第一（S4823）正光二年（521年）

【题记】正光二年经生李道胤写，用纸廿七张。

纪年卷·隋唐

01 中阿含经卷第八（S3548）仁寿二年（602年）

【题记】仁寿二年十二月廿日，经生张才写，用纸廿五张。大兴善寺沙门僧盖校，大集寺沙门刚覆。

02 老子变化经（S2295）大业八年（612年）

【题记】大业八年八月十四，经生王俦写，用纸四张。玄都玄坛道士覆校，装潢人，秘书省写。

03 维摩诘经卷下（S2838）延寿十四年（637年）

【题记】经生令狐善愿写，曹法师法惠校，法华斋主大僧平事沙门法焕定。延寿十四年岁次丁酉五月三日，清信女稽首归命常住三宝，盖闻剥皮折骨，记大士之半言，丧体捐躯，求般若之妙旨，是知金文玉牒，圣教贞风，难见难闻，既尊且贵，弟子托生宗胤，长自深宫，赖王父之仁慈，蒙妃母之训诲，重沾法润，为写斯经，冀以日近归依，朝夕诵念，以斯微福，持奉父王，愿圣体休和，所求如意，先亡久远，同气连枝，见佛闻法，往生净土，增太妃之余算，益王妃之光华，世子诸公，惟延惟寿，寇贼退散，疫疠消亡，百姓被煦育之慈，苍生蒙荣润之乐，含灵抱识，有气之伦，等出苦源，同升妙果。

04 大方等如来藏经（S3888）延寿十六年（640年）

【题记】延寿十六年十月日，经生□达子，用纸十二张。法师昙显校。

05 佛地经（P3709）贞观廿二年（648年）

【题记】贞观廿二年八月十九日，直司书手臣郗玄爽写，凡五千五百二言。装潢手臣辅文开。总持寺沙门辩机笔授。蒲州普救寺沙门行友证文，玄法寺沙门玄赜证文，总持寺沙门玄应正字，弘福寺沙门灵闻证义，弘福寺沙门灵范证义，弘福寺沙门惠明证义，弘福寺沙门僧胜证义，沙门玄奘译，银青光禄大夫行太子左庶子高阳县开国男臣许敬宗监阅，夫物情斯惑，□于教悟，大圣贻则，寔启疑徒，而先匠译辰梦尔无记，爰使后学积滞于怀，今故具书以彰来信，愿传写之俦与余同志，庶几弥劫，永无或焉。

06 阿毗昙毗婆沙智犍度他心智品中（P2056）龙朔二年（662年）

【题记】龙朔二年七月十五日，右卫将军鄂国公尉迟宝琳与僧道爽及鄠县有缘知识等，敬于云际山寺洁净写一切尊经，以此胜因，上资皇帝皇后七代父母，及一切法界苍生，庶法船鼓拽，无溺于爱流，慧炬扬晖，靡幽于永夜，释担情尘之累，咸升正觉之道，此经即于云际上寺常住供养。经生沈弘写，用纸九张。造经生道爽，别本再校讫。

07 妙法莲华经卷第七（P2090）龙朔三年（663年）

【题记】龙朔三年十一月十三日于雍州，写经生彭楷抄。

08 春秋谷梁庄公第三／闵公第四合为一卷（P2536）龙朔三年（663年）

【题记】龙朔三年三月十九日，书吏高义写，用小纸三十三张，凡大小字一万二千一百四言。

09 妙法莲华经卷第十五（S0084）咸亨二年（671年）

【题记】咸亨二年十月十日，经生郭德写，用纸廿一张。装潢手解善集装。初校经生郭德，再校西明寺法显，三校西明寺僧普定。详阅太原寺大德神符，详阅太原寺大德嘉尚，详阅太原寺主慧立，详阅太原寺上座道成。判官少府监掌冶署令向义感，使大中大夫行少府少监兼检校将作少匠永兴县开国公虞昶。

10 妙法莲华经卷第三（S5319）咸亨二年（671年）

【题记】咸亨二年五月廿二日，书手程君度写，用麻纸十九张。装潢手王恭。详阅大德灵辩，详阅大德嘉尚，详阅大德玄则，详阅大德持世，详阅大德薄尘，详阅大德德囗。太原寺主慧立监，太原寺上座道成监。经生程度初校，大总持寺僧大道再校，大总持寺僧智安三校。判官少府监掌冶署令向义感，使大中大夫行少府少监兼检校将作少匠永兴县开国公虞昶监。

11 妙法莲华经卷第四（S3079）咸亨二年（671年）

【题记】咸亨二年十月十二日，经生郭德写，用纸廿二张。装潢手解善集。初校经生郭德，再校西明寺僧法显，三校同上思侃。详阅太原寺大德神符，详阅太原寺大德嘉尚，详阅太原寺寺主慧立，详阅太原寺上座道成。判官少内监掌冶署令向义感，使大中大夫行少府少监兼检校将作少匠永兴县开国公虞昶监。

12 金刚般若波罗蜜经（S0036）咸亨三年（672年）

【题记】咸亨三年五月十九日，左春坊楷书吴元礼写，用麻纸十二张。装潢手解善集。初校书手萧祎，再校书手萧祎，三校书手萧祎。详阅太原寺大德神符，详阅太原寺大德嘉尚，详阅太原寺主慧立，详阅太原寺上座道成。判官少府监掌冶署令向义感，使大中大夫守工部侍郎永兴县开国公虞昶监。

13 妙法莲华经卷第四（S4551）咸亨三年（672年）

【题记】咸亨三年八月廿九日，门下省群书手刘大慈写，用纸贰拾贰张。装潢手解善集。初校书手刘大慈，再校胜光寺僧行礼，三校胜光寺僧惠冲。详阅太原寺大德神符，详阅太原寺大德嘉尚，详阅太原寺主慧立，详阅太原寺上座道成。判官少府监掌冶署令向义感，使大中大夫守工部侍郎永兴县开国公虞昶监。

14 妙法莲华经卷第三（S4209）咸亨三年（672年）

【题记】咸亨三年四月十五日，门下省群书手赵文审写，用小麻纸一十九张。装潢手解善集。初校书手赵文审，再校福林寺僧智藏，三校福林寺僧智兴。详阅太原寺大德神符，详阅太原寺大德嘉尚，详阅太原寺主慧立，详阅太原寺上座道成。判官少府监掌冶署令向义感，使大中大夫守工部侍郎永兴县开国公虞昶监。

15 妙法莲华经卷第三（P2644）咸亨三年（672年）

【题记】咸亨三年三月七日，经生王谦写，用纸十九张。初校经生王思谦，再校经行寺僧仁敬，三校经行寺僧思忠。详阅太原寺大德神符，详阅太原寺大德嘉尚，详阅太原寺主慧立，详阅太原寺上座道成。判官少府监掌冶署令向义感，使太中大夫守工部侍郎永兴县开国公虞昶。

16 妙法莲华经卷第四（S0312）咸亨四年（673年）

【题记】咸亨四年九月廿一日，门下省群书手封安昌写，用纸廿二张。装潢手解善集。初校大庄严寺僧怀福，再校西明寺僧玄真，三校西明寺僧玄真。详阅太原寺大德神符，详阅太原寺大德嘉尚，详阅太原寺主慧立，详阅太原寺上座道成。判官司农寺上林署令李德，使大中大夫守工部侍郎摄兵部侍郎永兴县开国公虞昶监。

17 妙法莲华经卷第二（P4556）咸亨三年（672年）

【题记】咸亨三年二月廿五日，经生王思谦写，用纸二十张。装潢手解（善）集。初校经生王思谦，再校经行寺僧仁敬，三校经行寺僧思忠。详阅太原寺大德嘉尚，详阅太原寺大德神符，详阅太原寺主慧立，详阅太原寺上座道成。判官少府监掌冶署令向义感，使太中大夫守工部侍郎永兴县开国公虞昶监。

18 妙法莲华经卷第二（S2573）咸亨四年（673年）

【题记】咸亨四年九月十七日，门下省群书手封安昌写，用纸廿张。装潢手解善集。初校大庄严寺僧怀福，再校西明寺僧玄真，三校西明寺僧玄真。详阅太原寺大德神符，详阅太原寺大德嘉尚，详阅太原寺上座道成。判官司农寺上林署令李德，使大中大夫守工部侍郎摄兵部侍郎永兴县开国公虞昶监。

19 妙法莲华经卷第六（S3348）上元元年（674年）

【题记】上元元年九月廿五日，左春坊楷书萧敬写，用纸二十张。装潢手解善集。初校福林寺僧智彦，再校西明寺僧符轨，三校西明寺僧怀瓒。□□□……原寺大德神符□□□……

20 妙法莲华经卷第三（S0456）咸亨五年（674年）

【题记】咸亨五年八月二日，左书坊楷书萧敬写，用纸十九张。装潢手解善集。初校福林寺僧智彦，再校西明寺僧行轨，三校西明寺僧怀贤。详阅太原寺大德神符，详阅太原寺大德嘉尚，详阅太原寺主慧立，详阅太原寺上座道成。判官司农寺上林署令李善德，使大中大夫守工部侍郎永兴县开国公虞昶监。

21 妙法莲华经卷第六（P2195）上元二年（675年）

【题记】上元二年十月十五日，门下省书手袁元□写，用纸二十张。装潢手解善集。初校慧日寺义威，再校慧日寺义威，三校慧日寺义威。详阅太原寺大德神符，详阅太原寺大德嘉尚，详阅太原寺主慧立，详阅太原寺上座道成。判官司农寺上林署令李德，使朝散大夫守上舍奉御阎玄道监。

22 金刚般若波罗蜜经（S0513）上元三年（676年）

【题记】上元三年闰三月十一日，左书房楷书欧阳玄写，用纸十二张。装潢手解善集。初校书手萧袆，再校书手萧袆，三校书手萧袆。详阅太原寺大德神符，详阅太原寺大德嘉尚，详阅太原寺主慧立，详阅太原寺上座道成。判官司农寺上林署令李德，使朝散大夫守尚舍奉御阁玄道监。

23 妙法莲华经卷第三（S4168）上元三年（676年）

【题记】上元三年九月八日，群书手马元礼写，用纸十九张。装潢手解善集。初校大庄严寺僧威表，再校大庄严寺威表，三校大庄严寺僧慧澄。详阅太原寺大德神符，详阅太原寺大德嘉尚，详阅太原寺主慧立，详阅太原寺上座道成。判官司农寺上林署令李德，使朝散大夫守尚舍奉御阁玄道监。

24 妙法莲华经卷第一（S4353）上元三年（676年）

【题记】上元三年十一月二十三日，弘文馆楷书王智菀写，用纸十八张。装潢手解善集。初校清禅寺僧凝成，再校弘福寺僧惠伦，三校弘福寺僧惠伦。详阅太原寺大德神符，详阅太原寺大德嘉尚，详阅太原寺寺主慧立，详阅太原寺上座道成。判官司农寺上林署令李德，使朝散大夫守尚舍奉御阁玄道监。

25 妙法莲华经卷第五（S1456）上元三年（676年）

【题记】上元三年五月十三日，秘书省楷书孙玄爽写，用纸廿五张。装潢手解善集。初校化度寺僧法界，再校化度寺僧法界，三校化度寺僧法界。详阅太原寺大德神符，详阅太原寺大德嘉尚，详阅太原寺主慧立，详阅太原寺上座道成。判官司农寺上林署令李德，使朝散大夫守尚舍奉御阁玄道监。

26 妙法莲华经卷第二（S2181）上元三年（676年）

【题记】上元三年四月十五日，群书手杨文泰写，用纸廿张。装潢手解善集。初校会昌寺僧玄福，再校会昌寺僧藏师，三校会昌寺僧儒海。详阅太原寺大德神符，详阅太原寺大德嘉尚，详阅太原寺慧立，详阅太原寺上座道成。判官司农寺上林署令李德，使朝散大夫守尚舍奉御阁玄道监。

27 妙法莲华经卷第三（S2637）上元三年（676年）

【题记】上元三年八月一日，弘文馆楷书手任道写，用纸一十九张。装潢手解善集。初校慈门寺僧无及，再校宝刹寺僧道善，三校宝刹寺僧道善。详阅太原寺大德神符，详阅太原寺大德嘉尚，详阅太原寺主慧立，详阅太原寺上座道成。判官司农寺上林署令李德，使朝散大夫守尚舍奉御阁玄道监。

28 妙法莲华经卷第一（S3361）上元三年（676年）

【题记】上元三年七月廿八日，门下省书手袁元哲写，用纸十八张。装潢手解善集。初校慧日寺义威，再校慧日寺义威，三校慧日寺义威。详阅太原寺大德神符，详阅太原寺大德嘉尚，详阅太原寺主慧立，详阅太原寺上座道成。判官司农寺上林署令李德，使朝散大夫守尚舍奉御阁玄道监。

29　金刚般若经（P3278）上元三年（676年）

【题记】上元三年九月十六日，书手程君度写，用纸十二张。装潢手解（善）集。初校群书手敬诲，再校群书手敬诲，三校群书手敬诲。详阅太原寺大德神符，详阅太原寺大德嘉尚，详阅太原寺主慧立，详阅太原寺上座道成。判官司农寺上林署令李德，使朝散大夫守尚舍奉御阎玄道。

30　妙法莲华经卷第七（S2956）上元三年（676年）

【题记】上元三年十二月二十一日，弘文馆楷书王智苑写，用纸一十七张。装潢手解善集。初校清禅寺僧凝成，再校弘福寺僧惠伦，三校弘福僧惠伦。详阅太原寺大德神符，详阅太原寺大德嘉尚，详阅太原寺寺主慧立，详阅太原寺上座道成。判官司农寺上林署令李德，使朝散大夫守舍奉御阎玄道监。

31　妙法莲华经卷第二（S3094）仪凤二年（677年）

【题记】仪凤二年五月廿一日，书手刘意思写，用纸廿一张。装潢手解善集。初校书手刘俨，再校书手刘俨，三校书手刘俨。详阅太原寺大德神符，详阅太原寺大德嘉尚，详阅太原寺主慧立。详阅太原寺上座道成。判官上林署令李德，使朝散大夫守尚舍奉御阎玄道监。

32　金真玉光八景飞经（S0238）如意元年（692年）

【题记】如意元年闰五月十三日，经生邬忠写。清都观直岁辅思节诸用忌钱造，用纸一十八张。

33　阅紫录仪三年一说（P2457）开元廿三年（735年）

【题记】开元廿三年太岁乙亥九月丙辰朔十七日丁巳，于河南府大弘道观敕随驾修祈禳保护功德院，奉为开元神武皇帝写一切经，用斯福力，保国宁民。经生许子颙写，修功德院法师蔡茂宗初校，京景龙观上座李崇一再校，使京景龙观大德丁政观三校。

34　妙法莲华经卷第五（S1048）上元三年（762年）

【题记】上元三年十一月五日，弘文馆楷书成公道写，用小麻二十一张。装潢手解善集。初校禅林寺僧慧智，再校禅林寺僧慧智，三校禅林寺僧慧智。详阅太原寺大德神符，详阅太原寺大德嘉尚，详阅太原寺主慧立，详阅太原寺上座道成。判官司农寺上林署令李德，使朝散大夫守尚舍奉御阎玄道。

35　维摩诘经卷上佛国品至弟子品（羽040［0902］）天复二年（902年）

【题记】天复二年，写生索奇记。

纪年卷·五代十国

01　字宝碎金一卷（P3906b）天福七年（942年）

【题记】天福柒年壬寅岁肆月贰拾日，技术院学郎知慈惠乡书手吕均书。

02 十二时（P3604）乾德八年（970年）

【题记】维大宋乾德捌年岁次庚午正月廿六日，敦煌乡书手兼随身判官李福延，因为写十二时一卷为愿□□□……

03 礼佛忏灭寂记（P2566v）开宝九年（976年）

【题记】开宝九年正月十六日，抄写礼佛忏灭寂记，书手白侍郎门下弟子押衙董文受记。后有人来，具莫□□。

无纪年卷·英国藏卷

01 大般若波罗蜜多经卷第四百五十二（S0283）

【题记】海净第校，张寺加写。

02 金光明经卷第一（S0409）

【题记】经生辅文开抄，用纸廿二张。法师智彦三校，法华斋主大僧平事沙门法焕定。

03 大般涅槃经卷第三十七（S1893）

【题记】校了。经生敦煌县学生苏文□书。

04 佛说无量寿宗要经一卷（S1982）

【题记】王瀚。

05 维摩诘经卷第一（S2991）

【题记】奉为僧□道书写，经生王□。

06 大乘无量寿经（S3036）

【题记】王瀚。

07 大乘无量寿经（S3891）

【题记】王瀚。

08 大乘无量寿经（S3909）

【题记】王瀚、龙兴。

09 佛说无量寿宗要经一卷（S3913）

【题记】王瀚。

10　大乘无量寿经（S5314）
【题记】王瀚。

11　佛说贤劫千佛名经（S6485）
【题记】戊辰年四月二十九日，经生侯珣为王庭仙敬写毕，愿法界有情，同沾此福。

12　大方广佛华严经卷第三十四，第三十五（S6912）
【题记】□□□……六月十三日，敦煌镇经□□□……成讫。

无纪年卷·法国藏卷

01　大般若波罗蜜多经卷第一百一（P2927）
【题记】王瀚、海晏勘。

02　佛说延寿命经（P3110b）
【题记】丁亥年四月十四日书，写经人僧会儿题记之耳。

03　般若波罗蜜多心经（P4550）
【题记】丙戌年七月廿三日，书人吴俊贤记之耳，□□□……

无纪年卷·中国藏卷

01　维摩诘所说经卷中（地018［1159］）
【题记】奉为西州僧昔道萼写记，经生王瀚。

02　佛说佛名经卷第十二（宇044［0739］）
【题记】佛弟子僧裴法达、樊法琳、曹寺主等奉为十方一切众生，愿见闻觉知写记，经生王瀚。

03　佛说无量寿宗陀罗尼经（辰072［7971］）
【题记】王瀚。

04　佛说无量寿宗要经（张089［7979］）
【题记】张英环。

05　佛说无量寿宗要经（秋085［7982］）
【题记】安国兴写。

06 佛说无量寿宗要经（秋087［7983］）
【题记】王瀚。经十卷，共五十纸。

07 大般若波罗蜜多经卷第三百三十一（阳070［2898］）
【题记】王瀚写。第一校，第二校，第三校。尽十八纸。

08 佛说无量寿宗要经（雨098［7793］）
【题记】王瀚。

09 佛说无量寿宗要经（剑042［8026］）
【题记】第一校光际，第二校法鸾，第三校建。张英环写。

10 佛说无量寿宗要经（巨091［7828］）
【题记】王瀚。

11 大般涅槃经卷第三十二（阙025［6487］）
【题记】经生□善记。

12 大般若波罗蜜多经卷第一百零九（珍009［2290］）
【题记】王瀚写了。

13 金刚般若波罗蜜经（羽046［4294］）
【题记】一校竟，毗奈耶寺经生令狐世康。

14 大般若波罗蜜多经卷第二十四（鸟046［2067］）
【题记】勘了，张重润。

15 佛说无量寿宗要经（始071［8100］）
【题记】王瀚。

16 佛说无量寿宗要经（推068［8137］）
【题记】王瀚。

莫高窟《维摩变》榜题与经文辑校

《莫高窟〈维摩变〉榜题与经文辑校》以贺世哲先生校录之莫高窟第 61 窟东壁维摩变榜题为基础，分为《维摩诘部分》与《文殊菩萨部分》，校以鸠摩罗什《维摩诘所说经》经文。其中，维 14、维 20、维 32、维 33、维 34、文 24、文 25 榜题漫漶，文殊菩萨部分的文 3、文 21、文 22 榜题于经文中无相应经文，均付阙如。

维摩诘部分

01【榜题】菩萨净土成佛时，国王（上）无有三恶八难，自守戒行，不讥彼阙。【白地墨书】（维 1）
【经文】菩萨成佛时，国土无有三恶八难，自守戒行，不讥彼阙，是菩萨净土。（《维摩诘所说经·佛国品》）

02【榜题】维摩诘见诸虚□□之人，妄起所作，是身无知如□□□木之喻。【红地墨书】（维 2）
【经文】是身为空，离我我所。是身无知，如草木瓦砾。（《维摩诘所说经·方便品》）

03【榜题】维摩诘见诸幻人，是身如梦，为虚妄见，身如浮云，须臾变灭，如日之影喻。【白地墨书】（维 3）
【经文】是身如梦，为虚妄见。是身如浮云，须臾变灭。（《维摩诘所说经·方便品》）

04【榜题】是时维摩诘游诸世界……人无□□像从叶缘现，□□镜□□。【墨书】（维 4）
【经文】是身如影，从业缘现。（《维摩诘所说经·方便品》）

05【榜题】若在王子，王子中尊，示其忠孝……。【绿地墨书】（维 5）
【经文】若在王子，王子中尊，示以忠孝。（《维摩诘所说经·方便品》）

06【榜题】若在长者，长者中尊，为说胜法，令心惠施，坚求大道。【红地墨书】（维6）
【经文】若在长者，长者中尊，为说胜法。（《维摩诘所说经·方便品》）

07【榜题】若在居士，居士中尊，断其贪著，离妄思念，寻求无想。【红地墨书】（维7）
【经文】若在居士，居士中尊，断其贪著。（《维摩诘所说经·方便品》）

08【榜题】维摩诘以幻喻是身如毒蛇怨贼，如空，阴界入诸所共合成，而为患厌。【红地墨书】（维8）
【经文】是身如毒蛇，如怨贼，如空聚，阴界诸入所共合成。诸仁者，此可患厌当乐佛身。（《维摩诘所说经·方便品》）

09【榜题】是身无人如水，钩龟不实，四大为空聚虚幻，徒兹妄味。【白地墨书】（维9）
【经文】是身无人为如水，是身不实四大为家。（《维摩诘所说经·方便品》）

10【榜题】若在梵王，梵王中尊，以为德，宣示于教，由诲以为智惠。【墨书】（维10）
【经文】若在梵天，梵天中尊，诲以胜慧。（《维摩诘所说经·方便品》）

11【榜题】若在帝释，帝释中尊，说真经典，□其意者，诲以胜惠。【墨书】（维11）

【经文】若在帝释，帝释中尊，示现无常。（《维摩诘所说经·方便品》）

12【榜题】维摩诘为游诸方所，入讲论处，尊以大乘，以宣入佛之理，问答佛境何由。【红地墨书】（维12）

【经文】游诸四卫，饶益众生，入治政法，救护一切，入讲论处，导以大乘。（《维摩诘所说经·方便品》）

13【榜题】或入诸酒肆，共坐诸□□教谈章，广为方□□□生患□立其志。【绿地墨书】（维13）

【经文】入诸酒肆，能立其志。（《维摩诘所说经·方便品》）

14 漫漶（维14）

15【榜题】若在大臣，大臣中尊，维摩诘以正法教，理诸人民，无有差□。【白地墨书】（维15）

【经文】若在大臣，大臣中尊，教以正法。（《维摩诘所说经·方便品》）

16【榜题】若在婆罗门，婆罗门中尊，以广说□，度诸……。【绿地墨书】（维16）

【经文】若在婆罗门，婆罗门中尊，除其我慢。（《维摩诘所说经·方便品》）

17【榜题】若在内官，内官中尊，示以正法，化诸宫女，尽得果□。【红地墨书】（维17）

【经文】若在内官，内官中尊，化政宫女。（《维摩诘所说经·方便品》）

18【榜题】舍……于林……维摩诘□□不必是坐为宴坐也，夫宴坐不于三界现身意，是为宴坐，现诸威仪□□是宴坐。【墨书】（维18）

【经文】忆念我昔曾于林中宴坐树下，时维摩诘来谓我言，唯舍利弗，不必是坐为宴坐也，夫宴坐者，不于三界现身意，是为宴坐，不起灭定而现诸威仪，是为宴坐。（《维摩诘所说经·方便品》）

19【榜题】尔时长者维磨诘问文殊师利，仁者游于无量千万亿阿僧祇国，何等佛土有好上妙功德成就师子之坐？文殊师利言，居士，东方度三十六恒河沙国，有世界，名须弥相，其佛号须弥灯王，今见在，彼佛身长八万四千由旬，师子座高八万四千由旬。时维摩诘现神通力，即时彼佛遣三万二千师子之坐，高广严净，来入维摩诘室，诸大弟子，释梵四天王、菩萨等，昔所未现，其室广博，悉苞容三万二千师子之坐，无所妨碍，亦不迫迮，悉现如故。【红地墨书】（维19）

【经文】尔时长者维摩诘问文殊师利，仁者，游于无量千万亿阿僧祇国，何等佛土有好上妙功德成就师子之座。文殊师利言,居士，东方度三十六恒河沙国，有世界，名须弥相，其佛号须弥灯王，今现在,彼佛身长八万四千由旬,其师子座高八万四千由旬,严饰第一。于是长者维摩诘,现神通力,即时彼佛遣三万二千师子座,高广严净,来入维摩诘室,诸菩萨大弟子,释梵四天王等,昔所未见。其室广博,悉皆包容三万二千师子座,无所妨碍,于毗耶离城及阎浮提四天下,亦不迫迮,悉见如故。(《维摩诘所说经·不思议品》)

20 漫漶,残存"时"字【绿地】(维20)

21 【榜题】尔时维摩诘语舍利□是天女……九十二亿,游戏神通□□具足……□不退,以本□故,随……教化众生。【绿地墨书】(维21)

【经文】尔时维摩诘语舍利弗,是天女已曾供养九十二亿佛已,能游戏菩萨神通,所愿具足得无生忍,住不退转。以本愿故,随意能现,教化众生。(《维摩诘所说经·观众生品》)

22 【榜题】尔时会中有菩萨,名……问维摩诘言……是谁奴婢僮仆……方便以为父……由□□。【绿地墨书】(维22)

【经文】尔时会中有菩萨,名普现色身,问维摩诘言,居士,父母妻子亲戚眷属吏民知识悉为是谁。奴婢僮仆象马车乘皆何所在。于是维摩诘以偈答曰:智度菩萨母,方便以为父,一切众导师,无不由是生,法喜以为妻,慈悲心为女,善心诚实男,毕竟空寂舍,弟子众尘劳,随意之所转,道品善知识,由是成正觉。(《维摩诘所说经·佛道品》)

23 【榜题】示行瞋恚,于诸众生,无有恚□,示行愚痴,而以智惠,调伏其心,示其悭贪,而舍内外所有,不借身命,示其毁禁,如安住持戒,乃至小罪,犹怀大惧。【红地墨书】(维23)

【经文】示行瞋恚,于诸众生,无有恚阂,示行愚痴,而以智慧,调伏其心,示其悭贪,而舍内外所有,不惜身命,示行毁禁,而安住净戒,乃至小罪,犹怀大惧。(《维摩诘所说经·佛道品》)

24 【榜题】尔时世尊以难化之人,心如猨猴,若干种法制御其心,乃可调伏,加诸楚毒,乃至彻骨,然后调伏,入□以……智惠,摄诸愚痴,常以四法,成就众生。【墨书】(维24)

【经文】以难化之人心如猿猴故,以若干种法制御其心乃可调伏,譬如象马悷悢不调,加诸楚毒,乃至彻骨,然后调伏,如是刚强难化众生故,以一切苦切之言乃可入律。(《维摩诘所说经·香积佛品》)

25 【榜题】香积世界香德以诸菩萨垂空下于毗耶离城观其维摩诘说法之时,并蒙其益。【红地墨书】(维25)

【经文】时化菩萨既受钵饭,与彼九百万菩萨俱承佛威神及维摩诘力,于彼世界忽然不现,须臾之间至维摩诘舍。(《维摩诘所说经·香积佛品》)

26 【榜题】香积世界香积菩萨即获三昧,所有功德悉皆具足,来往维摩诘城,从空赴室,听

闻妙法，叹不可思议矣。【白地墨书】（维26）

【经文】菩萨各各坐香树下，闻斯妙香，即获一切德藏三昧，得是三昧者，菩萨所有功德皆悉具足。(《维摩诘所说经·香积佛品》)

27【榜题】众香菩萨问维摩诘娑婆世界从何说法化众生。维摩诘言；此土众生□疆，释迦以一切苦切之语随□□此□。【墨书】（维27）

【经文】彼诸菩萨问维摩诘，今世尊释迦牟尼以何说法，维摩诘言，此土众生刚强难化故，佛为说刚强之语，以调伏之。(《维摩诘所说经·香积佛品》)

28【榜题】大士见化菩萨问娑婆世界为在何许，即以问佛。佛告之曰：下方度如□二恒沙界，名释迦牟尼。【白地墨书】（维28）

【经文】彼诸大士见化菩萨叹未曾有，今此上人从何所来，娑婆世界为在何许，云何名为乐小法者，即以问佛。佛告之曰，下方度如四十二恒河沙佛土，有世界名娑婆，佛号释迦牟尼。(《维摩诘所说经·香积佛品》)

29【榜题】时维摩诘不起于坐，化一菩萨，往上方界分，度如□二恒沙佛土众香国请饭时.化菩萨既受钵饭，与九百万菩萨承佛威神及维摩力，须臾之时，（至）维摩诘舍，饭香普薰毗耶离城，及三千大千世界。婆罗门居士等闻是香气，身意快然，叹未曾有大不思议。【红地墨书】（维29）

【经文】于是维摩诘，不起于坐，居众前化作菩萨，相好光明威德殊胜蔽于众会。而告之曰，汝往上方界，分度如四十二恒河沙佛土，有国名众香，佛号香积，与诸菩萨方共坐食。(《维摩诘所说经·香积佛品》)

30【榜题】是时大众渴仰，欲见妙喜世界无动如来及其菩萨……所念时维摩……□溪谷江河大……天龙……落男女大……来……提人亦登……彼诸天妙喜世界。【绿地墨书】（维30）

【经文】是时大众渴仰，欲见妙喜世界无动如来及其菩萨声闻之众，佛知一切众会所念，告维摩诘言，善男子为此众会，现妙喜国无动如来及诸菩萨声闻之众，众皆欲见，于是维摩诘心念，吾当不起于座接妙喜国，铁围山川溪谷江河，大海泉源须弥诸山，及日月星宿，天龙鬼神梵天等宫，并诸菩萨声闻之众，城邑聚落男女大小，乃至无动如来及菩提树诸妙莲华，能于十方作佛事者，三道宝阶从阎浮提至忉利天，以此宝阶诸天来下，悉为礼敬无动如来，听受经法阎浮提人，亦登其阶，上升忉利见彼诸天，妙喜世界成就如是无量功德。(《维摩诘所说经·见阿閦佛品》)

31【榜题】时善男子等,或于一劫,或减一劫,恭敬奉诸供养,佛灭后以一一全身舍利起七宝塔，纵广一四天下，高至梵天，妙刹庄严。【红地墨书】（维31）

【经文】若有善男子善女人，或一劫，或减一劫，恭敬尊重赞叹供养奉诸所安，至诸佛灭后，以一一全身舍利起七宝塔，纵广一四天下，高至梵天，表刹庄严。(《维摩诘所说经·法供养品》)

32 漫漶，残存："尔时……佛所……。"（维32）

33 漫漶，残存"尔时……。"【绿地】（维33）

34 漫漶【绿地】（维34）

文殊师利部分

01【榜题】……侍从从彼上界来……耶城中观此化众说法。【绿地墨书】（文1）
【经文】复有万梵天王尸弃等，从余四天下来诣佛所而听法。复有万二千天帝亦从余四天下来在会坐。并余大威力诸天、龙神、夜叉、乾达婆、阿修罗、迦楼罗、紧那罗、摩睺罗迦等悉来会坐，诸比丘、比丘尼、优婆塞、优婆夷俱来会坐，彼时佛与无量百千之众恭敬围绕而为说法。（《佛说维摩诘经·佛国品》）

02【榜题】长者子将诸资具供养如来。【红地墨书】（文2）
【经文】尔时毗耶离城有长者子，名曰宝积，与五百长者子俱持七宝盖来诣佛所，头面礼足，各以其盖，共供养佛。（《佛说维摩诘经·佛国品》）

03【榜题】舍利弗在经行处，化乞之次，维摩诘现，又问彼以何戒化其人所。【白地墨书】（文3）
【经文】无

04【榜题】□那律□□住于一处经经（行）说时□维摩诘向仁者释迦牟尼说□□天眼常在三昧。【墨书】（文4）
【经文】佛告阿那律，汝行诣维摩诘问疾。阿那律白佛言，世尊，我不堪任诣彼问疾。所以者何，忆念我昔于一处经行，时有梵王名曰严净，与万梵俱放净光明来诣我所，稽首作礼问我言，几何阿那律天眼所见，我即答言，仁者，吾见此释迦牟尼佛土三千大千世界，如观掌中菴摩勒果，时维摩诘来谓我言，唯阿那律，天眼所见为作相耶，无作相耶。假使作相则与外道五通等。若无作相即是无为不应有见，世尊，我时默然，彼诸梵闻其言得未曾有，即为作礼而问曰，世孰有真天眼者，维摩诘言，有佛世尊得真天眼，常在三昧，悉见诸佛国不以二相。（《维摩诘所说经·弟子品》）

05【榜题】尔时持世菩萨住于静室，时魔波旬从万二千天女，状如帝释。来诣我所，以其眷属□□，于时维摩言□□。【绿地墨书】（文5）
【经文】佛告持世菩萨，汝行诣维摩诘问疾，持世白佛言，世尊，我不堪任诣彼问疾，所以者何，忆念我昔住于静室，时魔波旬从万二千天女，状如帝释鼓乐弦歌来诣我所，与其眷属稽首我足，合掌恭敬于一面立，我意谓是帝释，而语之言，善来憍尸迦，虽福应有，不当自恣，当观五欲无常以求善本，于身命财而修坚法，即语我言，正士，受是万二千天女可备扫洒，我言，憍尸迦，

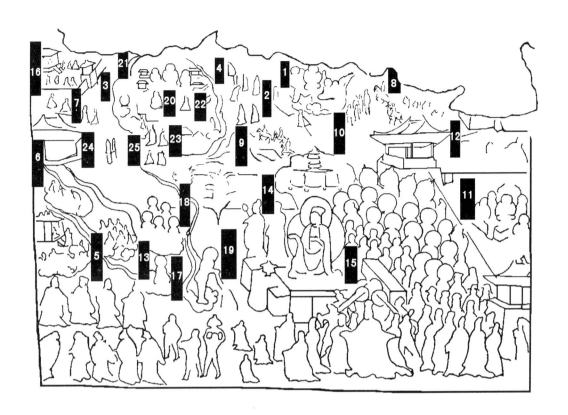

无以此非法之物要我沙门释子,此非我宜,所言未讫时维摩诘来谓我言。(《维摩诘所说经·菩萨品》)

06【榜题】尔时天女头面礼维摩诘足,随魔还宫。【红地墨书】(文6)

【经文】尔时天女,头面礼维摩诘足,随魔还宫,忽然不现。(《维摩诘所说经·菩萨品》)

07【榜题】维摩诘以□人众诸菩萨如来佛道□有道场,种种譬□。【墨书】(文7)

【经文】佛告光严童子,汝行诣维摩诘问疾,光严白佛言,世尊,我不堪任诣彼问疾,所以者何,忆念我昔出毗耶离大城,时维摩诘方入城,我即为作礼而问言,居士从何所来,答我言,吾从道场来,我问道场者何所是,答曰,直心是道场,无虚假故;发行是道场,能办事故;深心是道场,增益功德故;菩提心是道场,无错谬故;布施是道场,不望报故;持戒是道场,得愿具故;忍辱是道场,于诸众生心无碍故;精进是道场,不懈退故;禅定是道场,心调柔故;智慧是道场,现见诸法故;慈是道场,等众生故;悲是道场,忍疲苦故;喜是道场,悦乐法故;舍是道场,憎爱断故;神通是道场,成就六通故;解脱是道场,能背舍故;方便是道场,教化众生故;四摄是道场,摄众生故;多闻是道场,如闻行故;伏心是道场,正观诸法故;三十七品是道场,舍有为法故;谛是道场,不诳世间故;缘起是道场,无明乃至老死皆无尽故;诸烦恼是道场,知如实故;众生是道场,知无我故；一切法是道场，知诸法空故；降魔是道场，不倾动故；三界是道场，无所趣故；师子吼是道场，无所畏故；力无畏不共法是道场，无诸过故；三明是道场，无余碍故；一念知一切法是道场，成就一切智故。如是善男子。菩萨若应诸波罗蜜教化众生，诸有所作举足下足，当知皆从道场来住于佛法矣。(《维摩诘所说经·菩萨品》)

08【榜题】……乘空如来以问□……入毗耶离城□□。【绿地墨书】（文8）
【经文】于是文殊师利与诸菩萨大弟子众及诸天人恭敬围绕入毗耶离大城。(《维摩诘所说经·文殊师利问疾品》)

09【榜题】尔时诸众持诸供具往毗耶城，诣赴文殊、维摩说身无常，厌离有苦，乐于涅槃。【白地墨书】（文9）
【经文】尔时文殊师利问维摩诘言。菩萨应云何慰喻有疾菩萨。维摩诘言。说身无常不说厌离于身。说身有苦不说乐于涅槃。(《维摩诘所说经·文殊师利问疾品》)

10【榜题】文殊菩萨问维摩诘言，是疾何所因起？菩萨疾者以大悲起。文殊师利言，居士，此室何以空无侍者，维摩诘言，诸佛国土亦复如是。【红地墨书】（文10）
【经文】又言，是疾何所因起，菩萨病者以大悲起。文殊师利言，居士，此室何以空无侍者，维摩诘言，诸佛国土亦复皆空。(《维摩诘所说经·文殊师利问疾品》)

11【榜题】尔时文殊师利菩萨当承佛圣旨，诣彼问疾。于是众中诸菩萨、大弟子、释梵四天王、八千菩萨、五百声闻、百千天人，皆欲随从入毗耶离大城。【绿地墨书】（文11）
【经文】尔时佛告文殊师利。汝行诣维摩诘问疾。文殊师利白佛言。世尊。彼上人者难为酬对。深达实相善说法要。辩才无滞智慧无碍。一切菩萨法式悉知。诸佛秘藏无不得入降伏众魔游戏神通。其慧方便昔已得度。虽然当承佛圣旨诣彼问疾。于是众中诸菩萨大弟子释梵四天王等咸作是念。今二大士文殊师利维摩诘共谈。必说妙法。即时八千菩萨五百声闻。百千天人皆欲随从。(《维摩诘所说经·文殊师利问疾品》)

12【榜题】尔时文殊师利菩萨赴诸会毗耶离城时。【墨书】（文12）
【经文】于是文殊师利与诸菩萨大弟子众及诸天人恭敬围绕入毗耶离大城。(《维摩诘所说经·文殊师利问疾品》)

13【榜题】菩萨能以神通，十方世界上中下音，皆能变之，今（令）作佛声，现释梵众，并诸婇女，降从天来，听不二句。【白地墨书】（文13）
【经文】菩萨能以神通现作佛身，或现辟支佛身，或现声闻身，或现帝释身，或现梵王身，或现世主身，或现转轮王身，又十方世界所有众声，上中下音皆能变之令作佛声，演出无常苦空无我之音，及十方诸佛所说种种之法，皆于其中，普令得闻。(《维摩诘所说经·不思议品》)

14【榜题】舍利弗,我今略说菩萨不可思议解脱之力。【墨书】(文14)

【经文】舍利弗,我今略说菩萨不可思议解脱之力。(《维摩诘所说经·不思议品》)

15【榜题】尔时诸大弟子、四万六千声闻、菩萨摩诃萨、天龙八部、释梵等众俱持师子座,奉上丈殊,请□维摩不思议之教。【绿地墨书】(文15)

【经文】尔时维摩诘语文殊师利就师子座,与诸菩萨上人俱坐,当自立身如彼座像,其得神通菩萨即自变形,为四万二千由旬坐师子座。(《维摩诘所说经·不思议品》)

16【榜题】……文……诸人众□□方丈之室讲□不二□门各□□说之,会中有菩萨名法自在,说言诸□者,生灭二法本不空(生),今亦不灭。【绿地墨书】(文16)

【经文】尔时维摩诘,谓众菩萨言,诸仁者,云何菩萨入不二法门,各随所乐说之,会中有菩萨名法自在,说言,诸仁者,生灭为二,法本不生,今则无灭。得此无生法忍,是为入不二法门。(《维摩诘所说经·入不二法门品》)

17【榜题】珠顶王菩萨曰,正道邪道为二,住正道者则不分别,离此二者,是为入不二之法门。【墨书】(文17)

【经文】珠顶王菩萨曰,正道邪道为二,住正道者则不分别是邪是正,离此二者,是为入不二之法门。(《维摩诘所说经·入不二法门品》)

18【榜题】漫漶,残存:……尔时……菩萨……俱□法二见□不二法门。【绿地】(文18)

【经文】时维摩诘默然无言,文殊师利叹曰,善哉善哉,乃至无有文字语言,是真入不二法门。说是入不二法门品时,于此众中五千菩萨,皆入不二法门得无生法忍。(《维摩诘所说经·入不二法门品》)

19【榜题】于是上方香积如来以香钵咸满香饭,与化菩萨,将持诣下娑婆世界,供养释迦牟尼佛,文殊维摩说法之会,随欲所食,诸大众俱香芬普益,听不思议。【红地墨书】(文19)

【经文】于是香积如来以众香钵盛满香饭,与化菩萨,时彼九百万菩萨俱发声言,我欲诣娑婆世界供养释迦牟尼佛,并欲见维摩诘等诸菩萨众,佛言可往。摄汝身香,无令彼诸众生起惑著心,又当舍汝本形,勿使彼国求菩萨者而自鄙耻,又汝于彼莫怀轻贱而作痴想,所以者何,十方国土皆如虚空,又诸佛为欲化诸乐小法者,不尽现其清净土耳。(《维摩诘所说经·香积佛品》)

20【榜题】时长者维摩诘以诸菩萨对佛而说偈言。【白地墨书】(文20)

【经文】于是维摩诘以偈答曰。(《维摩诘所说经·佛道品》)

于是长者子宝积即于佛前以偈颂曰。(《维摩诘所说经·佛国品》)

21【榜题】……天释帝梵众诸宝……文殊时维摩诘化现如事。【红地墨书】(文21)

【经文】无

22 【榜题】从帝释宫将现七……□下□来诣………前供养象马……【绿地墨书】（文22）

【经文】无

23 【榜题】尔时维摩诘以释梵天王持七宝众于阎浮提界，供养释迦如来，请说法化根本因缘，令开情感。【红地墨书】（文23）

【经文】于是佛告弥勒菩萨言，弥勒，我今以是无量亿阿僧祇劫所集阿耨多罗三藐三菩提法，付嘱于汝，如是辈经于佛灭后末世之中，汝等当以神力广宣流布于阎浮提，无令断绝，所以者何，未来世中当有善男子、善女人，及天龙、鬼神、乾达婆、罗刹等。发阿耨多罗三藐三菩提心，乐于大法，若使不闻如是等经则失善利，如此辈人闻是等经，必多信乐发希有心，当以顶受随诸众生，所应得利而为广说。（《维摩诘所说经·嘱累品》）

24 漫漶（文24）

25 漫漶（文25）

参考文献

典籍

一、经藏

［日］高楠顺次郎，渡边海旭. 大正新修大藏经（修订版）. 台北：新文丰出版股份有限公司，1984.

三国（吴）·支谦. 佛说维摩诘经［M］（二卷）. 大藏经（大正版），第14册，经集部一，519-536.

姚秦·鸠摩罗什. 维摩诘所说经［M］（三卷）. 大藏经（大正版），第14册，经集部一，537-557.

姚秦·鸠摩罗什. 维摩诘所说经（八卷）. 朱墨套印本，明刻本.

东晋·僧肇. 维摩诘所说经注［M］（十卷）. 日本刻本.

唐·玄奘. 说无垢称经［M］（六卷）. 大藏经（大正版），第14册，经集部一，557-588.

二、史籍、敦煌文献及其他

1. 前十七史

南朝宋·范晔. 后汉书［M］. 北京：中华书局，1965.

西晋·陈寿. 三国志［M］.［宋］裴松之注. 陈乃乾校点. 北京：中华书局，1982.

唐·房玄龄，褚遂良，许敬宗，等. 晋书［M］. 北京：中华书局，1974.

南朝梁·沈约. 宋书［M］. 北京：中华书局，1974.

南朝梁·萧子显. 南齐书［M］. 北京：中华书局，1972.

唐·姚思廉. 梁书［M］. 北京：中华书局，1973.

唐·姚思廉. 陈书[M]. 北京：中华书局，1972.
北齐·魏收. 魏书[M]. 北京：中华书局，1974.
唐·李百药. 北齐书[M]. 北京：中华书局，1972.
唐·令狐德棻. 周书[M]. 北京：中华书局，1971.
唐·魏征. 隋书[M]. 北京：中华书局，1973.
唐·李延寿. 南史[M]. 北京：中华书局，1971.
唐·李延寿. 北史[M]. 北京：中华书局，1974.
后晋·刘昫. 旧唐书[M]. 北京：中华书局，1975.
北宋·宋祁，欧阳修. 新唐书[M]. 北京：中华书局，1975.
北宋·薛居正. 旧五代史[M]. 北京：中华书局，1976.
北宋·欧阳修. 新五代史[M]. 北京：中华书局，1974.

2. 敦煌文献

黄永武. 敦煌宝藏[M]. 台北：新文丰出版股份有限公司，1986.

中国敦煌吐鲁番学会敦煌古文献编委会. 英藏敦煌文献[M]. 成都：四川人民出版社，1990.

中国社会科学院历史研究所，中国敦煌吐鲁番学会敦煌古文献编辑委员会，英国国家图书馆，伦敦大学亚非学院. 英藏敦煌文献[M]（汉文佛经以外部分）. 第七卷. 斯499-5549. 成都：四川人民出版社，1992.

[俄]孟列夫. 俄藏敦煌文献[M]（1）. 上海：上海古籍出版社，1992.

[俄]孟列夫. 俄藏敦煌文献[M]（2）. 上海：上海古籍出版社，1993.

上海古籍出版社，上海博物馆. 上海博物馆藏敦煌吐鲁番文献[M]（1-2）. 上海：上海古籍出版社，1993.

上海古籍出版社，法国国家图书馆. 法国国家图书馆藏敦煌西域文献[M]（2、3）. 上海：上海古籍出版社，1994.

中国社会科学院历史研究所. 英藏敦煌文献[M]（9-11）. 成都：四川人民出版社，1994.

中国社会科学院历史研究所. 英藏敦煌文献[M]（12-14）. 成都：四川人民出版社，1994.

上海古籍出版社，法国国家图书馆. 法国国家图书馆藏敦煌西域文献[M]（1）. 上海：上海古籍出版社，1995.

上海古籍出版社，法国国家图书馆. 法国国家图书馆藏敦煌西域文献[M]（4）. 上海：上海古籍出版社，1995.

北京大学图书馆，上海古籍出版社. 北京大学图书馆藏敦煌文献（1、2）[M]. 上海：上海古籍出版社，1995.

维摩诘所说经文殊师利问疾品第五[M]（北大D207）.《北京大学图书馆藏敦煌文献》第二卷，1995.

上海古籍出版社. 天津市艺术博物馆藏敦煌文献[M]（1）. 上海：上海古籍出版社，1996.

上海古籍出版社. 天津市艺术博物馆藏敦煌文献[M]（2-3）. 上海：上海古籍出版社，1997.

上海古籍出版社. 天津市艺术博物馆藏敦煌文献 [M]（4–6）. 上海：上海古籍出版社，1997.

［俄］孟列夫. 俄罗斯科学院东方研究所圣彼得堡分所藏敦煌文献 [M]（8）. 上海：上海古籍出版社，1997.

［俄］孟列夫. 俄罗斯科学院东方研究所圣彼得堡分所藏敦煌文献 [M]（9、10）. 上海：上海古籍出版社，1997.

上海古籍出版社. 天津市艺术博物馆藏敦煌文献 [M]（7）. 上海：上海古籍出版社，1998.

上海古籍出版社，法国国家图书馆. 法国国家图书馆藏敦煌西域文献 [M]（5–8）. 上海：上海古籍出版社，1998.

上海古籍出版社，法国国家图书馆. 法国国家图书馆藏敦煌西域文献 [M]（9、10）. 上海：上海古籍出版社，1999.

上海图书馆，上海古籍出版社. 上海图书馆藏敦煌吐鲁番文献 [M]（1–4）. 上海：上海古籍出版社，1999.

中国国家图书馆. 中国国家图书馆藏敦煌遗书 [M]（1–5）. 南京：江苏古籍出版社，1999.

中国国家图书馆. 中国国家图书馆藏敦煌遗书 [M]（6、7）. 南京：江苏古籍出版社，1999.

上海古籍出版社，法国国家图书馆. 法国国家图书馆藏敦煌西域文献 [M]（11–13）. 上海：上海古籍出版社，2000.

方广锠. 英国图书馆藏敦煌遗书目录 [M]（斯06981号—斯08400号）. 北京：宗教文化出版社，2000.

上海古籍出版社，法国国家图书馆. 法国国家图书馆藏敦煌西域文献 [M]（14–19）. 上海：上海古籍出版社，2001.

三、其他

唐·道宣. 广弘明集 [M]（四十卷）. 日本承应甲午年翻刻明万历本，1654（清顺治十一年）.
北魏·刘昞. 敦煌实录 [M]（一卷）. 广雅书局，清光绪间刻本.
唐·许嵩. 建康实录 [M]. 张忱石点校. 北京：中华书局，1986.
南朝梁·僧祐. 弘明集 [M]. 上海：上海古籍出版社，1991.
南朝梁·释慧皎. 高僧传 [M]. 汤用彤校注. 北京：中华书局，1992.
北魏·杨衒之. 洛阳伽蓝记 [M]. 上海：上海古籍出版社，1993.
南朝梁·僧祐. 出三藏记集 [M]. 苏晋仁，萧錬子点校. 北京：中华书局，1995.
唐·道世. 法苑珠林 [M]（一百二十卷）. 明万历十九年嘉兴刻本.

专著

Pelliot，P *Les grottes de Touen-houang (6 vols)* [M]. Paris，1920–1924.

Andrews, F. H. *Descriptive Catalogue of Antiquities Recovered by Sir Aurel Stein during His Explorations in Central Asia, Kansu and Eastern Iran* [M]. London, 1936.

许国霖. 敦煌石室写经题记与敦煌杂录 [M]（二辑）. 上海：上海商务印书馆, 1937.

[日] 松本荣一. 敦煌画の研究 [M]. 东方文化学院东京研究所, 1937.

[日] 水野清一, 长广敏雄. 云冈石窟 [M]. 京都：京都大学人文研究所, 1941.

罗卡子. 北朝石窟艺术 [M]. 上海：上海出版公司, 1955.

向达. 唐代长安与西域文明 [M]. 北京：三联书店, 1957.

Gray, B. *Buddhist Cave Paintings at Tun-huang* [M]. London, 1959.

宋·李昉. 太平御览 [M]. 北京：中华书局, 1960.

王重民. 敦煌遗书总目索引 [M]. 北京：商务印书馆, 1962.

唐·张彦远. 历代名画记 [M]. 北京：人民美术出版社, 1963.

[日] 田中丰藏. 中国美术の研究 [M]. 东京：二玄社, 1964.

[日] 水野清一. 中国の佛教美术 [M]. 东京：平凡社, 1968.

杜洁祥. 中国佛寺史志汇刊 [M]（八十册）. 台湾：明文出版社, 1969.

[日] 长广敏雄. 中国の石窟寺 [M]. 东京：讲谈社, 1969.

Sutlivan, M. *Maijishan Caves Temple* [M]. California University Press, 1969.

[日] 横超慧日. 北魏佛教の研究 [M]. 京都：平乐寺书店, 1970.

邝利安. 魏晋南北朝史研究论文书目引得 [M]. 台北：中华书局, 1971.

Ch'en Kenneth S *The Transformation of Buddhism* [M]. Princeton: Princeton University Press, 1973.

[日] 冢本善隆. 冢本善隆著作集 [M]（第2卷）. 东京：大东出版社, 1974.

[日] 小林太市郎. 佛教艺术の研究 [M]. 淡交社, 1974.

王重民. 敦煌古籍叙录 [M]. 北京：中华书局, 1979.

[日] 中田勇次郎. 龙门造像题记 [M]. 东京：中央公论社, 1980.

山西省文物工作委员会, 山西云冈石窟文物保管所. 云冈石窟 [M]. 北京：文物出版社, 1980.

[日] 小衫一雄. 中国仏教美术史の研究 [M]. 东京：新树社, 1980.

龙门文物保管所. 龙门石窟 [M]. 北京：文物出版社, 1981.

任继愈. 中国佛教史 [M]（第1卷）. 北京：中国社会科学出版社, 1981.

宫大中. 龙门石窟艺术 [M]. 上海：上海人民出版社, 1981.

金维诺. 中国美术史论集 [M]. 北京：人民美术出版社, 1981.

陈祚龙. 敦煌学要龠 [M]. 台北：新文丰出版股份有限公司, 1982.

甘肃省博物馆, 炳灵寺石窟文物保管所. 炳灵寺石窟 [M]. 北京：文物出版社, 1982.

敦煌文物研究所. 敦煌莫高窟（五卷）[M]. 北京：文物出版社；东京：平凡社, 1982.

河南省文物研究所. 巩县石窟寺 [M]. 日本平凡社, 文物出版社, 1983.

清·董诰. 全唐文 [M]. 北京：中华书局, 1983.

沽上逸民. 维摩诘经解义 [M]. 台北：新文丰出版公司, 1983.

Mair Victor H. *Dunhuang Popular Narratives* [M]. Cambridge University, 1983.

徐震堮. 世说新语校笺 [M]. 北京：中华书局, 1984.

敦煌文物研究所. 中国石窟·敦煌莫高窟 [M]（二）. 北京：文物出版社；东京：株式会社平凡社, 1984.

陈万鼐. 麦积山石窟 [M]. 台北：中华五千年文物集刊编辑委员会, 1984.

王重民, 王庆菽等. 敦煌变文集 [M]. 北京：人民文学出版社, 1984.

中国科学院北京天文台. 中国地方志联合目录 [M]. 北京：中华书局, 1985.

王重民. 敦煌遗书总目索引 [M]（影印本）. 台北：新文丰出版股份有限公司, 1985.

[日] 藤堂恭俊. 中国佛教史 [M]. 余万居译. 台北：华宇出版社, 1985.

孟西和夫. 苏俄所劫敦煌卷子目录 [M]. 台北：新文丰出版股份有限公司, 1985.

敦煌研究院. 1983 年全国敦煌学术讨论会文集·石窟艺术编 [M]. 兰州：甘肃人民出版社, 1985.

姜亮夫. 莫高窟年表 [M]. 上海：上海古籍出版社, 1985.

郭朋. 汉魏两晋南北朝佛教 [M]. 济南：齐鲁书社, 1986.

邝士元. 敦煌研究论著目录 [M]（1899–1985）. 台湾：新文丰出版股份有限公司, 1986.

王重民, 黄永武. 敦煌古籍叙录新编 [M]（影印本）. 台北：新文丰出版公司, 1986.

敦煌研究院. 敦煌莫高窟供养人题记 [M]. 北京：文物出版社, 1986.

黄永武. 敦煌遗书最新目录 [M]（影印本）. 台北：新文丰出版公司, 1986.

樊锦诗. 莫高窟壁画艺术 [M]（北凉）. 兰州：甘肃人民出版社, 1986.

史苇湘. 莫高窟壁画艺术 [M]（北魏）. 兰州：甘肃人民出版社, 1986.

关友惠. 莫高窟壁画艺术 [M]（西魏）. 兰州：甘肃人民出版社, 1986.

施萍婷. 莫高窟壁画艺术 [M]（北周）. 兰州：甘肃人民出版社, 1986.

万庚育. 莫高窟壁画艺术 [M]（初唐）. 兰州：甘肃人民出版社, 1986.

李其琼. 莫高窟壁画艺术 [M]（隋）. 兰州：甘肃人民出版社, 1986.

李其琼. 莫高窟壁画艺术 [M]（中唐）. 兰州：甘肃人民出版社, 1986.

李振甫. 莫高窟壁画艺术 [M]（盛唐）. 兰州：甘肃人民出版社, 1986.

李永宁. 莫高窟壁画艺术 [M]（晚唐）. 兰州：甘肃人民出版社, 1986.

霍熙亮. 莫高窟壁画艺术 [M]（五代）. 兰州：甘肃人民出版社, 1986.

汤用彤. 隋唐及五代佛教史 [M]. 台北：慧炬出版社, 1986.

郑阿财, 朱凤玉. 敦煌学研究论著目录 [M]. 台湾：汉学研究资料及服务中心, 1987.

刘汝霖. 东晋南北朝学术编年 [M]. 北京：中华书局, 1987.

敦煌文物研究所. 1983 全国敦煌学术讨会文集 [M]. 兰州：甘肃人民出版社, 1987.

陈高华. 隋唐画家史料 [M]. 北京：文物出版社, 1987.

Chungwa Ho. *Dunhuang Cave 249: A Representation of the Vimalakirtinirdesa* [D]. Yale University, 1985.

Puri, B. N. *Buddhism in Central Asia* [M]. Delhi, 1987.

任继愈. 中国佛教史[M]. 北京：中国社会科学出版社，1988.

孙昌武. 佛教与中国文学[M]. 上海：上海人民出版社，1988.

温玉成. 中国美术全集·龙门石窟雕刻[M]. 上海：上海人民美术出版社，1988.

龙门文物保管所，北京大学考古系. 中国石窟·龙门石窟[M]（1-2卷）. 日本平凡社，文物出版社，1988.

[日]平冈武夫. 唐代的长安与洛阳[M]. 上海：上海古籍出版社，1989.

河南省文物研究所. 巩县石窟寺[M]. 东京：平凡社；北京：文物出版社，1989.

甘肃省文物工作队，炳灵寺文物保管所. 永靖炳灵寺[M]. 日本平凡社；北京：文物出版社，1989.

云冈石窟文物保管所. 云冈石窟[M]. 日本平凡社，文物出版社，1989.

陈明达. 巩县天龙山响堂山安阳石窟雕刻[M]. 北京：文物出版社，1989.

北京图书馆金石组. 北京图书馆藏历代石刻拓本汇编[M]（北朝）. 郑州：中州古籍出版社，1989.

北京图书馆金石组. 北京图书馆藏历代石刻拓本汇编[M]（三国、晋、十六国、南朝）. 郑州：中州古籍出版社，1989.

北京图书馆金石组. 北京图书馆藏历代石刻拓本汇编[M]（唐）. 郑州：中州古籍出版社，1989.

北京图书馆金石组. 北京图书馆藏历代石刻拓本汇编[M]（五代十国）. 郑州：中州古籍出版社，1989.

段文杰. 中国壁画全集[M]（敦煌·盛唐）（6）. 天津：天津人民美术出版社，1989.

敦煌研究院，上海人民美术出版社. 敦煌壁画临本选集[M]. 上海：人民美术出版社，1989.

陈传席. 六朝画家史料[M]. 北京：文物出版社，1990.

敦煌研究院. 中国石窟[M]. 东京：日本平凡社，北京：文物出版社，1990.

云冈石窟文物保管所. 云冈石窟[M]（2）. 日本平凡社，文物出版社，1990.

段文杰. 中国壁画全集[M]（敦煌·五代宋）（9）. 沈阳：美术出版社，1990.

Roderick Whitefild & Anne Farrer. Caves of the Thousand Buddhas：Chinese Art from the Silk Route[M]. New York，1990.

[日]镰田茂雄. 中国佛教通史[M]（第1卷）. 关世谦译. 高雄：佛光出版社，1991.

吴焯. 佛教东传与中国佛教艺术[M]. 杭州：浙江人民出版社，1991.

段文杰. 中国壁画全集[M]（敦煌·隋）. 天津：天津人民美术出版社，1991.

龙门文物保管所，北京大学考古系. 中国石窟·龙门石窟[M]（1-2卷）. 日本平凡社；北京：文物出版社，1991-1992.

云冈石窟文物保管所. 云冈石窟[M]（1-2卷）. 东京：平凡社；北京：文物出版社，1991-1994.

王志楣. 维摩诘经之研究[D]. 台湾国立政治大学中国文学研究所硕士论文，1992.

江素云. 维摩诘所说经敦煌写本综合目录[M]. 台北：东初出版社，1992.

郑炳林. 敦煌碑铭赞辑释［M］. 兰州：甘肃教育出版社，1992.

林家平，宁强，罗华庆. 中国敦煌学史［M］. 北京：北京语言学院出版社，1992.

姜伯勤. 敦煌社会文书导论［M］. 台北：新文丰出版股份有限公司，1992.

李文生. 龙门石窟与洛阳历史文化［M］. 上海：上海人民美术出版社，1993.

龙门石窟研究所. 龙门石窟研究论文选［M］. 上海：上海人民美术出版社，1993.

国家文物局教育处. 佛教石窟考古概要［M］. 北京：文物出版社，1993.

中国文化大学中国文学研究所敦煌学研究小组. 伦敦藏敦煌汉文卷子目录提要［M］. 台北：福记文化图书公司，1993.

［法］伯希和. 伯希和敦煌石窟笔记［M］. 耿升，唐健宾译. 兰州：甘肃人民出版社，1993.

阎文儒，王万青. 炳灵寺石窟［M］. 兰州：甘肃人民出版社，1993.

国家文物局教育处. 龙门、巩县、天龙山、响堂山和安阳石窟［M］. 北京：文物出版社，1993.

［日］高崎直道.《维摩诘所说经》解题［M］. 新国译大藏经·文殊经典部二. 东京：大藏出版株式会社，1993.

崔咏雪. 中国家具史·坐具篇［M］. 台北：明文书局，1994.

杜洁祥. 中国佛寺史志丛刊［M］(第一辑第2册).「南朝佛寺志」. 台北：宗青图书出版公司，1994.

胡同庆. 敦煌石窟艺术·莫高窟第154窟附第231窟（中唐）［M］. 南京：江苏美术出版社，1994.

阎文儒，常青. 龙门石窟研究［M］. 北京：书目文献出版社，1995.

李月伯. 敦煌石窟艺术·莫高窟第156窟附第161窟［M］(晚唐). 南京：江苏美术出版社，1995.

杨雄. 维摩诘经讲经文. 敦煌研究文集［M］(敦煌论稿). 兰州：甘肃文化出版社，1995.

余太山. 两汉魏晋南北朝与西域关系史研究［M］. 北京：中国社会科学出版社，1995.

赵声良. 敦煌石窟艺术——莫高窟第61窟［M］(五代). 南京：江苏美术出版社，1995.

［日］松原三郎. 中国仏教雕刻史论［M］. 东京：吉川弘文馆，1995.

孙昌武. 中国文学中的维摩与观音［M］. 北京：高等教育出版社，1996.

宿白. 中国石窟寺研究［M］. 北京：文物出版社，1996.

马德. 敦煌莫高窟史研究［M］. 甘肃教育出版社，1996.

龙门石窟研究所. 龙门石窟志［M］. 北京：中国大百科全书出版社，1996.

谢稚柳. 敦煌艺术叙录［M］. 上海：上海古籍出版社，1996.

北京图书馆敦煌吐鲁番学资料中心，台北《南海》杂志社. 敦煌吐鲁番学研究论集［M］. 北京：书目文献出版社，1996.

敦煌研究院. 敦煌石窟内容总录［M］. 北京：文物出版社，1996.

赵声良. 敦煌石窟艺术·莫高窟第五七、三二二窟（初唐）［M］. 南京：江苏美术出版社，1996.

石璋如. 莫高窟形［M］(三卷). 台北：中央研究院历史语言研究所，1996.

杨雄. 敦煌石窟艺术——莫高窟第420、第419窟 [M]（隋）. 南京：江苏美术出版社，1996.

Sarah E, Fraser. *The Artist's Practice in Tang China, 8th-10th Centuries* [D]. University of California at Berkeley, 1996.

马德. 敦煌工匠史料 [M]. 兰州：甘肃人民出版社，1997.

汤用彤. 汉魏两晋南北朝佛教史 [M]. 北京：北京大学出版社，1997.

谢振发. 云冈第七、八双窟之研究 [D]. 台北：台湾大学艺术史研究所硕士论文，1997.

麦积山石窟艺术研究所. 麦积山石窟 [M]. 北京：文物出版社，1997.

［日］清水善三. 仏教美术史の研究 [M]. 东京：中央公论美术出版，1997.

段文杰. 敦煌石窟艺术论集 [M]. 兰州：甘肃人民出版社，1998.

李玉珉，叶佳玫. 中国佛教美术论文索引 [M]（1930-1993）. 新竹：财团法人觉风佛教艺术文化基金会，1998.

侯旭东. 五六世纪北方民众佛教信仰——以造像记为中心的考察 [M]. 北京：中国社会科学出版社，1998.

刘景龙，李玉昆. 龙门石窟碑刻题记汇录 [M]（上、下）. 北京：中国大百科全书出版社，1998.

王亨通，杜斗城. 炳灵寺石窟研究论文集 [M]. 甘肃宝隆印务有限公司，1998.

周绍良. 敦煌变文讲经文因缘辑校 [M]. 南京：江苏古籍出版社，1998.

释果朴. 敦煌写卷P3006"支谦"本《维摩诘经》注解考 [M]. 台北：法鼓文化事业股份有限公司，1998.

朱大渭. 魏晋南北朝社会生活史 [M]. 北京：中国社会出版社，1998.

［俄］孟列夫. 俄藏敦煌汉文写卷叙录 [M]. 袁席箴，陈华平译. 上海：上海古籍出版社，1999.

敦煌研究院. 中国敦煌学百年文库 [M]. 兰州：甘肃文化出版社，1999.

贺世哲. 法华经画卷 [M]. 香港：商务印书馆（香港）有限公司，1999.

［日］久野美树. 中国の仏教美术—后汉代から元代まで [M]. 东京：东信堂，1999.

李凭. 北魏平城时代 [M]. 北京：社会科学文献出版社，2000.

施萍婷，邰惠莉. 敦煌遗书总目索引新编 [M]. 北京：中华书局，2000.

敦煌研究院. 敦煌——纪念敦煌藏经洞发现一百周年 [M]. 北京：朝华出版社，2000.

敦煌研究院. 敦煌研究文集·敦煌石窟经变篇 [M]. 兰州：甘肃民族出版社，2000.

［俄］丘古耶夫斯基. 敦煌汉文文书 [M]. 王克孝译. 上海：上海古籍出版社，2000.

［日］曾布川宽，冈田健. 世界美术大全集·东洋编 [M]（第3卷）. 东京：小学馆，2000.

《中国石窟雕塑全集》编委会. 中国石窟雕塑全集 [M]（1-10卷）. 重庆：重庆出版社，2001.

刘景龙. 古阳洞——龙门石窟第1443窟 [M]（三册）. 北京：科学出版社，2001.

宫大中. 龙门石窟艺术 [M]. 北京：人民美术出版社，2002.

编辑委员会. 宿白先生八秩华诞纪念文集 [M]. 北京：文物出版社，2002.

宫大中. 龙门石窟艺术 [M]. 北京：人民美术出版社，2002.

李晓敏. 从造像记看隋唐民众的佛教信仰［D］. 张国刚指导. 天津：南开大学中国社会史研究中心博士学位论文，2003.

［日］中村不折. 禹域出土墨宝书法源流考［M］. 李德范译. 北京：中华书局，2003.

［日］龙谷大学佛教文化研究所西域研究室. 注维摩诘经一字索引［M］. 龙谷大学佛教文化研究所，2003.

简梅青. 晋唐间民众佛教信仰的若干问题探讨——侧重于《法苑珠林》及诸种佛教灵验记之文献学分析与唐代民众佛教信仰的思考［D］. 冻国栋指导. 武汉：武汉大学历史系博士学位论文，2004.

Sarah E, Fraser. Performing the Visual: *The Practice of Buddhist Wall Painting in China and Central Asia, 618-960*. Stanford California: Stanford University Press, 2004.

侯旭东. 北朝村民的生活世界——朝廷、州县与村里［M］. 北京：商务印书馆，2005.

云冈石窟文物研究所. 云冈百年论文选集［M］. 北京：文物出版社，2005.

孙迪. 中国流失海外佛教造像总合图目［M］. 北京：外文出版社，2005.

［日］石松日奈子. 北魏仏教造像史の研究［M］. 东京：星云社，2005.

［日］冢本善隆. 龙门石窟——北魏佛教研究［M］. 觉风佛艺基金会，2005.

王新水.《维摩诘经》思想研究［D］. 王雷泉指导. 上海：复旦大学哲学系博士学位论文，2006.

沙武田. 敦煌画稿研究［M］. 北京：民族出版社，2006.

张焯. 云冈石窟编年史［M］. 北京：文物出版社，2006.

杜斗城. 正史佛教资料类编［M］. 兰州：甘肃文化出版社，2006.

杜斗城，王亨通. 炳灵寺石窟内容总录［M］. 兰州：兰州大学出版社，2006.

王振国. 龙门石窟与洛阳佛教文化［M］. 郑州：中州古籍出版社，2006.

敦煌研究院. 2004年石窟研究国际学术会议论文集［M］. 上海：上海古籍出版社，2006.

段文杰. 敦煌石窟艺术研究［M］. 兰州：甘肃人民出版社，2007.

孙晓岗. 文殊菩萨图像学研究［M］. 兰州：甘肃人民美术出版社，2007.

［法］伯希和. 伯希和敦煌石窟笔记［M］. 耿升译. 兰州：甘肃人民出版社，2007.

兰州大学敦煌学研究所，甘肃省古籍文献整理编译中心. 敦煌莫高窟百年图录［M］. 兰州：甘肃人民出版社，2008.

何剑平. 中国中古维摩诘信仰研究［M］. 成都：巴蜀书社，2009.

论文

［日］秋山光夫. 北魏像碑の维摩变相图に就いて［J］. 考古学杂志，1937，26（10）：595-611.

［日］冢本善隆. 魏晋佛教の展开［J］. 史林，1939，24（4）：49-80.

何正璜. 敦煌莫高窟现存佛洞概况之调查［J］. 说文月刊，1943，3（10）：47-72.

［日］堂谷宪勇. 维摩图像考［J］. 佛教艺术，1950（9）：78-92.

周一良. 敦煌壁画与佛经［J］. 文物参考资料，1951，2（4）：90-106.

炳灵寺石窟勘察团. 炳灵寺石窟编号及其内容［J］. 文物参考资料，1953（1）：10-17.

［日］梅津次郎. 変と変文——绘解の绘画史的考察その二［J］. 国华，1955，760，191-207.

庄申. 北魏石刻维摩变相图考（上）［J］. 大陆杂志，1958，17（8）：14-16.

庄申. 北魏石刻维摩变相图考（下）［J］. 大陆杂志，1958，17（9）：20-24.

［日］樋口隆康. 敦煌石窟系谱［J］. 佛教艺术，1958，34，63-74.

［日］藤枝晃. 维摩变の一场面——变相と变文との关系［J］. 佛教艺术，1958，34，87-95.

金维诺. 敦煌壁画维摩变的发展［J］. 文物，1959（2）：3-9.

金维诺. 敦煌晚期的维摩变［J］. 文物，1959（4）：54-60.

Soper A. C. *South Chinese Influence on the Buddhist Art of the Sixth Dynasties Period*［J］. Bulletin of Museum of Far East Antiquity，1960，32，pp. 47-112.

［日］藤枝晃. 维摩变の系谱［J］. 东方学报，1964，36，287-303.

Soper A. C. *Representations of Famous Images at Tun-huang*［J］. Artibus Asiae，1965，vol. 27，no. 4，pp. 349-364.

Emma C. Bunker. *Early Chinese Representations of Vimalakīrti*［J］. Artibus Asiae，1968，30（1）：pp. 28-52.

Murase M. *Kuan-yin as Savior of Men：Illustration of the Twenty-fifth Chapter of the Lotus Sutra*［J］. Artibus Asiae，1971，33，1/2，pp. 39-74.

［日］福山敏男. 炳灵寺石窟の西秦造像铭について［J］. 美术研究，1971，276，33-35.

宿白. 云冈石窟分期试论［J］. 考古学报，1978（1）：25-38.

敦煌文物研究所. 莫高窟第220窟新发现的复壁壁画［J］. 文物，1978（12）：41-46.

阎文儒. 经变的起源种类和反映佛教上宗派的关系［J］. 社会科学战线，1979（4）：220-232.

阎文儒. 云冈石窟的开创和题材的分析（上）［J］. 社会科学辑刊，1980（5）：112-118.

阎文儒. 云冈石窟的开创和题材的分析（下）［J］. 社会科学辑刊，1980（6）：110-114.

贺世哲. 敦煌莫高窟壁画中的《维摩诘经变》［J］. 敦煌研究，1982（2）：62-87.

张乃翥. 龙门石窟维摩变像及其意义［J］. 中原文物，1982（3）：40-45.

段文杰. 略论莫高窟第249窟壁画内容和艺术［J］. 敦煌研究，1983（1）：1-9.

贺世哲. 敦煌莫高窟第249窟窟顶西披壁画内容考释［J］. 敦煌学辑刊，1983（3）：28-32.

段文杰. 唐代前期的敦煌艺术［J］. 文艺研究，1983（3）：92-109.

阎文儒. 中晚唐的石窟艺术［J］. 敦煌研究，1983（3）：10-25.

张学荣. 麦积山石窟的创建年代［J］. 文物，1983（6）：14-17.

董玉祥. 麦积山石窟的分期［J］. 文物，1983（6）：18-30.

Whitfield R. *Buddhist Paintings from Dunhuang in the Aurel Stein Collection*［J］. Orientations，1983，vol. 14，no. 5，pp. 14-28.

［日］八木宣谛．北魏石窟寺の文字史料について［J］．佛教论丛，1983，27，101-105.

Pekarik A. J. Cave temples of Dunhuang［J］. Archaeology, 1983, 36, 1/2: 20-27.

李霖灿．大理梵像卷和法界源流——文殊问疾图的比较研究［J］．故宫文物月刊，1984，2(3)：63-68.

方立天．魏晋南北朝佛教的演变［J］．中原文物，1985（特刊）：1-9.

温玉成．龙门石窟的创建年代［J］．文博，1985（2）：34-35.

杜斗城．炳灵寺石窟与西秦佛教［J］．敦煌学辑刊，1985（2）：84-90.

余熙．一位思辩神灵的历史沉积相——从《维摩诘经变》看敦煌艺术的民族性［J］．江汉大学学报，1986（1）：103-108.

董玉祥．炳灵寺石窟第169窟内容总录［J］．敦煌学辑刊，1986（2）：148-158/174.

Huntington J. C. *A Note on Dunhuang Cave 17: the Library or Hong Bian's Reliquary Chamber*［J］. the Art of Islam and the East, 1986, 16, 93-101.

贺世哲．敦煌莫高窟壁画中の维摩诘経変［J］．安田治树译．东洋学术研究，1986，24（1）：101-153.

董玉祥．炳灵寺石窟第169窟［J］．敦煌学辑刊，1987（1）：126-131.

杨雄．《维摩诘经讲经文》（S4571）补校［J］．敦煌研究，1987（2）：58-68/33.

中国文化大学中国文学研究所敦煌研究小组．伦敦藏敦煌写本汉文目录初稿［J］．敦煌学，1987（12）：141-158.

宁强．《历代名画记》与敦煌早期壁画——兼论南朝绘画与敦煌早期壁画的关系［J］．敦煌研究，1988（4）：51-64/50.

胡文和．四川摩崖造像中的"维摩变"［J］．考古，1988（6）：562-566.

严耀中．北魏前期的宗教特色与政治［J］．上海师范大学学报，1989（3）：122-129.

黄文昆．麦积山的历史与石窟［J］．文物，1989（3）：83-89/96.

辛长青．北魏营造云冈诸僧索微［J］．文物世界，1990（1）：75-81.

宁强．上士登仙图与维摩诘经变——莫高窟第249窟窟顶壁画再探［J］．敦煌研究，1990（1）：30-37.

王万青．炳灵寺石窟西秦和北魏造像［J］．敦煌学辑刊，1990（1）：105-109.

［日］樋口隆康．敦煌石窟系谱［J］．蔡伟堂译．敦煌研究，1990（4）：29-37.

Abe S K. *Art and Practice in a Fifth-century Chinese Buddhist Cave Temple*［J］. The Art of Islam and the East, 1990, 20, pP 1-31.

胡文彦．魏晋南北朝时期佛教对家具的影响［J］．故宫博物院院刊，1991（2）：61-63.

Handler Sarah. *The Revolution in Chinese Furniture: Moving from Mat to Chair*［J］. Asian Art, 1991, 4/3, 9-33.

张宝玺．建弘题记及其有关问题的考释［J］．敦煌研究，1992（1）：11-20.

常青．汉魏两晋南北朝时期长安佛教与丝绸之路上的石窟遗迹［J］．文博，1992（2）：58-65/42.

黄文昆. 十六国的石窟寺与敦煌石窟艺术［J］. 文物，1992（5）：43-48.

Ning Qiang. *The Emergence of the 'Dunhuang Style' in the Northern Wei Dynasty*［J］. Orientations，1992，vol. 23，No. 5，pP 45-48.

Wu Hung. *Reborn in Paradise：a Case Study of Dunhuang Sutra Painting and Its Religious. Ritual and Artistic Context*［J］. Orientations，1992，vol. 23，No. 5，pP 52-60.

Wu Hung. *What's Bianxiang？On the Relationship between Dunhuang Art and Dunhuang Literature*［J］. Harvard Journal of Asiatic Studies. 1992，vol. 52，No. 1，pP 111-192.

张乃翥. 从龙门造像遗迹看北魏世俗生活面貌［J］. 中州学刊，1993（1）：117-122.

刘淑芬. 五至六世纪华北乡村的佛教信仰［J］. 中央研究院历史语言研究所集刊. 1993，63（3）：497-544.

傅振伦. 敦煌莫高窟学术编年（上）［J］. 文物春秋，1994（1）：59-66.

傅振伦. 敦煌莫高窟学术编年（下）［J］. 文物春秋，1994（2）：72-78/37.

方广锠，许培铃. 敦煌遗书中的《维摩诘所说经》及其注疏［J］. 敦煌研究 1994（4）：145-151.

朱大渭. 中古汉人由跪坐到垂脚高坐［J］. 中国史研究，1994（4）：102-114.

［日］斋藤理惠子. 敦煌第二四九窟天井におけゐ中国的图像の受容形态［J］. 佛教艺术，1995，218，39-56.

［韩］金理那. 六世纪中国七尊仏にみえゐ螺髻像について——《维摩诘经》の螺髻梵王とその图像［J］. 林南寿译. 佛教艺术，1995，219，40-55.

［美］白菁. 六世纪晚期敦煌壁画之绘画构图与佛经文本的联系［J］. 王宇，房学惠译. 敦煌研究，1996（2）：37-45.

［美］胡素馨. 敦煌的粉本和壁画之间的关系［J］. 唐研究，1997，3，437-443.

［韩］金理那. 关于6世纪中国七尊像中的螺髻像之研究［J］. 洪起龙译. 敦煌研究，1998（2）：72-79.

项一峰. 维摩诘经与维摩诘经变——麦积山127窟维摩诘经变壁画试探［J］. 敦煌学辑刊，1998（2）：95-102.

王惠民. 炳灵寺建弘纪年应为建弘五年［J］. 敦煌研究，1998（3）：167.

宁强. 佛经与图像——敦煌第220窟北壁壁画新解［J］. 故宫学术季刊，1998，15（3）：75-98.

［日］石松日奈子. 龙门古阳洞初期造像的中国化问题［J］. 之中译. 华夏考古，1999（2）：98-108/112.

李小荣. 变文变相关系论——以变相的创作和用途为中心［J］. 敦煌研究，2000（3）：57-65.

沙武田. SP76〈维摩诘经变稿〉试析——敦煌壁画底稿研究之四［J］. 敦煌研究，2000（4）：10-19.

［日］石松日奈子. 龙门石窟古阳洞造像考［J］. 佛教艺术，2000，248，13-51.

叶贵良. 莫高窟220窟《帝王图》"貂尾"大臣非中书令、亦非右散骑常侍［J］. 敦煌学辑刊，

2001（1）：23-25/22.

［日］斋藤理惠子. 敦煌第249窟天井中国图像内涵的变化［J］. 贺小萍译. 敦煌研究，2001（2）：154-161.

［美］胡素馨. 模式的形成——粉本在寺院壁画构图中的应用［J］. 唐莉芸译. 敦煌研究，2001（4）：50-55.

吴荭，魏文斌. 甘肃中东部石窟早期经变及佛教故事题材考述［J］. 敦煌研究，2002（3）：19-25.

张元林. 净土思想与仙界思想的合流——关于莫高窟第249窟窟顶西披壁画定名的再思考［J］. 敦煌研究，2003（4）：1-8.

［日］八木春生. 龙门石窟北魏后期诸窟についての一考察——五二〇～五三〇年代に开かれた石窟を中心として［J］. 佛教艺术，2003，267，59-89.

刘屹. 北京大学藏上官厥户写《维摩诘经》补说［J］. 华林，2004，3，159-172.

纳一. 佛教美术中的维摩诘题材释读［J］. 故宫博物院院刊，2004（4）：96-109.

许忠陵.《维摩演教图》及其相关问题讨论［J］. 故宫博物院院刊，2004（4）：120-129.

盛朝晖. 也谈莫高窟第220窟帝王图"貂尾"大臣之身份［J］. 敦煌学辑刊，2005（2）：77-84.

何剑平. 从中晚唐的维摩诘经变画看民众的佛教信仰［J］. 云南艺术学院学报［J］. 2005（3）：15-23.

项楚.《维摩诘经讲经文》新校［J］. 四川大学学报，2005（4）：58-62.

连颖俊. 天龙山石窟与《维摩诘经》［J］. 文物世界，2006（2）：27-28.

钱伯泉. 敦煌遗书S2838《维摩诘经》的题记研究［J］. 敦煌研究，2007（1）：61-67.

曹喆. 唐代敦煌壁画维摩诘经变中的官员服饰考证［J］. 敦煌研究，2007（1）：45-49.

杨森. 敦煌壁画中的麈尾图像研究［J］. 敦煌研究，2007（6）：37-46.

李文洁，林世田. 新发现的《维摩诘经讲经文文殊问疾第二卷》校录研究［J］. 敦煌研究，2007（3）：67-72.

［日］船山彻. 六朝佛典の翻译と编辑に见る中国化の问题［J］. 东方学报，2007，80，1-18.

邹清泉. 维摩诘变相研究述评［J］. 文艺研究，2010（5）：127-132.

邹清泉. 虎头金粟影：维摩画像研究献疑［J］. 故宫博物院院刊，2010（4）：57-67.

邹清泉. 北魏坐榻维摩画像源流考释［J］. 敦煌研究，2010（4）：67-73.

邹清泉. 莫高窟唐代坐帐维摩画像考论［J］. 敦煌研究，2012（1）：33-39.

邹清泉. 中古敦煌《维摩诘经》的书写：以藏经洞维摩写卷为中心［J］. 敦煌学辑刊，2012（1）：57-67.

邹清泉. 隐几图考［J］. 文艺研究，2012（2）：130-135.

图版索引

图1　金光明寺写经人名　写本　英国国家图书馆藏（S2711）
英国国家图书馆等：《英藏敦煌文献·汉文佛经以外部分》（4），成都：四川人民出版社，1991年，第207页。

图2　《经房供菜关系牒》　英国国家图书馆藏（S5824）
英国国家图书馆等：《英藏敦煌文献·汉文佛经以外部分》（9），成都：四川人民出版社，1994年，第167页。

图3　《佛说维摩诘经》 写本（局部）　麟嘉五年（393年）　王相高 写　上海博物馆藏
上海古籍出版社，上海博物馆：《上海博物馆藏敦煌吐鲁番文献》（1），上海：上海古籍出版社，1993年；彩版2。

图4　《佛说维摩诘经》 写卷　法国国家图书馆藏（P3006）
释果朴：《敦煌写卷P3006"支谦"本〈维摩诘经〉注解考》，台北：法鼓文化事业股份有限公司，1998年；扉页。

图5　藏经洞平面图　邹清泉 绘

图6　千手千眼观音图·供养人　绢画(123.5×84.3厘米)　五代　法国吉美博物馆藏
樊锦诗：《敦煌石窟全集·藏经洞珍品卷》，香港：商务印书馆有限公司，2005年，第68页；图71。

图7　引路菩萨图　绢画（94.5×53.7厘米）　五代　法国吉美博物馆藏

《敦煌石窟全集·藏经洞珍品卷》，第72页；图75。

图8 《维摩诘经卷上》 中国国家图书馆藏（菜069［0864］）
黄永武：《敦煌宝藏》（63），台北：新文丰出版股份有限公司，1986年，第220页。

图9 《维摩图》（局部） 绢本墨笔 宋摹本 日本东福寺藏
《考古学杂志》1937年第26卷第10号，第606页，图3。

图10 《佛说维摩诘经》 写本 麟嘉五年（393年） 后凉·王相高 写 上海博物馆藏
《上海博物馆藏敦煌吐鲁番文献》（1），第13页。

图11 《维摩居士图》 绢本墨笔（89.2×51.4厘米） 宋·李公麟 日本京都国立博物馆藏
《中国书画》2012年第7期，扉页。

图12 宴乐图漆盘 南昌火车站东晋墓出土
编委会：《宿白先生八秩华诞纪念文集》上，北京：文物出版社，2002年，第147页。

图13 朝鲜安岳3号坟壁画墓主像（冬寿） 东晋永和十三年（357年）
［日］菊竹淳一、吉田宏志：《世界美术大全集·东洋编·高句丽》第10卷，东京：小学馆，1998年，第17页；图1。

图14 德兴里古坟壁画墓主像 高句丽（408年）
《世界美术大全集·东洋编·高句丽》第10卷，第55页；图15。

图15 炳灵寺169窟《维摩变》 建弘元年（420年） 西秦
《故宫博物院院刊》2004年第4期，第100页；图1。

图16 龙门石窟宾阳中洞《维摩变》（局部） 线描 北魏
阎文儒、常青：《龙门石窟研究》，北京：书目文献出版社，1995年；图25。

图17 汉代隐几与用例 邹清泉 辑
1.甘肃武威雷台出土东汉铜隐几 2.朝鲜乐浪出土东汉隐几 3.江苏连云港出土新莽隐几 4.东汉画像石 5.山东安丘王封村东汉画像石 6.山东嘉祥武氏祠东汉画像石 7.山东嘉祥洪山村出土汉代祠堂西壁画像 8.山东汉画像石 9.山东嘉祥洪山村出土汉代祠堂西壁画像 10.陕西绥德四十里铺汉画像石

图 18　燕居行乐图（局部）　壁画　线摹　甘肃酒泉丁家闸 5 号墓
甘肃省文物考古研究所：《酒泉十六国墓壁画》，北京：文物出版社，1989 年，第 14 页；图 19。

图 19　释迦、文殊与维摩　云冈石窟第 6 窟
李治国：《云冈》，北京：文物出版社，2000 年，第 22 页。

图 20　古阳洞北壁第 188 龛龛楣右侧维摩像　北魏　龙门石窟
刘景龙：《古阳洞——龙门石窟第 1443 窟》，北京：科学出版社，2001 年，第 1 册，第 106 页。

图 21　榻上人物画像　东汉　河南密县打虎亭画像石墓　前室西壁
《文物》1972 年第 10 期，第 57 页；图 6。

图 22　许阿瞿画像　建宁三年（170 年）　河南南阳东关李相公庄出土
常任侠：《中国美术全集》（19），上海：上海人民美术出版社，2006 年，第 108 页；图 127。

图 23　卫灵公与灵公夫人　木板漆画　太和八年（484 年）　山西大同石家寨司马金龙墓出土　山西省博物馆、大同市博物馆藏
张安治：《中国美术全集·绘画编 1·原始社会至南北朝绘画》，北京：人民美术出版社，1986 年，第 162 页。

图 24　"子郭巨"　线刻画像　孝子棺左帮　北魏正光五年（524 年）
黄明兰：《洛阳北魏世俗石刻线画集》，北京：人民美术出版社，1987 年，第 7 页。

图 25　北周康业石榻围屏画像（局部）　线摹
《文物》2008 年第 6 期，第 33 页；图 31。

图 26　山西大同智家堡北魏石椁北壁壁画　线摹
《文物》2001 年第 7 期，第 43 页，图 6。

图 27　莫高窟第 423 窟《维摩变》（局部）　隋
贺世哲：《敦煌石窟全集·维摩诘经变》，香港：商务印书馆，1999 年，第 193 页；图 182。

图 28　莫高窟第 420 窟《维摩变》（局部）　隋
段文杰：《中国美术全集》（15），上海：上海人民美术出版社，2006 年，第 175 页；图 177。

图 29　莫高窟第 433 窟《维摩变》(局部)　隋
贺世哲:《敦煌石窟全集·维摩诘经变》,香港:商务印书馆,1999 年,第 193 页;图 183。

图 30　莫高窟第 314 窟《维摩变》(局部)　隋
敦煌文物研究所:《中国石窟·敦煌莫高窟》第 2 卷,北京:文物出版社;东京:平凡社,1984 年;图 136。

图 31　康业墓石榻画像　线摹
《文物》2008 年第 6 期,第 31 页;图 29。

图 32　《临马云卿画维摩不二图》卷　元·王振鹏　美国大都会艺术博物馆藏
Maxwell k. Hearn. *How to Read Chinese Paintings[M]*. New York: The Metropolitan Museum of Art, 2008, P.89.

图 33　《张胜温画梵像卷·维摩诘经变图》(局部)　纸本设色贴金(1636.5×30.4 厘米)　大理国盛德五年(1180 年)　南宋·张胜温　台北故宫博物院藏
南宋·张胜温:《张胜温画梵像卷》,天津:天津人民美术出版社,2001 年。

图 34　莫高窟第 220 窟主室东壁南侧维摩居士　唐贞观十六年(642 年)
段文杰:《中国敦煌壁画全集·5·敦煌初唐》,天津:天津人民美术出版社,2006 年,第 59 页;图 69。

图 35　莫高窟第 314 窟西壁南北侧维摩诘变相　隋
《中国石窟·敦煌莫高窟》第 2 卷;图 135、图 136。

图 36　莫高窟第 203 窟西壁维摩像　初唐
《中国美术全集》(16),第 3 页;图 3。

图 37　弥勒洞北二洞北壁佛龛内坐帐维摩　龙门石窟
龙门文物保管所、北京大学考古系:《龙门石窟》(2),北京:文物出版社,1992 年;图 68。

图 38　造像碑(局部)　北魏永熙二年(533 年)　美国纽约大都会博物馆藏
李霖灿:《中国美术史讲座》,桂林:广西师范大学出版社,2010 年,第 13 页;图 3。

图 39　莫高窟第 332 窟主室北壁《维摩变》　线描　初唐
敦煌研究院:《敦煌石窟全集》(7),香港:商务印书馆有限公司,1999 年,第 197 页。

图40　莫高窟第335窟主室北壁《维摩变》(局部)　唐圣历年间(698—700年)
郑炳林、高国祥:《敦煌莫高窟百年图录》,兰州:甘肃人民出版社,2008年,第681页。

图41　莫高窟第103窟东壁《维摩变》(局部)　盛唐
段文杰:《中国美术全集》(16),上海:上海人民美术出版社,2006年,第65页;图68。

图42　莫高窟第159窟《维摩变》(局部)　中唐
《中国美术全集》(16),第110页;图109。

图43　莫高窟第159窟《维摩变》(局部)　中唐
段文杰:《中国敦煌壁画全集·7·敦煌中唐》,天津:天津人民美术出版社,2006年,第119页;图113。

图44　莫高窟第12窟主室东壁《维摩变》(局部)　晚唐
关友惠:《中国敦煌壁画全集·8·晚唐》,天津:天津人民美术出版社,2001年,第57页;图79。

图45　莫高窟第9窟主室北壁《维摩变》(局部)　晚唐
《中国敦煌壁画全集·8·晚唐》,第138页;图174。

图46　顾恺之像　清·上官周 绘
清·上官周:《晚笑堂画传》,胡佩衡选订,北京:人民美术出版社,1959年,第113页。

图47　《画品》　南齐·谢赫　明崇祯间虞山毛氏汲古阁刻本

图48　《历代名画记》唐·张彦远　明崇祯间虞山毛氏汲古阁刻本

图49　莫高窟第98窟主室东壁《维摩变》(局部)　五代
段文杰:《中国敦煌壁画全集》(敦煌五代宋),天津:天津人民美术出版社,2006年,第8页,图8。

图50　莫高窟第61窟主室东壁《维摩变》(局部)　五代
《中国敦煌壁画全集》(敦煌五代宋),第68页;图67。

图51　莫高窟第61窟主室东壁北侧《维摩变·入诸酒肆》　五代
《中国敦煌壁画全集》(敦煌五代宋),第69页;图68。

图 52　莫高窟第 159 与 237 窟主室壁画示意　邹清泉 绘

图 53　莫高窟第 220 窟西壁佛龛北侧骑狮文殊像　贞观十六年（642 年）
孙晓岗：《文殊菩萨图像学研究》，兰州：甘肃人民美术出版社，2006 年，第 198 页；图 21、图 4 文殊。

图 54　莫高窟第 61 窟主室壁画展开示意　邹清泉 绘

图 55　莫高窟第 61 窟主室　五代
樊锦诗：《敦煌石窟全集·佛传故事画卷》（4），香港：商务印书馆（香港）有限公司，2004 年，第 127 页；图 106。

图 56　莫高窟第 61 窟《法华经变》（局部）　五代
《中国敦煌壁画全集》（敦煌五代宋），第 80 页，图 79。

图 57　莫高窟第 98 窟主室壁画示意　邹清泉 绘

图 58　莫高窟第 98 窟《维摩变》（局部）　五代
《中国敦煌壁画全集》（敦煌五代宋），第 2 页；图 2。

后 记

在中国佛教艺术史上，以《维摩诘经》为依托的维摩诘变相的发展，是其中最为重要的艺术实践之一。东晋以来，在历代宗教与文化语境中，维摩诘变相历经演绎，遗存甚丰，成为中古佛教美术最为重要的图绘题材之一。本书在中古时代的历史视野中，以对《维摩诘经》的文献考察为起点，同时基于中古维摩壁画、石刻、画卷、画史材料的系统整理，考察以《维摩诘经》为依托的维摩诘变相的图像演绎历程，并将维摩诘变相纳入考古学、历史学、图像学以及社会学等多学科交汇的方法论语境重新审视，在反思20世纪以来维摩诘变相研究学术史的基础上，就《维摩诘经》图像演绎历程中的关键性问题作了深入研究。

在本书写作中，中央美术学院金维诺教授、清华大学美术学院田自秉教授及夫人吴淑生教授、中山大学姜伯勤教授、南开大学孙昌武教授、敦煌研究院贺世哲研究员、施萍婷研究员、马德研究员、广州美术学院李清泉教授、梅林教授、华南师范大学林钰源教授、吴文星女士相继提供帮助，中国社会科学院考古研究所杨泓研究员、中国美术家协会李松教授、中央美术学院罗世平教授、贺西林教授、郑岩教授等均惠赐嘉见，业师金维诺教授欣然赐序，并为本书题词，敬致谢意！

"敦煌所出经典，涵括至广，散佚至众"，材料收集极为困难，且藏经洞佛经写卷博杂纷繁，斠理不易。笔者虽彷徨瞻顾，倾心而为，但囿于学力菲薄，文中未免见闻未周、思虑未精、智慧不至甚而功力未尽之处，敬请博识诸君不弃，匡误斧正，垂赐教言！

邹清泉

2012 年 6 月

图书在版编目（CIP）数据

虎头金粟影：维摩诘变相研究/邹清泉著. — 北京：北京大学出版社, 2013.5
ISBN 978-7-301-22335-2

Ⅰ.①虎… Ⅱ.①邹… Ⅲ.①大乘—佛经②《维摩诘经》—研究 Ⅳ.①B942.1

中国版本图书馆 CIP 数据核字 (2013) 第 062734 号

书　　　名：	虎头金粟影——维摩诘变相研究
著作责任者：	邹清泉 著
责 任 编 辑：	姜 贞
标 准 书 号：	ISBN 978-7-301-22335-2/J·0502
出 版 发 行：	北京大学出版社
地　　　址：	北京市海淀区成府路 205 号　100871
网　　　址：	http://www.pup.cn　新浪官方微博：@北京大学出版社 @培文图书
电 子 信 箱：	pw@pup.pku.edu.cn
电　　　话：	邮购部 62752015　发行部 62750672　编辑部 62750112　出版部 62754962
印 刷 者：	三河市腾飞印务有限公司
经 销 者：	新华书店
	787 毫米 × 1092 毫米　16 开本　15 印张　283 千字
	2013 年 5 月第 1 版　2013 年 5 月第 1 次印刷
定　　　价：	88.00 元

未经许可，不得以任何方式复制或抄袭本书之部分或全部内容。
版权所有，侵权必究
举报电话：010-62752024　电子信箱：fd@pup.pku.edu.cn